Roland Hardmeier

Missionale Theologie

Roland Hardmeier

Missionale Theologie

Geschichtliche Meilensteine
Theologische Grundlagen
Prägende Persönlichkeiten

Die Edition IGW wird herausgegeben vom Institut für gemeindeorientierte Weiterbildung (IGW), das angehende Pastoren und Gemeindeleiter sowie kirchliche und diakonische Mitarbeitende in regionalen Schulungszentren in der Schweiz, Deutschland und in Österreich theologisch ausbildet.
Die Edition IGW macht Forschungsergebnisse von Studierenden und Dozierenden bei IGW einer breiten Leserschaft zugänglich und will damit einen Beitrag leisten, der aktuellen gemeindebaulich-missionarischen Herausforderung in Europa zu begegnen.

IGW
Hirschengraben 52
CH-8001 Zürich
www.igw.edu

Dieses Buch ist auch als E-Book erhältlich: ISBN 978-3-86256-762-1

Die Deutsche Bibliothek verzeichnet diese Publikation in der Deutschen Nationalbibliografie; detaillierte bibliografische Daten sind im Internet über www.dnb.de abrufbar.

Bibelzitate, sofern nicht anders angegeben, wurden der Einheitsübersetzung der Heiligen Schrift entnommen. © 1980 Verlag Katholisches Bibelwerk, Stuttgart

Hinweis zur Übersetzung englischer Quellen: Bei der Übersetzung von offiziellen englischen Kongressdokumenten ins Deutsche wird in den Fußnoten der Übersetzer angegeben. Sofern nicht anders vermerkt, liegt die Übersetzung aller übrigen englischen Werke, die im Literaturverzeichnis als solche erfasst werden, auch ohne ausdrückliche Namensnennung beim Verfasser.

Lektorat: Roland Nickel, Altdorf/Böblingen
Umschlaggestaltung: spoon design, Olaf Johannson
Umschlagbild: © Scorpp/Shutterstock.com
Satz: Neufeld Media, Weißenburg in Bayern
Herstellung: CPI – Clausen & Bosse, Leck

2. Auflage 2024

© 2015 Neufeld Verlag, Neudorf bei Luhe

ISBN 978-3-86256-061-5, Bestell-Nummer 590 061

Nachdruck und Vervielfältigung, auch auszugsweise,
nur mit Genehmigung des Verlages

neufeld-verlag.de

Bleiben Sie auf dem Laufenden:
newsletter.neufeld-verlag.de
neufeld-verlag.de/**blog**
facebook.com/neufeldverlag
youtube.com/@neufeldverlag

NEUFELD VERLAG

Inhaltsverzeichnis

Vorwort zur zweiten Auflage von Michael Girgis

Dr. Roland Hardmeier ist zweifellos einer der bedeutendsten Wegbereiter der Missionalen Theologie im deutschsprachigen Raum. Seine Dissertation über die Missionstheologie der radikalen Evangelikalen (2008) markierte nicht nur einen bedeutenden Meilenstein in seinem eigenen Schaffen, sondern weit darüber hinaus. Seine Arbeit und sein Engagement haben maßgeblich dazu beigetragen, dass sich das Institut für gemeindeorientierte Weiterbildung (IGW) seit Herbst 2008 intensiv mit dem Thema Missionale Theologie auseinandersetzt, ja mehr noch: Seine Impulse haben das IGW auf eine spannende theologische Entdeckungsreise geführt, die nun schon über 15 Jahre dauert. Diese Reise ist von der Hoffnung angetrieben, Erkenntnisse zu gewinnen, die helfen mögen, Gottes Wirken in der Welt besser zu verstehen und sich aktiv daran zu beteiligen.

Die Reise ist noch nicht zu Ende, und es bleibt noch einiges zu entdecken. Trotzdem hat sie sich schon jetzt gelohnt. Roland Hardmeier gebührt ein großer Dank für seinen unermüdlichen Einsatz, seine Leidenschaft und sein fruchtbares Schaffen zum Thema Mission, dem er seit 2008 unermüdlich treu geblieben ist – in seinem persönlichen Leben, in seiner Lehre und in seinen zahlreichen Büchern. Seine Beiträge haben die theologische Landschaft nachhaltig geprägt und dazu beigetragen, dass sich die Kirche auf den Weg gemacht hat, ihre Verantwortung in der Welt zu erkennen und wahrzunehmen.

Es freut mich daher besonders, dass das vorliegende Buch *Missionale Theologie* (2015) eine zweite Auflage erfährt. Das Thema eines ganzheitlichen Missionsverständnisses ist auch 50 Jahre nach Lausanne 1974 noch hochaktuell. Und es bewegt aktuell einige führende Köpfe der Schweiz, die sich im Anschluss an die „Konsultation Mission" im September 2021 als Spurgruppe „Zukunft Mission" zusammengeschlossen haben. Das Ziel besteht darin, die uns gemeinsam aufgetragene Mission durch eine neue Art des freundschaftlichen Miteinanders wirkungsvoller zu erfüllen.

Die Schweiz ist längst zu einem „Missionsland" geworden und die Mission hierzulande steckt in einer tiefgreifenden Krise. Traditionelle Methoden stoßen an ihre Grenzen, und die Kirche kämpft mit einer schwindenden Relevanz in der Gesellschaft. Es ist daher mein Wunsch und meine Hoffnung, dass die Impulse der Missionalen Theologie als Ausweg aus der Krise aufgenommen werden, und dass sich der Leib Christi den Herausforderungen einer sich wandelnden Welt stellt, um gemeinsam eine neue, missionarische Kraft zu entwickeln, die unsere Gesellschaft noch einmal mit der erlösenden Botschaft des Reiches Gottes und seines gekreuzigten Königs Jesus erreicht.

Die Missionale Theologie ist mehr als nur ein Modewort in der theologischen Landschaft. Sie repräsentiert einen Paradigmenwechsel, der die Kirche dazu aufruft, ihren Fokus von einer institutionellen Selbstbeschäftigung hin zu einer missionalen Ausrichtung zu verlagern. Mission ist nicht nur eine von vielen Aktivitäten der Kirche, sondern ihre grundlegende Natur. Die Kirche existiert nicht für sich selbst, sondern für die Welt. Die Missionale Theologie eröffnet der Kirche die Chance, sich neu zu orientieren und ihre Aufgabe in der Welt zu reflektieren. Missional zu denken und zu handeln bedeutet auch, sich in die Gesellschaft einzubringen, den Bedürfnissen der Menschen zu dienen und die Liebe Christi durch konkrete Taten zu zeigen – und zwar nicht nur in fernen Ländern, sondern auch hier.

Es bleibt zu hoffen, dass sich die evangelikale Bewegung auf ihre Wurzeln zurückbesinnt, dabei Christus und das Kreuz als zentrale Mitte bewahrt und gleichzeitig freudig neue Wege beschreitet, um der Welt die Liebe Gottes konkret zugänglich zu machen.

Bülach, 9. Januar 2024

Michael Girgis
Ehemaliger Rektor des IGW (bis Ende November 2023)
Co-Leiter Vineyard Bülach
Mitglied Spurgruppe „Zukunft Mission“
Facilitator Mission bei der Arbeitsgemeinschaft
Evangelischer Missionen (AEM Schweiz)
Teilnehmer am 4. Weltkongress für Weltevangelisation in Seoul
(22. bis 28. September 2024)

Vorwort der ersten Auflage (2015) von Bernhard Ott

Wer wissen will, was drin ist, wenn missional draufsteht, muss Roland Hardmeiers Buch *Missionale Theologie* lesen. Dieses Buch hilft, den heute oft kontrovers diskutierten Begriff „missional" von seinen historischen Wurzeln her besser zu verstehen und einzuordnen. Wer es gelesen hat, wird allerdings auch wahrnehmen, dass nicht überall missional drin ist, wo missional drauf steht.

Was Roland Hardmeier uns hier vorlegt, hilft, eine oft emotional geführte Diskussion zu versachlichen, indem es Fakten auf den Tisch bringt und damit eine nüchterne Beurteilung ermöglicht. Es ist jedoch nicht ein trockenes Sachbuch, sondern ein engagiertes Plädoyer für ein Missionsverständnis, welches das ganze Evangelium, das ganze Heil, den ganzen Menschen und die ganze Welt in den Blick nehmen will.

Hardmeiers Anliegen ist es, die Entwicklungen einer evangelikalen Missionstheologie hin zu einer missionalen Theologie darzulegen. Das tut er, indem er drei historische Linien dieser Entwicklung nachzeichnet: (a) Die Entwicklung der Missio-Dei-Theologie seit den 1950er-Jahren. (b) Die Entwicklungen der evangelikalen Missionstheologie seit Lausanne 1974 – insbesondere das Ringen um die Integration von Evangelisation und sozialer Verantwortung. (c) Die Wirkung des von Lesslie Newbigin inspirierten Gospel and Our Culture Network sowie der Beitrag des südafrikanischen Missionstheologen David Bosch.

Daraus weist der Autor auf einen Paradigmenwechsel im evangelikalen Missionsverständnis hin, von einer einseitig auf das individuelle und zukünftige Seelenheil ausgerichteten Evangelisation zu einem ganzheitlichen Sendungsbewusstsein der Kirche, die das ganze Heil für den ganzen Menschen und die ganze Welt im Blickfeld hat. Diese Stoßrichtung kommt im Untertitel des Buches zum Ausdruck: *Evangelikale auf dem Weg zur Weltverantwortung.*

Dabei verfällt Hardmeier nicht naiven und überoptimistischen Weltverbesserungsideologien, welche das volle Heil schon hier und jetzt haben wollen. Hier wird nicht eine heile Welt ohne Eschatologie propagiert. Dieses Buch ruft jedoch Evangelikale auf, „ihre prinzipielle Weltverneinung hinter sich zu lassen und ein positives Verhältnis zur Welt zu entwickeln, ohne die Hoffnung auf den wiederkommenden Herrn und sein Reich preiszugeben“ (Seite 220).

Roland Hardmeiers Buch legt den Grund für eine missionale Theologie. Historische Wurzeln und zentrale Anliegen werden offen gelegt. Bis zu einer umfassenden Theologie aus missionaler Perspektive sind allerdings weitere Schritte nötig, in welchen der missionale Ansatz konsequent in die klassischen Disziplinen und Themen der Theologie hinein weitergeführt wird. Erst dann ist erreicht, was David Bosch mit dem Satz „Von einer Theologie der Mission zu einer missionarischen Theologie“ gefordert hat.

Und noch etwas: Wer Roland Hardmeier kennt, weiß, dass der in diesem Buch dargestellte Paradigmenwechsel in der Missionstheologie auch die eigene Entwicklung des Autors reflektiert. Mit dieser Feststellung wird der sachliche Gehalt des Buches keinesfalls geschmälert. Es ruft uns jedoch in Erinnerung, dass Theologie von Menschen betrieben wird, die selbst unterwegs sind. In diesem Sinn lädt das Buch auch ein, die eigenen Entwicklungen im Missionsverständnis mit den Darstellungen des Autors ins Gespräch zu bringen.

Lieber Roland, vielen Dank für dieses Buch, das in die Hand aller gehört, die sich sachlich und engagiert mit dem Thema Missionale

Theologie aus der Perspektive eines evangelikalen Autors befassen wollen – ja noch mehr: die an einer missionalen Lebensgestaltung interessiert sind.

Liestal, 2. Januar 2015

Dr. Bernhard Ott
Dekan der Akademie für Weltmission, Korntal
Studienleiter der Masterprogramme am Theologischen Seminar Bienenberg, Liestal
Vorsitzender der European Evangelical Accrediting Association

1. Missional – Modewort oder Paradigmenwechsel?

Seit einigen Jahren ist der Ausdruck „missional“ in der Theologie in aller Munde – auch in der evangelikalen Welt. Gemeinden geben sich eine missionale Ausrichtung. Theologische Ausbildungsstätten bieten missionale Programme an. Internationale Missionskonferenzen versehen den Auftrag der Kirche mit dem Attribut „missional“.[1] In Büchern und Blogs wird eifrig diskutiert. Man spricht von Gesellschaftsrelevanz, der Ganzheitlichkeit des Evangeliums und davon, die Welt mit der Guten Nachricht zu transformieren. Kein Zweifel: Die Evangelikalen haben ihre Weltverantwortung entdeckt.

Die Reaktionen auf diese Entwicklung fallen unterschiedlich aus. Auf der einen Seite gibt es diejenigen, die in der missionalen Theologie einen Paradigmenwechsel erblicken. Sie glauben, dass wir uns in Richtung eines neuen Verständnisses von Kirche und ihrer Aufgabe in der Welt bewegen. Und dass diese neue Richtung notwendige Voraussetzung dafür ist, dass die Kirche in der postmodernen Welt das Evangelium glaubhaft bezeugen kann. Auf der anderen Seite stehen die, welche in der missionalen Theologie eine Gefahr erblicken und dabei auch schon mal von „Irrlehre“ und „antichristlichen Vorzeichen“ sprechen.

---

1 Die Kapstadt-Verpflichtung 2010 charakterisiert den Auftrag der Kirche mit den in der evangelikalen Bewegung seit den 1990er-Jahren gebräuchlichen Begriffen „ganzheitlich“ und „integral“. Erstmals wird dafür inhaltlich deckungsgleich auch von der „missionalen Berufung“ einzelner Christen (Teil I, Artikel 7) und dem „missionalen Engagement“ der Kirche (Präambel) gesprochen. Näheres in 3.10.

Sie glauben, dass die eingeschlagene Richtung einer biblischen Grundlage entbehrt und zur Preisgabe des Evangeliums führt.[2] Dazwischen gibt es eine „kritische Mitte", die verschiedene Einsichten der missionalen Diskussion konstruktiv aufnimmt, den Anspruch der Bewegung insgesamt aber für gewagt hält.[3] Hier ist man sich nicht sicher, ob „missional" ein Modewort ist, das kommt und geht, wie viele andere theologische Begriffe in der Vergangenheit.

Mission im Wandel

Die protestantische Mission blickt auf ein Jahrhundert dramatischen Wandels zurück. Die erste ökumenische Weltmissionskonferenz in Edinburgh 1910 löste eine enorme missionarische Begeisterung aus. Man ließ sich in die Verantwortung nehmen, das Evangelium in der ganzen Welt zu verkündigen, und sprach von einem „Wendepunkt in der Geschichte", der „zu den größten Jahren in der Geschichte des Christentums" führen könnte, wenn sie recht genutzt würden.[4] 50 Jahre später hatte sich die protestantische Mission zu einem humanistischen Unternehmen gewandelt, in welchem persönliche Evangelisation nur noch eine Randerscheinung war. In einer von Armut und Ungerechtigkeit zerrissenen Welt wollte man nicht mehr bloß das Evangelium verkünden, sondern zu sozialem Wandel und politischer Befreiung beitragen.

---

2 Siehe den Tübinger Aufruf zur Erneuerung eines biblisch-heilsgeschichtlichen Missionsverständnisses unter der Überschrift „Weltevangelisierung oder Weltveränderung?". Seine Unterzeichner sehen in der missionalen Theologie (dort Transformationstheologie genannt) einen „gefährlichen Irrweg", der zu einem Humanisierungsprogramm auswachsen und dem Antichristen in die Hände spielen könnte. Der Aufruf entstand anlässlich des Rolf Scheffbuch-Symposions vom 1. bis 2. März 2013 in Gomaringen bei Tübingen und wurde von Peter Beyerhaus verfasst. Der Tübinger Aufruf steht in Kontinuität mit der Frankfurter Erklärung zur Grundlagenkrise der Mission von 1974, wo der ökumenischen Missionstheologie ebenfalls eine antichristliche Ausrichtung zugeschrieben wurde. Näheres siehe 2.3. Ähnlich argumentiert Wald 2014 in seiner Masterarbeit.

3 Als Beispiel siehe Schweyer 2009a und Schweyer 2009b. Schweyer begrüßt die von der missionalen Diskussion aufgeworfenen Fragen und die Hinwendung zum Dienst an der Welt (2009b, 5), hält aber insbesondere eine rein missiologisch abgeleitete Ekklesiologie für zu einseitig (a.a.O.). Schweyers Aufsatz bietet sich für die an, die in gebotener Kürze eine kritische Würdigung der missionalen Theologie suchen.

4 Zur Sendung der Kirche 1963, 13–14.

Angesichts der liberalen Einflüsse schieden die evangelikalen Kräfte in den 1960er-Jahren aus der ökumenischen Bewegung aus und begannen, eigene Missionskonferenzen abzuhalten. Doch auch hier klopften die Nöte der Gegenwart hartnäckig an die Tür und erzwangen einen Wandel. Das zeigen schon die verwendeten Schlagwörter. In den 1970er-Jahren war die Rede von der „sozialen Verantwortung". Intensiv wurde darüber diskutiert, welchen Platz diese im Sendungsauftrag der Kirche hat. In den 1980er-Jahren war dann die Rede von der „Transformation der Gesellschaft", auf welche die Kirche hinwirken sollte. Mit diesem Begriff wurde zum Ausdruck gebracht, dass Christen sich für die Umwandlung (Transformation) der gesellschaftlichen Strukturen engagieren sollten. Aus dieser Diskussion entwickelte sich in den 1990er-Jahren der Gedanke eines „ganzheitlichen Missionsverständnisses", das auch als „integral" bezeichnet wird. Es besagt, dass die Kirche die Aufgabe hat, sich sowohl für die Verbreitung des Evangeliums als auch für die Veränderung der Welt einzusetzen. Seit der Jahrtausendwende setzt sich im deutschsprachigen Europa immer mehr der Begriff „missional" durch. Er wird vor allem in Bezug auf den Gemeindebau verwendet, scheint sich allerdings als Überbegriff für einen ganzheitlichen Sendungsauftrag zu etablieren.

Der Begriff „missional" stammt aus dem Englischen und bedeutete ursprünglich dasselbe wie „missionarisch". Älteste Belege gehen bis in das 19. Jahrhundert zurück.[5] Nach Reppenhagen wurde der Begriff „missional" in den 1970er-Jahren zum ersten Mal für die Beschreibung des missionarischen Wesens der Kirche verwendet.[6] Reimer führt die heutige Bedeutung des Begriffs auf das Konzept der „Missio Dei" auf der ökumenischen Weltmissionskonferenz in Willingen (1952) zurück, wo die Kirche von ihrem Wesen her als missionarisch verstanden wurde.[7] In den 1980er- und 90er-Jahren begann sich der Begriff als Ausdruck eines Paradigmenwechsels von der sendenden zur gesandten Kir-

5 Schirrmacher 2011, 94.

6 Reppenhagen 2011, 15–16.

7 Reimer 2012, 306.

che zu etablieren.[8] Schließlich brachte die Veröffentlichung des Buches *Missional Church. A Vision for the Sending of the Church in North America* (1998) den Durchbruch für den Begriff.

Verschiedene Theologen werden mit dem Begriff „missional" in Verbindung gebracht. Die meisten Befürworter einer missionalen Theologie nennen als Anreger den britischen Missionar und Missionswissenschaftler Lesslie Newbigin und den südafrikanischen Missiologen David Bosch. Ihr Beitrag zur Entstehung missionalen Denkens werde ich in Teil 4 ausführlich würdigen. Zu nennen wäre auch der nordamerikanische Mennonit John Howard Yoder, dessen Ekklesiologie missional war, bevor der Begriff gebräuchlich wurde, und der die Evangelikalen maßgeblich in Richtung einer missionalen Theologie beeinflusste.[9] In Deutschland ist der Missionswissenschaftler und Gemeindegründer Johannes Reimer der profilierteste Vertreter.

---

8 So wird z. B. in der Buchserie *Christian Mission and Modern Culture* darauf hingewiesen, dass die Serie die postmoderne Kultur von einem missionalen Standpunkt aus untersuchen und eine entsprechende theologische Agenda für die Kirche entwickeln will. Siehe Shenk 1995 und Bosch 1995, Vorwort zur Serie.

9 Vgl. Yoder 2011. John Howard Yoder wurde am 29. Dezember 1927 in Smithville, Ohio geboren und wuchs in der dortigen amischen *Oak Grove Mennonite Church* auf. Von 1945 bis 1947 erhielt er seine Ausbildung am mennonitischen *Goshen College*, deren Präsident er später war und wo er als Professor wirkte. Nach dem Zweiten Weltkrieg kam er als Freiwilliger und dann als Ersatzdienstleistender mit dem *Mennonite Central Committee* nach Europa. Von 1949 bis 1957 widmete er sich dem akademischen Studium der Theologie. Seine Basler Doktoralthesis über die Disputationen mit den Wiedertäufern schloss er 1962 ab. Zu seinen Lehrern gehörte der Neutestamentler Oscar Cullmann. 1977 nahm er eine Professur an der katholischen Universität Notre Dame an. Mit seinen zahlreichen Arbeiten zum Anabaptismus, zur Sozialethik und insbesondere zum Pazifismus gehört Yoder zu den bedeutendsten Theologen der jüngeren Geschichte. Zur Theologie und zum Einfluss Yoders siehe den Symposiumsband von Jecker (Hg.) 2001. Für eine ausführliche Untersuchung von Yoders Theologie siehe Nation 2006. Mit seinem Buch *Die Politik Jesu – der Weg des Kreuzes* (Deutsch 1981), das im Original in Englisch 1972 unter dem Titel *The Politics of Jesus* veröffentlicht wurde, hatte Yoder maßgebenden Einfluss auf die radikalen Evangelikalen, namentlich auf Ronald Sider, der sich intensiv mit Yoders Theologie auseinandersetzte (Sider 2001), auf Samuel Escobar, der sich als einer der ersten radikalen Evangelikalen positiv auf Yoder bezog (Escobar 1974a, 415) und auf Jim Wallis, mit dem Yoder in den 1970er- und 80er-Jahren zusammenarbeitete (vgl. Nation 2006, 26). Von Yoder kann über die radikalen Evangelikalen eine Linie zur missionalen Theologie gezogen und so anabaptistische Einflüsse nachgewiesen werden.

Wo liegt der Unterschied?

Was will die missionale Theologie und wofür steht sie? Im Vordergrund der missionalen Diskussion steht die missionarische Aufgabe der Kirche in der Postmoderne: „Die missionale Theologie will Impulse und Denkanstöße für Mission und Evangelisation der Kirche des 21. Jahrhunderts vermitteln. Sie will grundsätzliche Fragen zur Gestalt der Gemeinde in der postmodernen und nachchristlichen Kultur diskutieren.“[10] Dabei geht es weniger um Gemeindemodelle als um eine Theologie der Kirche und ihres Auftrags: „Die missionale Theologie will keine Modelldiskussion führen, sondern intensiv über die Grundlagen der Kirche der Zukunft nachdenken.“[11] Im Zentrum der missionalen Theologie steht der sendende Gott, der sein Volk beruft, missionarische Vertreter seiner Liebe und Herrlichkeit zu sein.[12]

Gilt eben Gesagtes nicht auch für das traditionelle Attribut „missionarisch“? Scharfe Abgrenzungen zwischen „missionarisch“ und „missional“ erweisen sich als schwierig, da beides damit zu tun hat, das Evangelium den Menschen zu bringen. Allerdings unterscheiden sie sich in der Art und Weise, wie dieser Auftrag verstanden wird. Auf die Gefahr hin, die Unterschiede zu überzeichnen, kann Folgendes gesagt werden:

Mission: Traditionell ist der Begriff „Mission“ ein *geografischer Begriff*. Mission fand in Übersee unter den nicht christianisierten Völkern statt.[13] In der missionalen Theologie ist der Begriff „Mission“ ein *Sendungsbegriff*. Mission findet überall statt. Die Grenzen zwischen Heimat und Missionsland werden bewusst aufgehoben. Die missionale

10 Missionale Theologie 2012, 3.

11 a.a.O.

12 Missionales Manifest, 7.

13 Mission geografisch zu definieren, geht auf den Gründungsvater der deutschen protestantischen Missionswissenschaft, Gustav Warneck (1834–1910), zurück. Er definierte Mission als auf Nichtchristen gerichtete Tätigkeit außerhalb des christlichen Abendlandes. Für die Rückgewinnung ehemaliger Christen in der Heimat bevorzugte er die Begriffe „Innere Mission“ oder „Evangelisation“ (Wrogemann 2013, 49–50). Im evangelikalen Sprachgebrauch wirkt diese Definition bis heute nach. In der Heimat wirkende Verkündiger werden gerne als „Evangelisten“ bezeichnet, im Ausland wirkende als „Missionare“. In der ökumenischen Missionstheologie wurde das geografische Verständnis der Mission in den 1950er-Jahren, auf der Weltmissionskonferenz in Willingen, aufgegeben (a.a.O., 80–81).

Theologie hat sich ganz besonders aus dem Bewusstsein entwickelt, dass der säkularisierte Westen Missionsland ist.

Missionsverständnis: Das traditionelle Missionsverständnis evangelikaler Prägung ist *individualistischer* Natur. Mission besteht in der Herausrettung von einzelnen Menschen aus der Welt. Der missionalen Theologie liegt ein *ganzheitliches* Missionsverständnis zugrunde. Sie möchte eine Theologie sein, welche die Kirche ausrüstet, den Menschen ganzheitlich, mit ihren geistlichen, leiblichen und seelischen Bedürfnissen, zu dienen.

Kirche: Die missionale Theologie ist eng mit der Ekklesiologie (Lehre von der Kirche) verbunden. Traditionell *hat* die Kirche eine Mission. Eine Kirche ist missionarisch, wenn sie Missionare aussendet oder die Mission finanziell unterstützt. Mission ist hier eine Tätigkeit der Kirche, ein Arbeitszweig unter anderen. Die missionale Theologie möchte in ihrem Verständnis von Kirche und Mission tiefer greifen. Die Kirche missioniert nicht nur, sie *ist* mit ihrem gemeinsamen Leben eine Demonstration der Botschaft, die sie verkündigt. Das Losungswort „Kirche ist Mission" bringt diese Überzeugung treffend zum Ausdruck.

Fokus: Der Unterschied zwischen missional und missionarisch wird zuweilen auch mit *Tun* und *Sein* beschrieben. Missionarisch wird mit kirchlichen Handlungsformen in Verbindung gebracht, während missional eine Grundhaltung bezeichnet.

Demnach überschneiden sich „missionarisch" und „missional" inhaltlich, weisen aber durchaus eigene Akzente auf, weshalb gilt: Eine missionarische Kirche ist nicht zwingend missional, aber eine missionale Kirche ist immer auch missionarisch.

Zwei Missionsauffassungen

missionarisch	Begriff	missional
geografischer Begriff	Mission	Sendungsbegriff
individualistisch	Missionsverständnis	ganzheitlich
hat eine Mission	Kirche	ist Mission
Handlungsformen	Fokus	Grundhaltung

Wenn man das *Missional Church Network* nach der Bedeutung des Begriffs „missional" befragt, erhält man einen guten Überblick über die Anliegen der Bewegung. Unter dem Titel „What is missional?" werden drei Kernanliegen einer missionalen Kirche aufgeführt:

> Erstens geht es in der missionalen Kirche um das missionarische Wesen Gottes und der von ihm gesendeten Kirche. Gott ist ein missionarischer Gott, der seine Kirche in die Welt sendet, so wie er selbst heilbringend wirkt.
>
> Zweitens geht es in der missionalen Kirche um „inkarnatorischen Dienst" in einem nachchristlichen Kontext. Das Modell von Kirche, die Menschen anzieht (attractional model), hat im nachchristlichen Westen seine Wirksamkeit eingebüßt. Die Kirche muss neue Wege wagen, sie muss zu den Menschen gehen und ihnen dienen (incarnational model).
>
> Drittens geht es in der missionalen Kirche darum, Teil zu haben an Gottes Wirken in der Welt. Mission ist nicht ein bloßer Programmpunkt der Kirche, sondern ihr ureigenstes Wesen.[14]

Quellen missionaler Theologie

Missionale Theologie ist mehr als eine bestimmte Vorstellung, wie Kirche gelebt werden soll. Sie ist weder ein Konzept noch ein Programm, viel mehr eine Bewegung, die sich sauerteigartig über konfessionelle Grenzen hinweg ausbreitet. Sie ist im angelsächsischen Raum stark in Kirchen beheimatet, die der ökumenischen Bewegung nahestehen. In jüngster Zeit hat sie im deutschen Sprachraum auch unter Evangelikalen Fuß gefasst. Hier entsteht eine missionale Theologie evangelikalen Zuschnitts, die Impulse aus der ökumenischen Diskussion aufnimmt, aber auch eigene Quellen hat, aus denen sie sich speist.

Dieses Buch will die Geschichte der missionalen Theologie darstellen, mit besonderer Berücksichtigung ihrer evangelikalen Quellen und

14 What is Missional? 2014.

Ausprägung. Ich beschreibe einen geschichtlichen Weg auf dem fassbar werden soll, was missionale Theologie ist. Denn: Eine Bewegung versteht man am besten, wenn man mit ihrer Geschichte vertraut ist. Zudem gibt die Geschichte Auskunft über Einflüsse und Anliegen einer Bewegung und schafft Transparenz. Das ist für die missionale Theologie besonders wichtig, weil sie ein überkonfessionelles Phänomen darstellt.

Folgende drei Hauptquellen werde ich beschreiben:

Die erste Hauptquelle ist die Diskussion um den Begriff „Missio Dei" in der ökumenischen Bewegung. Die entsprechende Diskussion begann an der fünften ökumenischen Weltmissionskonferenz im deutschen Willingen im Jahr 1952 und entwickelte eine beeindruckende Dynamik, obschon der Begriff „missional" ursprünglich keine Verwendung fand. Missionale Vertreter berufen sich durchweg auf Willingen, um ihre Position zu erklären.

Die zweite Hauptquelle ist die Anstiftung zu einem ganzheitlichen Missionsverständnis in der evangelikalen Bewegung. Diese Anstiftung geht zurück auf den Weltevangelisationskongress im schweizerischen Lausanne im Jahr 1974. Der Begriff „missional" wurde in Lausanne und in den Folgekonferenzen zwar nicht verwendet, doch das, was sich abzeichnete, wurde immer klarer zu einem umfassenden Sendungsverständnis, wie es die missionale Theologie darstellt. Diese Quelle hat in der Literatur bisher wenig Aufmerksamkeit erhalten, ist für die Entstehung der missionalen Theologie evangelikalen Zuschnitts aber entscheidend. Ich werde ihr besondere Aufmerksamkeit schenken, um so eine Lücke in der jüngeren Missionsgeschichte zu schließen.

Die dritte Hauptquelle ist die Vision einer „Missional Church" und die Entstehung des Gospel and Our Culture Networks in Nordamerika. Das Netzwerk wurde in den 1980er-Jahren gegründet und hat dem Begriff „missional" seine heutige Prägung gegeben. Durch die theologischen Beiträge des Netzwerks sowie anderer Netzwerke fand das Konzept der missionalen Kirche weite Verbreitung.

Hauptquellen missionaler Theologie

ökumenisch: Missio Dei	evangelikal: radikale Jüngerschaft	missional: COCN Netzwerk

evangelikale missionale Theologie

Aus Platzgründen ist die folgende Darstellung verkürzend. So müsste, um Vollständigkeit zu erreichen, die *Emerging Church* berücksichtigt werden, denn gerade der Emergent-Dialog im deutschsprachigen Europa und die Diskussion um eine missionale Theologie weisen Parallelen auf, auch wenn sie nicht gleichzusetzen sind. Das aber würde den Rahmen dieser Darstellung sprengen.[15] Auch auf den Beitrag der Pfingstkirchen kann hier nicht eingegangen werden.[16] Megakirchen wie die *Willow Creek Community Church* von Bill Hybels haben in den letz-

15 Aus diesem Grund müssen hier einige Literaturhinweise über die Emerging Church genügen. Robert E. Webber (*The Younger Evangelicals* 2002) legte als einer der ersten eine ausführliche Darstellung der Emerging Church in den Vereinigten Staaten vor. Er stellt die theologischen Grundüberzeugungen sowie die Gemeindepraxis der „younger Evangelicals" dar. Seiner Darstellung wird dadurch Schärfe verliehen, dass er zwischen *traditional Evangelicals* (1950–1975), *pragmatic Evangelicals* (1975–2000) und *younger Evangelicals* (ab 2000) unterscheidet und so ein Vergleich der Entwicklung möglich wird. Dan Kimball (2003) beschreibt in *Emerging Church* als einer der Hauptvertreter der Emerging Church sein Verständnis von einer relevanten Kirche in der Postmoderne. Er kritisiert das *„Seeker-Sensitive Modell"* der Megakirchen und stellt dar, wie er sich die Kirche für die Postmoderne vorstellt. Das Buch ist leicht lesbar und gibt einen treffenden Einblick in das Innenleben eines Vertreter der Emerging Church (Deutsch: *Emerging Church – die postmoderne Kirche* 2005). Donald A. Carsons *Becoming Conversant with the Emerging Church* (2005) ist eine gründliche und kritische Auseinandersetzung mit den Denkansätzen der Emerging Church. Carson sieht in der Emerging Church vor allem eine Protestbewegung gegen kulturell konservative Formen des Evangelikalismus. Mit Martin Reppenhagens Dissertation *Auf dem Weg zu einer missionalen Kirche* (2011) liegt erstmals ein wissenschaftliches Werk in deutscher Sprache über die Entstehung der missionalen Kirche in den Vereinigten Staaten vor. Es enthält ein lesenswertes Kapitel über die Emerging Church, das einen guten Überblick vermittelt. Tobias Faix und Tobias Künkler beschreiben in *Emerging Church verstehen. Eine Einladung zum Dialog* (2012) die Situation in Deutschland. In knapper Form und auf verständliche Art und Weise werden Geschichte und Hauptanliegen des Emergenten Dialogs dargestellt.

16 Einen guten Überblick über das soziale Engagement und die Weltverantwortung der Pfingstkirchen bietet der Sammelband *Das Evangelium den Armen. Die Pfingstbewegung im Spannungsfeld zwischen sozialer Verantwortung und klassischem Missionsverständnis* (Das Evangelium den Armen 2013).

ten Jahren ihre soziale Verantwortung entdeckt und rüsten ihre Mitglieder aus, um sich weltweit für Bedürftige einzusetzen. Entwicklungen wie diese müssen ebenfalls unberücksichtigt bleiben. Auch die Vielzahl von Blogs und Internetseiten über missionale Aktionen werde ich nur am Rande berücksichtigen, weil die Fülle des Materials eine eigene Darstellung verlangen würde. Stattdessen werde ich den Schwerpunkt auf die Missionstheologie legen. Von ihr gingen bisher wenig beachtete, aber entscheidende Impulse aus, die zur Entstehung einer missionalen Theologie evangelikaler Prägung geführt haben.

2. Die Missio Dei und die missionstheologische Entwicklung in der ökumenischen Bewegung seit Willingen 1952

Selten hat ein einzelner Begriff so weitreichende Bedeutung für die Missiologie erlangt wie der Begriff „Missio Dei". Er gilt als gegenwärtig bedeutendster Leitbegriff für ein missionales Verständnis von Kirche. „Wie kein anderer Begriff hat ‚Missio Dei' die ökumenische und missionstheologische Diskussion der letzten 50 Jahre geprägt."[17] Diese Feststellung trifft in jüngster Zeit auch für die evangelikale Theologie im deutschsprachigen Europa zu. Immer häufiger berufen sich missionale Theologen und Institutionen auf die Missio Dei und benennen sie als ihr Losungswort.

Das Konzept der Missio Dei besagt, dass die Sendung der Kirche in Gottes Wesen und Handeln verankert ist. Der Gott der Bibel offenbart sich als aus sich selbst herausgehender Gott. Er redet, er erschafft, er offenbart sich. Er handelt zum Heil der Menschen und sucht sie zu diesem Zweck, um sie aus ihrer selbst verschuldeten Verlorenheit zu retten. Die christliche Mission hat ihren Ursprung in diesem Heilshandeln Gottes. „Mission ist demzufolge nicht nur eine Aktivität der Kirche, sondern primär eine Aktivität Gottes. Zentrale Mitte der Mission

17 Reppenhagen 2011, 157.

ist nicht die Kirche, sondern Gott selbst. In der Mission ist Gott selbst am Werk."[18]

Woher stammt der Begriff Missio Dei? Und was vermag er für die Missionstheologie zu leisten? Dieser Teil will eine Antwort auf diese Fragen geben und damit ein zentrales Charakteristikum der missionalen Theologie benennen.

2.1 Willingen – Mission in der Krise

Von der missionstheologischen Bedeutung der Missio Dei spricht man seit der ökumenischen Weltmissionskonferenz von Willingen im Jahr 1952. Allerdings wurde der Begriff schon früher verwendet. Das lateinische Wort „missio" bedeutet „Sendung" und wurde ursprünglich in der Dogmatik für die sogenannten „innertrinitarischen Sendungsvorgänge" benutzt. Der Begriff wurde im 4. Jahrhundert n.Chr. vom Kirchenvater Augustin geprägt, um darzustellen, dass der Vater den Sohn sendet und der Sohn und der Vater zusammen den Geist senden.[19] Nun wurde diese „innertrinitarische Bewegung" um eine weitere ergänzt: Vater, Sohn und Geist senden die Kirche in die Welt.[20] Dass Gott ein sendender Gott ist, ist kein neuer Gedanke, aber erst in der Folge der Missionskonferenz von Willingen erlangte er missiologische Bedeutung.[21]

Die Krise der Mission

Die fünfte ökumenische Weltmissionskonferenz fand vom 5. bis 17. Juli 1952 im deutschen Willingen unter dem Thema „Die missionarische Verpflichtung der Kirche" statt. Das Thema deutet an, dass es

---

18 Reifler 2009, 48.

19 Schirrmacher 2011, 9.

20 Bosch 2012, 458.

21 Die in diesem Kapitel dargestellten missionstheologischen Entwicklungen in der ökumenischen Bewegung und die daraus hervorgegangene evangelikale Alternative wird aus evangelikaler Perspektive ausführlich beschrieben in Sautter 1985 und Egelkraut 2005. Für eine Darstellung aus ökumenischer Sicht siehe Günther 2003. Für eine Kurzdarstellung des Missio Dei-Konzepts und seiner Wirkungsgeschichte siehe Bosch 2012, 457–461.

angesichts der Herausforderungen der Zeit um eine theologische Besinnung auf die Grundlagen des Missionsauftrags ging.[22] Willingen fand in einer Zeit der Krise der Mission statt.[23]

Es waren insbesondere zwei Umstände, durch welche die großen Umbrüche im Bereich der Mission sichtbar wurden. *Zum einen zeichnete sich das Ende der Kolonialepoche mit ihren überragenden missionarischen Erfolgen ab.* Die christliche Mission in der Kolonialzeit war außerordentlich erfolgreich gewesen. Im 18. und 19. Jahrhundert wurden enorme Kräfte für die Mission freigesetzt. Die Kirche breitete sich aus und veränderte nachhaltig das Gesicht von Kulturen, die bis dahin vom christlichen Glauben unberührt waren. Man konnte sich bis in die erste Hälfte des 20. Jahrhunderts eines Gefühls der Überlegenheit der westlichen Kultur mit ihren christlichen Wurzeln kaum erwehren. Dieses Gefühl der Überlegenheit der westlichen Kultur und der mit ihr verbundenen Mission schwand. Die jungen Kirchen in den Missionsländern begannen selbstständig Mission zu treiben und traten den Weg in die theologische Mündigkeit an. Das führte zu einer Motivations- und Zielkrise der Mission.[24] War die Rede von der „Kirchenpflanzung" noch angebracht, wenn es immer mehr selbstständige Kirchen in den Missionsländern gab?

Der Westen verlor an allen Fronten seine dominante Stellung. Nach dem Ende des Zweiten Weltkriegs mochte niemand mehr so recht daran glauben, dass die westliche Zivilisation in der Lage wäre, andere Kulturen positiv zu beeinflussen. Die Folge war neben der genannten Motivations- und Zielkrise eine Glaubwürdigkeitskrise der Mission, die eng mit der westlichen Zivilisation verbunden war. Die ‚Religion des weißen Mannes" war durch den Krieg, der von einer „christlichen Nation" ausging, in Misskredit geraten.[25] Damit verschärfte sich die Krise der christlichen Mission, die schon mit dem Ersten Weltkrieg eingesetzt hatte:

22 Sautter 1985, 131.

23 Werner 1993, 56.

24 Werner 1993, 57.

25 a.a.O.

> An den Gräueltaten dieses Krieges [des Ersten Weltkrieges] mit seinem maschinellen Massenmorden, den Giftgaseinsätzen und Millionen von Toten zerbrach der Traum westlicher Überlegenheit. Hatte man sich um die Jahrhundertwende noch als die fortschrittlichste Zivilisation betrachtet, gemessen an rationaler Weltdeutung, wissenschaftlichen Erfindungen, wirtschaftlichem Fortschritt, militärischer Vormachtstellung und religiös-weltanschaulich-ethischer Überlegenheit, so wurde diese Sichtweise Lügen gestraft: Das sich selbst als aufgeklärt und rational verstehende Europa hatte sich durch die Grausamkeiten des Weltkrieges gründlich diskreditiert. Die Ära des Imperialismus ging allmählich ihrem Ende entgegen, ein Neuerwachen des Selbstbewusstseins außereuropäischer Kulturen und Religionen setzte ein.[26]

Die Erschütterung Europas durch die beiden Weltkriege erschütterte auch die Mission und warf Fragen von großer Tragweite auf: „Das Ende der Kolonialreiche und damit das Ende der Epoche der engen Verbindung von europäischer Expansion und Mission zeichnete sich ab. Was bedeutete das für die Mission? Würde sie als Teil des westlichen Imperialismus mit diesem aus den unabhängig werdenden Kolonien ausgeschlossen werden?“[27]

Zum andern wurde die Missionsarbeit durch die weltweite Ausdehnung des Kommunismus infrage gestellt. Nur gerade vier Jahre vor Willingen waren nach der kommunistischen Machtübernahme in China alle christlichen Missionare des Landes verwiesen worden. Osteuropa war unter den kommunistischen Hammer geraten. Die marxistische Ideologie breitete sich in rasend schnellem Tempo über den Globus aus und brachte einen aggressiven Atheismus hervor. Mehr als ein Drittel der Menschheit blieb so für die christliche Mission verschlossen. War die Weltmissionskonferenz in Edinburgh 1910 noch vom begeisterten Motto „Das Evangelium der Welt in dieser Generation!“ getragen gewe-

26 Wrogemann 2013, 47. Der Begriff „Imperialismus“ beschreibt, wenn er im Zusammenhang mit der Kolonialzeit verwendet wird, die Hochblüte des Kolonialismus im ausgehenden 19. Jahrhundert.

27 Günther 2003, 101.

sen, rückte jetzt die Durchdringung der Welt mit dem Evangelium in unbestimmte Ferne.

Drei Missionsmodelle

Die Krise der Mission war in Willingen evident, sodass von einer „Orgie der Selbstkritik“ im Missionsdenken des Westens gesprochen wurde.[28] Dass dieses Bewusstsein schon die Konferenzvorbereitungen prägte, zeigte sich am Bericht, den die amerikanische Delegation für Willingen erstellte. Er trug den bezeichnenden Titel „Why Missions?“ Wie konnte unter den genannten Umständen Mission überhaupt noch begründet und durchgeführt werden? Als Antwort auf diese Frage kristallisierten sich in Willingen drei unterschiedliche Missionsmodelle heraus:[29]

Da war zunächst das heilsgeschichtliche Modell, das vor allem von der deutschen Delegation vertreten wurde. Die Mission steht nach diesem Modell ganz im Zeichen der Eschatologie. Mission kann nur im Blick auf das Ende richtig verstanden werden. Am Ende aber erscheint Gott in der Person seines Sohnes Jesus Christus als Richter, vor dem sich alle Menschen verantworten müssen. Die Mission ist der heilsgeschichtliche Sinn der Zwischenzeit zwischen der Himmelfahrt Christi und seiner Wiederkunft. Bevor sich diese ereignen kann, muss das Evangelium zur Rettung der Menschen verkündigt werden; dann wird das Ende kommen. In diesem Modell spielt die Kirche eine zentrale Rolle: „Die Kirche ist mit ihrer Mission das Werkzeug ihres Herrn bei der Durchführung seines Heilsplans.“[30]

Dem heilsgeschichtlichen stand das verheissungsgeschichtliche Modell gegenüber, das hauptsächlich von den Holländern eingebracht wurde. Für sie war die gegenwärtige Zeit nicht bloß eine Zwischenzeit zwischen Himmelfahrt und Wiederkunft. Vielmehr ist ihrer Auffassung nach zu betonen, dass mit dem Kommen Jesu das Reich Gottes angebrochen ist.

28 Werner 1993, 58.

29 Günther 2003, 101–103.

30 Günther 2003, 101. Das heilsgeschichtliche Modell geht auf Walter Freytag und Karl Hartenstein zurück, bei denen Mission im Blick auf das Ende im Zentrum ihrer Überlegungen stand. Beide haben die deutsche evangelische Mission in den 1930er- bis 50er-Jahren entscheidend geprägt. Eine Würdigung ihres missionstheologischen Beitrags gibt Sautter 1985, 132–135.

Nicht das kommende Reich, sondern das gegenwärtige Reich steht im Zentrum der Überlegungen. Es geht in der Mission um die Gegenwart des Königreichs Gottes unter den Menschen und um die Anteilhabe der Kirche an diesem Werk. Die Kirche „geht als Werkzeug des Herrn mit den Aposteln hin, das Reich Gottes der Welt anzuzeigen und Zeichen des Schalom Gottes aufzurichten."[31] Die Kirche hat also nicht nur durch Verkündigung, sondern ebenso durch die christliche Tat Anteil am Wirken Gottes in der Welt.

Ein trinitarisches Modell vertrat nicht zuletzt die gewichtige nordamerikanische Delegation. Nach diesem Modell ist Gott sowohl der Herr der Kirche als auch der Welt. Um Gottes Handeln in der Kirche und in der Welt zu begründen, wird auf die Trinitätslehre zurückgegriffen. Die missionarische Verpflichtung der Kirche ist in der aus sich herausgehenden Aktivität Gottes begründet, der alle Menschen in seine Gemeinschaft ruft. Die Betonung liegt auf dem Wirken Gottes in der Welt. Im Kommissionsbericht „*Why Missions?*" heißt es: „*He is not only the Head of the Church but ahead of both the Church and the world, ‚making all things new*'".[32] Die Kirche muss sich, um Anteil an Gottes Wirken zu haben, der Welt zuwenden. Ein Missionsverständnis, das sich mit der Rettung von Seelen begnügt, wird abgelehnt.[33] Stattdessen geht es in der Mission, ähnlich wie im verheißungsgeschichtlichen Modell, um die Verwandlung der Welt: „Die Mission der Kirche ist nichts anderes als die dynamische und vollständige Antwort auf die dynamische Aktivität des dreieinigen Gottes im Evangelium und in der gegenwärtigen Situation und zielt auf die Transformation des individuellen wie kulturellen Lebens der Menschen."[34]

31 a.a.O., 102–103.

32 In Sautter 1985, 139. „Er ist nicht nur das Haupt der Kirche, sondern auch der Kirche und der Welt voraus, um alle Dinge neu zu machen."

33 „Missionary obligation, grounded in the reconciling action of the triune God, is not the duty to save souls… but the sensitive and total response of the church to what the triune God has done and is doing in the world" (a.a.O.).

34 Günther 2003, 103.

Heftiges Ringen

Die unterschiedlichen Missionsmodelle zeigen, wie breit das missionstheologische Spektrum in Willingen war. Dass diese nicht auf einen einfachen Nenner zu bringen waren und dass damit Spannungen vorprogrammiert waren, liegt auf der Hand. Das von den Amerikanern vertretene Modell war äußerst optimistisch. Es war beeinflusst vom *Social Gospel*. Dieses ging von der Auffassung aus, dass sich das Heil in der Veränderung sozialer Strukturen zeigt und Demokratisierung und Fortschritt bewirkt.[35] Ähnlich optimistisch war das Modell der Holländer. Es sah Gott dort am Werk, wo Fortschritt in der Weltgeschichte sichtbar wurde. Diesen Optimismus konnten die Deutschen nicht teilen. Sie hatten unter dem Nationalsozialismus Adolf Hitlers schmerzhaft erfahren, wie ein politischer Messianismus in die Katastrophe mündete.

Wie sollte der eschatologisch ausgerichtete Ansatz der Deutschen mit den optimistischen Ansätzen der Holländer und der Amerikaner unter ein Dach gebracht werden? Folge dieser kaum überbrückbaren Ansätze war ein heftiges Ringen um die richtige Verhältnisbestimmung der Mission. Sautter beschreibt eindrücklich, wie vor allem um die Bedeutung der Heilsgeschichte in der Mission debattiert wurde.[36] Es gelang zwar, wichtige Anliegen des heilsgeschichtlichen Ansatzes aufzunehmen, aber im Grunde genommen hatten der holländische und der amerikanische Ansatz ein Übergewicht geschaffen. Günther fasst das Ringen um eine gemeinsame Sicht so zusammen:

> Erst nach mehreren Anläufen gelingt es am Ende der Tagung, diese verschiedenen Begründungen der Mission in einer gemeinsamen Erklärung zusammenzufassen. Es ist ein Kompromiss, in dem diese Ansätze relativ unverbunden nebeneinander gestellt werden. Aber allen Erklärungsmustern ist ein wesentliches Element gemeinsam, nämlich dass die Mission letztlich in Gott selbst ihren Ursprung hat. Er selbst begründet die Mission. Sie ist letztlich Gottes Sache.

35 Richebächer 2003, 191.

36 Sautter 1985, 141–144.

> Es ist *sein* Heilsplan, bei dem er die Mission der Kirche in der Zwischenzeit als sein Werkzeug benutzt. Es ist *sein* gegenwärtiges Reich, das die Kirche in ihrem Apostolat der Welt bezeugt. Es ist der dreieinige Gott *selbst*, der als Schöpfer, Sohn und Heiliger Geist missionarisch auf die Welt zugeht. Mit ihrer Mission reagiert die Kirche (nur) auf dieses Handeln Gottes. Nicht menschliches Wollen begründet also die Mission, nicht die Kirche ist der Träger der Mission, sondern sie geht von Gott selbst aus, die Kirche hat nur Anteil an dieser Mission, die immer Gottes Mission bleibt.[37]

Entsprechend dieses Ringens um eine gemeinsame Position heißt es in der Abschlusserklärung der Konferenz relativ unkonkret:

> Die Missionsbewegung, von der wir Teil sind, hat ihren Ursprung in dem dreieinigen Gott. Aus den Tiefen seiner Liebe zu uns hat der Vater seinen eigenen Sohn gesandt, alle Dinge mit sich zu versöhnen (...) Als dieses Werk vollbracht (...) war, sandte Gott seinen Geist, den Geist Jesu (...) In Christus sind wir erwählt, mit Gott versöhnt durch ihn, zu Gliedern seines Leibes, Teilhabern seines Geistes und durch die Hoffnung auf sein Reich zu Erben gemacht, und durch eben diese Tatsachen sind wir zur vollen Teilnahme an seiner rettenden Sendung bestimmt. Man kann nicht an Christus teilhaben, ohne teilzuhaben an seiner Mission an die Welt. Die gleichen Taten Gottes, aus denen die Kirche ihre Existenz empfängt, sind es auch, die sie zu ihrer Weltmission verpflichten. ‚Wie mich der Vater gesandt hat, also sende ich euch.‘[38]

In der Erklärung der erweiterten Versammlung des Internationalen Missionsrates vom 19. Juli 1952, der im Anschluss an die Konferenz tagte, heißt es, diesen Faden aufnehmend, prägnant:

37 Günther 2003, 103 (Hervorhebungen im Original).

38 Zur Sendung der Kirche, 96–97.

> Die Berufung der Kirche zur Mission und zur Einheit entspringt aus Gottes eigenem Wesen, wie es uns entgegentritt in der gesamten biblischen Offenbarung über das Werk und den Plan Gottes in Christus.[39]

Damit war die Mission in Gottes Wesen und mit dem Hinweis auf Joh 20,21 in der Sendung Jesu verankert. Diese doppelte Verankerung der Mission sollte eine beeindruckende Wirkungsgeschichte erfahren. Wesentlichstes Ergebnis von Willingen war die Erkenntnis, dass die Mission ihren Ursprung in Gott selbst hat. Diese Verankerung der Mission im Wesen Gottes hatte zunächst eine befreiende Wirkung. Neu wurde bewusst: Christliche Mission ist Gottes Mission! Gott selbst ist in der Mission am Werk! Das wirkte angesichts des schwindenden Einflusses des Westens und der kommunistischen Drohkulisse wie eine Erlösung.[40] So befreiend diese Erkenntnis angesichts der Krise der Mission war – sie konnte nicht über grundsätzliche Differenzen hinwegtäuschen. Man fand nur zu einer gemeinsamen Abschlusserklärung, weil die unterschiedlichen Sichtweisen nebeneinander gestellt wurden. So blieb das Wesen der Mission unscharf. Das sollte sich in den auf Willingen folgenden Jahren als verhängnisvoll erweisen.

Hartenstein und die Missio Dei

Das Konzept der Missio Dei geht, wie wir gesehen haben, auf Willingen zurück. Der Begriff kommt in den Dokumenten der Konferenz allerdings nicht vor und er wurde auch in den Diskussionen während der Konferenz nicht verwendet. Er wurde erst im Nachhinein von Karl Hartenstein, dem württembergischen Prälaten und ehemaligen Direktor der Basler Mission, kreiert, um die Stossrichtung des Missionsverständnisses von Willingen wiederzugeben.[41] In den Worten von Hartenstein:

39 a.a.O., 307.

40 Günther 2003, 104.

41 Eine knappe, aber gehaltvolle Würdigung Hartensteins als Missionstheologie bietet Wrogemann 2013, 62–66.

> Die Mission ist nicht nur die Bekehrung der Einzelnen, sie ist nicht nur Gehorsam gegen ein Wort des Herrn, sie ist nicht nur Verpflichtung zur Sammlung der Gemeinde, sie ist Anteilhabe an der Sendung des Sohnes, der Missio Dei, mit dem umfassenden Ziel der Aufrichtung der Christusherrschaft über die ganze erlöste Schöpfung.[42]

Die gehaltvolle Zusammenfassung von Hartenstein gibt das breite Spektrum des Missionsverständnisses von Willingen treffend wieder. Von den Schwächen dieses Umstands war schon die Rede. Und die Stärken? Die Stärken der drei in Willingen vertretenen Modelle kommen einem missionalen Sendungsverständnis sehr nahe. Von Willingen aus lässt sich ohne weiteres eine ganzheitliche Sendungstheologie schmieden: Die Kirche folgt dem aus sich selbst herausgehenden Gott. Sie lässt sich in die Welt senden, um den Menschen die rettende Botschaft von Jesus Christus zu verkünden und Zeichen seines Friedensreiches aufzurichten. Wort und Tat finden auf dieser Grundlage zu einem wirkungsvollen Ganzen. Damit ist Mission als ganzheitliches Geschehen definiert. Von daher ist es nicht verwunderlich, dass missionale Vertreter in der Diskussion um die Missio Dei einen der auslösenden Faktoren ihrer Theologie erblicken.

Missionsmodelle in Willingen

Heilsgeschichtliches Modell	Verheißungs-geschichtliches Modell	Trinitarisches Modell
Mission als Heilsereignis der „Zwischenzeit“ zielt auf die Rettung von Menschen durch den Dienst der Kirche.	Mission gründet in der Verheißung des Reiches Gottes und zielt auf die Errichtung von Gottes Schalom in der Welt.	Mission gründet im Wesen Gottes und zielt auf die Transformation der Welt.
MISSIO DEI als verbindendes Element		

42 Hartenstein 1952, 54.

2.2 Verhängnisvolle Entwicklungen nach Willingen

Die Weltmissionskonferenz in Willingen war die Initialzündung für das Konzept der Missio Dei und sollte in den folgenden Jahrzehnten eine beträchtliche missionstheologische Dynamik entwickeln.[43]

Vicedom und der nie eingelöste Scheck

Der lutherische Missionswissenschaftler Georg F. Vicedom legte mit seinem 1958 veröffentlichen Werk *Missio Dei* die erste systematische Abhandlung über das Konzept vor und trug damit entscheidend zu dessen Verbreitung bei. Bezug nehmend auf die missionstheologische Situation seiner Zeit sagt Vicedom zur Missio Dei:

> Die Weltmissionskonferenz von Willingen 1952 hat den Begriff aufgenommen, um damit in der protestantischen Christenheit die Mission als Handeln des dreieinigen Gottes zu begründen. Er hat seitdem weithin das Denken in der protestantischen Missionstheologie bestimmt. Missio Dei erklärt die Sendung als Gottes eigene Sache, die er in seinem Sohn begonnen hat und die er durch den Heiligen Geist in seiner Kirche fortführt bis zum Ende der Zeit.[44]

Aus der Tatsache, dass Gott seinen Sohn sendet und diese Sendung durch den Heiligen Geist in der Kirche fortführt, folgert Vicedom:

> Damit ist die Mission der Kirche an die Mission Gottes selbst angeschlossen. So steht die Kirche im Dienste Gottes zur Ausbreitung seines Evangeliums. Sie kann nicht Kirche sein, wenn

43 Das Missio Dei-Konzept wurde von fast allen Glaubensrichtungen aufgenommen, auch von einzelnen Evangelikalen, so von John Stott (Berneburg 1997, 133) und von Orlando Costas (1989, 71–89), blieb bis zum Anbruch des neuen Jahrtausends aber ohne nennenswerte Wirkung auf das evangelikale Missionsverständnis.

44 Vicedom 1975, 352.

> sie nicht an der Sendung seines Sohnes beteiligt ist. Mission wird damit zur Grundfunktion der Kirche.“ [45]

Unter dem Begriff „Sendung“ versteht Vicedom alles, was die Kirche zur Vermittlung des Heils zu tun gerufen ist:

> Es wäre jedoch eine Verengung der Missio Dei, wollte man den Begriff nur auf die Sendung beziehen. Zu ihr gehört alles, was um der Heilsmitteilung willen getan werden muss und was Gott tut. Berufung, Vorbereitung, Sendung der Arbeiter wie die Durchführung ihrer vielfältigen Dienste sind Verwirklichung der von der Missio bestimmten Liebe Gottes.[46]

Georg Vicedom und Karl Hartenstein haben wesentlich zur Prägung des Begriffs Missio Dei und zu dessen Verbreitung beigetragen. Insbesondere haben sie die Missio Dei mit der Sendung der Kirche verknüpft und sie in einem heilsgeschichtlichen Ansatz untergebracht. Allerdings haben sie nach Schirrmacher den „wunderbaren Scheck“, den sie ausgestellt haben, nie eingelöst.[47] Bei Hartenstein könne das auf die Kürze der von ihm stammenden Texte über die Missio Dei zurückgeführt werden. Vicedom hingegen habe trotz ausführlicher Beschäftigung mit dem Thema exegetische und systematische Ausführungen „über das innertrinitarische Sendungsverhältnis, über die Verbindung von Gott als Gesandtem zum Menschen als Gesandter, über das Verhältnis des Geistes Gottes, der seit Pfingsten Mission betreibt, zum missionalen Handeln der Kirche“ weitgehend vermissen lassen.[48]

So bleibt nach Willingen und dem Beitrag Vicedoms die Erkenntnis: Die christliche Mission wurzelt im Wesen Gottes, der ein sendender Gott ist. Die Mission der Kirche ist Teilhabe an der Mission Gottes. So wichtig diese Erkenntnis war, so vieldeutig blieb das Konzept seiner Unschärfe wegen.

45 a.a.O.

46 a.a.O.

47 Schirrmacher 2011, 13.

48 a.a.O., 13–14.

Ein „neues" Missionsverständnis

Das Konzept der Missio Dei wurde an den auf Willingen folgenden ökumenischen Weltmissionskonferenzen aufgenommen und weiterentwickelt.[49] Allerdings nicht im Sinne Hartensteins, der die *Missio Dei* eng mit der *Missio Ecclesiae* verband: „Die Sendung des Sohnes zur Versöhnung des Alls durch die Macht des Geistes ist Grund und Ziel der Mission. Aus der ‚Missio Dei' allein kommt die ‚Missio Ecclesiae'. Damit ist die Mission in den denkbar weitesten Rahmen der Heilsgeschichte und des Heilsplanes Gottes hineingestellt."[50] Für Hartenstein und die deutsche Delegation in Willingen gehörte das missionarische Handeln der Kirche untrennbar zur Missio Dei in der Welt.

Nun aber kam es in der ökumenischen Diskussion zu einer einseitigen Weiterentwicklung des an sich so wertvollen Konzepts. In den 1960er-Jahren übernahmen immer mehr ökumenische Theologen den Begriff der Missio Dei im Sinn des holländischen und des amerikanischen Modells.[51] Der missionstheologische Fokus richtete sich weg von der Kirche auf das Wirken Gottes in der Welt – ein Umstand, der in der ökumenischen Bewegung nicht nur auf Zustimmung stieß, sondern auch substanzielle Kritik hervorrief.[52] Die Mehrheit aber hatte zu einem

49 Günther 2003, 105–111.

50 Hartenstein 1952, 62.

51 Richebächer 2003, 192. Das ist insofern nicht erstaunlich, als sich in Willingen das heilsgeschichtliche Modell einerseits und das verheißungsgeschichtliche und das trinitarische Modell anderseits gegenüberstanden, wobei die beiden letztgenannten Modelle ein Übergewicht schufen. Richebächer (a.a.O., 191) bemerkt: „Genau genommen, war also schon vor dem Entstehen der Willinger Schlusserklärung und dann auch trotz der sie besiegelnden Hartensteinschen Formel klar, dass die Mehrzahl der Delegierten unter ‚God's mission' etwas anderes als die theologische Grundlage und den heilsgeschichtlichen Rahmen der kirchlichen Mission verstanden."

52 Newbigin, einer der Teilnehmer von Willingen, beklagt diese Entwicklung in seiner Autobiografie. Die theologischen Diskussionen seien vom Versuch dominiert gewesen, das missionarische Denken von der kirchenzentrierten Mission wegzulenken, hin zum Wirken Gottes in der säkularen Welt. Schon damals sei der Vorschlag eingebracht worden, die Kirche müsse durch den Glauben Gottes richtendes und erlösendes Wirken in den revolutionären Bewegungen erkennen können. Dieser sei von der Konferenz jedoch nicht angenommen worden. Newbigin bedauert, damals nicht erkannt zu haben, dass diese Tendenzen die ökumenische Missionstheologie in den auf Willingen folgenden Jahren prägen würden. Newbigin wünschte sich eine Stärkung der Kirche in der Mission. Er prägte in Willingen den Satz: „There is no participation in Christ without participation in his mission to the world." Dieser Satz wurde in die Abschlusserklärung aufgenommen (Newbigin 1993, 129–130). Hartenstein, der ansonsten viel Lob für Willingen fand (1952, 51-68), machte sich um denselben Punkt Sorgen wie Newbigin. Er hält fest, dass am Ende der Konferenz

„neuen" Missionsverständnis gefunden: An Gottes Mission teilhaben bedeute, in der Welt mit Gott zusammenzuarbeiten. Ziel sei es, Gottes Schalom aufzurichten. Die Rolle der Kirche sei es, „diese Mission zu bezeugen – weil von ihr zu erwarten ist, dass sie weiß, was vor sich geht – und sich ihr anzuschließen, und zwar in dem Sinne, dass sie mit den Bewegungen in der Welt zusammenarbeitet, die den Schalom fördern, sei es nun, dass sie eine christliche Basis haben oder nicht."[53]

Die Unterscheidung von Heilsgeschichte und Weltgeschichte, die in Willingen auf Drängen der deutschen Delegation noch aufrechterhalten worden war, wurde nun ganz aufgegeben.[54] Damit einher ging ein verändertes Heilsverständnis und als Folge davon eine inhaltliche Neuausrichtung der Mission. Das Ziel war jetzt nicht mehr die Aufrichtung der Herrschaft Jesu durch die Verkündigung des Evangeliums, sondern die Herbeiführung des innerweltlichen Schalom durch christliches Handeln. Die Kirche war nicht mehr beauftragt, das Evangelium zu bezeugen und zum Glauben zu rufen, sie war jetzt nur noch Partnerin im Kampf für Befreiung aus gesellschaftlichen Zwängen und politischer Unterdrückung.

Zur vollen Blüte kam dieses veränderte Heilsverständnis an der siebten ökumenischen Weltmissionskonferenz von Bangkok 1973. Das Eintreten für das Heil wurde zum politischen Kampf, durch den der Mensch Anteil habe am Erlösungswerk Gottes in der Welt. Heil bedeute Friede in Vietnam oder Nordirland. Im Bericht der Sektion II „Heil und soziale Gerechtigkeit" heißt es:

> In dem umfassenden Heilsbegriff erkennen wir vier soziale Dimensionen des Erlösungswerkes: 1. Das Heil wirkt im Kampf um wirtschaftliche Gerechtigkeit gegen die Ausbeutung des Menschen durch den Menschen. 2. Das Heil wirkt im Kampf um die Menschenwürde gegen politische Unterdrückung

---

die Arbeitsgruppe zum Thema „Die missionarische Verpflichtung der Kirche" das Verhältnis der Kirche zum Reich Gottes, das Verhältnis der Kirche zur Welt sowie die Eschatologie als unerledigte Probleme betrachtete, die einer eindringlichen theologischen Aussprache bedurften (a.a.O., 68–72).

53 Engelsviken 2003, 46.

54 Sautter (1985, 139–144) beschreibt das Ringen um die Zuordnung von Heilsgeschichte und Weltgeschichte in Willingen eindrücklich.

> durch Mitmenschen. 3. Das Heil wirkt im Kampf um Solidarität gegen die Entfremdung der Menschen. 4. Das Heil wirkt im Kampf um die Hoffnung gegen die Verzweiflung im Leben des Einzelnen.[55]

Heil wird hier seiner eschatologischen Dimension beraubt und auf ein zwischenmenschliches Ereignis reduziert. Bangkok führte zu einer Umdeutung des Heilsverständnisses und damit zu einer radikalen Neuorientierung der Mission. Nicht mehr der Glaube an Christus und der Ruf zum Glauben standen im missionarischen Fokus. Es ging jetzt um die Verwirklichung des Heils im Diesseits durch den politischen Kampf. Die Missio Dei war auf Grund gelaufen.

Es kommt nicht von ungefähr, dass der Begriff der Missio Dei als „Containerbegriff" bezeichnet wird, in den jeder das hineinlesen kann, was er will. So erstaunt es nicht, dass sich in der ökumenischen Missionstheologie das Schlagwort Missio Dei zwischen Willingen und Bangkok von seiner ursprünglichen Bedeutung emanzipierte und seine eigentliche Bedeutung ins Gegenteil verkehrt wurde. Diese Emanzipation hatte eine dreifache Auswirkung:

Erstens wurde mit der Umdeutung des Missio Dei-Begriffs zu einem innerweltlichen Kampfgeschehen die Tür zum Religionspluralismus aufgestoßen. Man war jetzt überzeugt, dass Gott sein Heil in der Welt auch ohne die Kirche wirkt. Gott sei in der Welt befreiend am Werk und bediene sich dazu auch revolutionärer Bewegungen. Gott sei auch in den nicht christlichen Religionen Heil schaffend am Werk. Islam, Hinduismus und Buddhismus seien legitime Heilswege. Verkündigung müsse durch Dialog ersetzt werden.[56]

Zweitens wurde die Kirche durch die einseitige Fokussierung auf Gottes Wirken in der Welt ihrer missionarischen Bedeutung beschnitten. Wenn Gott für die Mission verantwortlich ist, wenn sie von ihm ausgeht und wenn sie sein Werk ist, dann ist die Kirche nicht für die Missio Dei zuständig und wird dazu auch nicht benötigt. „Eine kirchenorientierte Mission mit dem Ziel einer Einfügung von Menschen in den

55 in Beyerhaus 1973, 208.

56 Egelkraut 2005, XLV.

Leib Christi und der Sammlung der Glaubenden, wie sie noch in der Vergangenheit praktiziert wurde, kann es somit nicht mehr geben."[57]

Drittens kam die von den westlichen Ländern angeführte Mission zu einem Stillstand. Angesichts der missionstheologischen Entwicklungen wundert es nicht, dass in Bangkok ein Moratorium (Aufschub) für die Aussendung westlicher Missionare verlangt wurde.[58] Die Krise von Willingen führte zum totalen Stillstand von Bangkok. Die Missio Dei hatte keines der drängenden missionstheologischen Probleme lösen können und war selbst zum Problem geworden.

Innerhalb von nur zwei Jahrzehnten war die Missio Dei ins Gegenteil ihrer ursprünglichen Bedeutung verkehrt worden. Zumindest gilt das für das heilsgeschichtliche Verständnis von Mission, wie es Walter Freytag und Karl Hartenstein in Willingen vertraten. Nur so ist es zu verstehen, dass das Konzept der Missio Dei zur Begründung dafür wurde, die Kirche müsse überhaupt keine Mission mehr treiben.

2.3 Die evangelikale Alternative

Man kann von einer Säkularisierung des Missio Dei-Begriffs zwischen Willingen 1952 und Bangkok 1973 reden. Mission wurde als Befreiung und Humanisierung verstanden, nicht mehr als das Angebot der Rechtfertigung durch den Glauben an Christus.[59] Diese Veränderung im Missionsverständnis zeigte eine weitere Auswirkung: Die evangelikalen Kräfte schieden aus dem ökumenischen Prozess aus. Zwischen 1966 und 1974 fanden intensive Diskussionen zwischen Evangelikalen und Ökumenikern statt, in der Hoffnung, die sich öffnenden missions-

57 Reppenhagen 2011, 160.

58 Das Moratorium verlangte „eine vorläufige Einstellung der finanziellen und personellen Unterstützung der sogenannten Empfängerkirchen durch die Missionsgesellschaft". Dies sei eine gute Gelegenheit für die Kirchen, die um ein Moratorium gebeten hatten, mit eigenen Mitteln zu arbeiten und dadurch ihre eigene Identität zu finden. Zudem könnten durch das eingesparte Geld militante Befreiungsbewegungen unterstützt werden. Zum Wortlaut des Moratoriums und zu einem Kommentar dazu siehe Beyerhaus 1987, 67–68.

59 Vgl. Egelkraut 2005, XLIII–XLV.

theologischen Differenzen überbrücken zu können – ohne Erfolg.[60] Der Bruch zwischen beiden Lagern trat immer sichtbarer zu Tage.[61]

Die Wheaton Erklärung 1966

Je mehr sich die Ökumeniker einem humanistischen Ziel der Mission verpflichtet fühlten, desto stärker begannen die Evangelikalen, eine Alternative zu entwickeln. Sie wollten das traditionelle Missionsverständnis beibehalten, es gleichzeitig aber mit den Herausforderungen der modernen Welt in Verbindung bringen. Zu diesem Zweck, und um die evangelikal gesinnten Kräfte zu bündeln, begannen sie, eigene Missionskonferenzen abzuhalten.

Vom 9. bis 16. April 1966 versammelten sich 938 Delegierte aus 71 Nationen in Wheaton, Illinois, um über die Aufgabe der Kirche in der Welt nachzudenken. Angesichts der Entwicklung in der ökumenischen Bewegung hin zu einem sozialen Evangelium, stand die Frage nach dem Verhältnis von Verkündigung und sozialer Verantwortung als ungelöste Frage im Raum. Die Delegierten in Wheaton räumten der Evangelisation Vorrang vor der sozialen Verantwortung ein und setzten damit einen Parameter, der über die Jahrtausendwende hinaus Gültigkeit

60 So sprach sich Peter Beyerhaus Ende der 1960er-Jahre noch für ein aus ökumenischen und evangelikalen Positionen integriertes Missionsverständnis aus (vgl. Bockmühl 2000, 106–107).

61 Beyerhaus 1996, 7. Das gilt insbesondere für den deutschsprachigen Raum. Hier wurde der Begriff „evangelikal" relativ spät, in den 1960er-Jahren, vom Amerikanischen ins Deutsche übernommen, „um die evangelischen Kräfte zu benennen, die sich in pietistisch-erwecklicher sowie freikirchlicher Tradition verstanden und sich in den 60er-Jahren zunehmend gegenüber den mit dem Ökumenischen Rat der Kirchen verbundenen evangelischen Christen und Kirchen definieren wollten" (Ott 1999, 123–124; vgl. Laubach 1972, 82–93). Der englische Begriff *evangelical* ist wesentlich älter. Er tauchte erstmals in England als Bezeichnung der Anhänger der Reformation sowohl lutherischer als auch calvinistischer Prägung auf. In den folgenden zweihundert Jahren wurde er vom Ausdruck *protestant* zurückgedrängt. Im 18. Jahrhundert trat der Begriff *evangelical* in Zusammenhang mit der englischen Erweckungsbewegung wieder in Erscheinung. Gegen Ende des 18. Jahrhunderts wurden mit dem Begriff *evangelical* die Christen bezeichnet, die innerhalb der Kirche Englands die Erweckungsbewegung vertraten. Trotz denominationeller Zersplitterung nahmen die Evangelicals eine Verbundenheit unter sich wahr, die sich vor allem im Bibelbekenntnis ausdrückte. Im Jahre 1846 wurde in London die *Evangelical Alliance* gegründet. Damit traten die Evangelicals erstmals als transkonfessionelle Bewegung in Erscheinung. Zu den verschiedenen evangelikalen Typen des 19. Jahrhunderts siehe Jung 1992, 12–13.

haben sollte.[62] Gleichzeitig wurde bedauert, dass sich die Evangelikalen zu wenig um soziale Fragen gekümmert hatten. In der Wheaton-Erklärung heißt es:

> Wir haben schwer gesündigt. Wir haben uns einer unbiblischen Isolation von der Welt schuldig gemacht, die uns nur allzuoft davon abhält, ihren Anliegen offen ins Auge zu sehen und sie anzugehen (...) Während die Evangelikalen im 18. und 19. Jahrhundert führend waren in der sozialen Verantwortung, haben im 20. Jahrhundert viele die biblische Perspektive verloren und sich *ausschließlich* auf die Verkündigung eines Evangeliums der individuellen Erlösung beschränkt, ohne ausreichend ihre soziale und gesellschaftliche Verantwortung wahrzunehmen. Als der theologische Liberalismus und der Humanismus in die protestantischen Kirchen eindrangen und ein „soziales Evangelium" proklamierten, wuchs unter den Evangelikalen die Überzeugung, es bestünde ein Gegensatz zwischen sozialer Aktion und der Verkündigung des Evangeliums. Heute hingegen sind die Evangelikalen zunehmend davon überzeugt, dass sie sich in die großen sozialen Probleme involvieren müssen, denen wir gegenüberstehen. Sie kümmern sich um die Bedürfnisse des ganzen Menschen wegen des Vorbilds ihres Herrn, seiner sie drängenden Liebe, ihrer Verbundenheit mit der menschlichen Rasse und der Herausforderung ihres evangelikalen Erbes. Evangelikale suchen in der Schrift nach Anleitung, was zu tun ist und wie weit sie gehen sollten, um ihre soziale Verantwortung auszuleben, ohne die Priorität der Verkündigung des Evangeliums der individuellen Erlösung einzuschränken.[63]

62 In der Erklärung heißt es: „Wir erklären daher, dass wir das Primat der Verkündigung des Evangeliums aller Kreatur uneingeschränkt bekräftigen, und dass wir Gottes Anliegen für soziale Gerechtigkeit und menschliches Wohlergehen neu demonstrieren wollen." Im Original: „We therefore declare that, we reaffirm unreservedly the primacy of preaching the gospel to every creature, and we will demonstrate anew God's concern for social justice and human welfare."

63 Wheaton Declaration 1966 (Übersetzung RH – Hervorhebung im Original). Originaltext: „We have sinned grievously. We are guilty of an unscriptural isolation from the world that too often keeps us from honestly facing and coping with its concerns (...) Whereas evangelicals in the eigh-

Die Wheaton-Erklärung macht deutlich, dass das soziale Gewissen der Evangelikalen aus seinem Tiefschlaf erwacht war. Dieser Umstand war einerseits auf die Herausforderung zurückzuführen, welche der missionstheologische Kurs der Genfer Ökumene darstellte. Anderseits waren es evangelikale Theologen aus der Zwei-Drittel-Welt, welche eine positive Einstellung zur sozialen Verantwortung einforderten.[64] In Wheaton wurde ein vorsichtiger Anfang in der Aufnahme der sozialen Frage gemacht, doch „eine theologische Integration der sozialen Verpflichtung in den Missionsauftrag war in Wheaton noch nicht in Sicht".[65] Dennoch war Wheaton bedeutsam:

> Wheaton ist bedeutsam durch die Tatsache, dass hier erstmals die sonst mehr auf Abgrenzung bemühten Evangelikalen in einem Kongress zusammenkommen und eine gemeinsame Erklärung zu den Fragen der Weltmission verabschieden, dass sie damit den Anschluss an die theologische und methodische Reflexion der Mission suchen, dass sie erstmals die sozialen Nöte und deren Bedeutung in der Mission ansprechen (...) und dass man sich von der seit 1961 in der Ökumene gängigen sichtbaren und universalen Interpretation der Heilsgeschichte distanzierte.[66]

teenth and nineteenth centuries led in social concern, in the twentieth century many have lost the biblical perspective and limited themselves only to preaching a gospel of individual salvation without sufficient involvement in their social and community responsibilities. When theological liberalism and humanism invaded historic Protestant churches and proclaimed a ‚social gospel,' the conviction grew among evangelicals that an antithesis existed between social involvement and gospel witness. Today, however, evangelicals are increasingly convinced that they must involve themselves in the great social problems men are facing. They are concerned for the needs of the whole man, because of their Lord's example, His constraining love, their identity with human race, and the challenge of their evangelical heritage. Evangelicals look to Scripture for guidance as to what they should do and how far they should go in expressing this social concern, without minimizing the priority of preaching the gospel of individual salvation."

64 Hardmeier 2008, 20.

65 Berneburg 1997, 56.

66 Egelkraut 2005, LII.

Die Frankfurter Erklärung 1970

Ein weiterer Schritt in Richtung eines an die Bibel gebundenen Missionsverständnisses war die *Frankfurter Erklärung zur Grundlagenkrise der Mission* von 1970.[67] War die Wheaton-Erklärung eine Standortbestimmung für die sich sammelnden Evangelikalen selbst gewesen, suchte man mit der Frankfurter Erklärung die Konfrontation mit der Ökumene.

Positiv bejaht sie das Eintreten für Gerechtigkeit und Frieden im Sinne einer Begleitung und Beglaubigung der Mission. Auch die humanisierenden Konsequenzen der Bekehrung wurden gewürdigt. Diese könnten aber nichts mehr als Hinweise auf den kommenden messianischen Frieden sein. Allerdings machen die bejahenden Aspekte nur einen kleinen Teil der Erklärung aus, denn sie geht von einer Situation der „inneren Zersetzung" der Missionstheologie aus, auf die geantwortet werden musste.[68]

Negativ bemängelt wurde der missionstheologische Kurs der Genfer Ökumene. Dir „Irrlehre", wonach die Religionen und Weltanschauungen „Heilswege neben dem Christusglauben seien", müsse verworfen werden.[69] Humanisierung sei nicht vorrangiges Ziel der Mission, sie könne nur Folge davon sein. Der immer stärker hervortretende Heilsuniversalismus der ökumenischen Bewegung wurde scharf kritisiert und als unvereinbar mit dem biblischen Zeugnis betrachtet:

> Wir bestreiten, dass „christliche Präsenz" unter den Anhängern der Fremdreligionen und wechselseitiger religiöser Austausch mit ihnen im Dialog ein Ersatz für die zur Bekehrung drängende Verkündigung des Evangeliums seien, statt allein eine gute Form missionarischer Anknüpfung. Wir bestreiten, dass die Entlehnung christlicher Ideen, Hoffnungsziele

67 Bockmühl 2000, 133. „Diese Erklärung wurde vom Theologischen Konvent der (westdeutschen) Konferenz Bekennender Gemeinschaften verabschiedet, aber auch von einer Anzahl theologischer Lehrer und anderer Persönlichkeiten unterzeichnet, die jenem Gremium nicht angehören" (a.a.O., 134). Zum Wortlaut der Erklärung siehe Beyerhaus 1987, 3–10.

68 a.a.O., 3.

69 a.a.O., 7.

> und sozialer Verhaltungsweisen – auch abgesehen von deren ausschließlicher Beziehung auf die Person Jesu Christi – die Fremdreligionen und Ideologien zu einem Ersatz für die Kirche Christi machen können. Sie geben ihnen vielmehr eine synkretistische und damit antichristliche Ausrichtung.[70]

Ursprünglich als Gesprächsgrundlage für die Verhandlungen mit der Abteilung für Weltmission und Evangelisation des Ökumenischen Rates der Kirchen gedacht, führte die Frankfurter Erklärung mit ihrer kategorischen Absage an die ökumenische Missionstheologie zu einer starken Polarisierung. Während Evangelikale wie Klaus Bockmühl die Frankfurter Erklärung für eine „notwendige und verdienstliche Thematisierung des berechtigten Unbehagens an der Genfer Linie" begrüßten,[71] kritisierte eine Minderheit die scharfe Abgrenzung, welche die Erklärung provozierte.[72] Von den Ökumenikern, welche die Genfer Linie vertraten, wurde die Frankfurter Erklärung abgelehnt. Peter Beyerhaus, der die Federführung der Frankfurter Erklärung hatte, verteidigte sie, indem er darauf hinwies, dass durch den ökumenischen Kurs die Mission an sich gefährdet sei. Die Verfasser seien überzeugt, „dass es hier um das Sein oder Nichtsein nicht nur des gegenwärtigen Missionsbetriebs, sondern der christlichen Kirche und des christlichen Glaubens überhaupt geht".[73] Die Frankfurter Erklärung wolle „den bibeltheologischen Konsensus über Grund, Aufgabe und Ziel der Mission erneuern".[74]

Die Frankfurter Erklärung erzielte insbesondere in der evangelikalen Missionslandschaft in Deutschland eine nachhaltige Wirkung. Sie ermöglichte eine missionstheologische Standortbestimmung in deren Folge „sich gegenüber der ökumenischen Missionstheologie eine eigenständig evangelikale Missionstheologie in Deutschland" entwi-

---

70 a.a.O., 8.

71 Bockmühl 2000, 135.

72 Costas 1974b, 189ff. Zu einer Zusammenfassung an Costas Kritik an der Frankfurter Erklärung siehe Hardmeier 2008, 218–220.

73 Beyerhaus 1987, 16.

74 a.a.O., 14.

ckelte.[75] Einerseits trug die Frankfurter Erklärung so zur Bewahrung des missionstheologischen Erbes lutherisch-pietistischer Tradition bei. Anderseits wurde ihre anti-ökumenische Haltung zu einem identitätsbildenden Element evangelikaler Missionstheologie in Deutschland und zementierte so den Bruch zwischen Evangelikalen und Ökumenikern.[76]

Lausanne in Sicht

Als im Jahr 1974 der große evangelikale Weltevangelisationskongress in Lausanne stattfand, an welchem rund 4.000 Missionare, Theologen und Leitungspersönlichkeiten teilnahmen, hatten die Evangelikalen definitiv ihren eigenen Weg unter die Füße genommen. Der Bruch zwischen dem ökumenischen und dem evangelikalen Lager war vollzogen. Der Lausanner Kongress wurde von der *Billy Graham Evangelistic Association* aus dem Bewusstsein ins Leben gerufen, dass sich die ökumenische Missionstheologie immer weiter von ihren biblischen Grundlagen entfernte. So hält Billy Graham in seiner Autobiografie mit Blick auf Bangkok 1973 fest: „Man konzentrierte sich noch stärker auf Themen wie soziale und politische Gerechtigkeit. Die erlösende Kraft des Evangeliums für eine verlorene Welt spielte kaum noch eine Rolle (…) Dieser Trend alarmierte die evangelikalen Christen, die daraufhin begannen, sich um ein gründlicheres Verständnis der biblischen Theologie der Evangelisation zu bemühen.“[77] Fortan wurde in der aus dem Kongress hervorgegangenen Lausanner Bewegung intensiv über Grundlage und Praxis der christlichen Mission diskutiert. Der Begriff der Missio Dei spielte dabei keine tragende Rolle. Er war für den ökumenischen Diskurs reserviert und sollte erst zu Beginn des neuen Jahrtausends auch für Evangelikale Bedeutung erlangen.

75 Wrogemann 2013, 129.

76 Näheres bei Ott 1999, 123–139.

77 Graham 1998, 519–520.

2.4 Ein Gott, der sendet

Die Missio Dei ist ein aus der Missionstheologie nicht mehr wegzudenkendes Konzept. Auch missional gesinnte Theologen aus dem evangelikalen Segment beginnen neuerdings, ihn für ihre Sichtweise zu reklamieren. Ein besonderes Problem in der Entstehungsgeschichte des Konzepts bestand in seiner Vieldeutigkeit. So konnte es geschehen, dass unterschiedliche und zum Teil gegensätzliche Ansichten in das Konzept hineingelesen wurden. Diese Unschärfe bedarf der Korrektur. Noch zu Beginn der 1980er-Jahre konnte David Bosch sagen, „dass die Trinitätslehre in Kirche, Mission und Theologie eine nur recht vage Funktion ausübt". Es sei daher notwendig, „detaillierter auszuführen, was wir unter einer trinitarischen Grundlage der Mission verstehen".[78] Deshalb halte ich es für angebracht, im Folgenden einige biblische Grundzüge der Missio Dei herauszuarbeiten.[79]

Gott sendet

Obwohl wir den Begriff „Mission" zu Recht mit dem Neuen Testament – und dort insbesondere mit dem sogenannten Missionsbefehl in Mt 28 und Parallelen – in Verbindung bringen, ist Mission nicht auf das Neue Testament beschränkt. Das neutestamentliche Missionsverständnis hat tiefe alttestamentliche Wurzeln.

Das Alte Testament offenbart einen sendenden Gott, der sich aus Liebe offenbart und Menschen zu Werkzeugen seines Heils macht. Gott selbst ist der erste Missionar. Nach dem Sündenfall geht er zu den Menschen und kündigt ihnen Gericht und Rettung an: , Feindschaft setze ich zwischen dich und die Frau, zwischen deinen Nachwuchs und ihren Nachwuchs. Er trifft dich am Kopf, und du triffst ihn an der Ferse" (1Mo 3,15). Mit diesem Versprechen kündigt Gott den Menschen die Überwindung des Bösen an. An diesem Punkt in der Geschichte beginnt inmitten der menschlichen Unheilsgeschichte die Heilsgeschichte Got-

78 Bosch 2011, 311. Das englische Original erschien 1980.

79 Ausführlicher dazu siehe Schirrmacher 2011.

tes. Hier werden die Grundzüge biblischen Heils sichtbar:[80] Gott geht aus sich heraus und sucht das Heil des Menschen. Das Heil ist Gottes Werk, die Selbsterlösung steht schon hier ganz am Anfang im Gegensatz zum Wirken Gottes. Das Heil wird Satan, den Feind der Menschen, zerstören. Damit ist angedeutet, dass die Geschichte nicht endlos weitergeht. Sie hat mit der Schöpfung einen Anfang und mit Gericht und Neuschöpfung ein Ende (Offb 21,1ff). Das Heil wird durch einen Menschen kommen, den „Nachwuchs" Evas. Dies ist ein verhüllender Hinweis auf Jesus Christus. Durch sein Leiden („du triffst ihn an der Ferse") verwirklicht er das Heil. Damit wird schon auf den ersten Seiten der Bibel klar: Gott gebraucht Menschen als seine Werkzeuge, um sein Heil zu verwirklichen. Die Initiative geht von Gott aus und das Heil, das er anbietet ist ein Geschenk. Doch dieses Geschenk muss vermittelt werden. Die Vermittlung des Heils, die sowohl im Alten als auch im Neuen Testament eine wichtige Rolle spielt, klingt hier bereits an. Denn wo es keiner menschlichen Vermittlung bedarf, ist auch keine Mission nötig. Und auch das Zusammengehen von Gericht und Gnade findet sich hier: „Gott selbst kommt und verkündigt ihnen [Adam und Eva] das Gericht. Das gehört immer zur Mission dazu. Denn wenn das Gericht nicht wäre, brauchten wir nicht von Gnade und Vergebung zu sprechen."[81]

Die Grundzüge der Missio Dei sind auf den ersten Seiten der Bibel also bereits vorgezeichnet. Entlang dieser Linien entfaltet sich im Alten Testament eine immer deutlicher werdende Theologie der Sendung, in welcher Gott der Handelnde ist. Einige Beispiele: Gott sendet einen Engel, um Abrahams Knecht zu helfen, eine Frau für Isaak zu finden (1Mo 24,7). Gott sendet Josef nach Ägypten, um seine Familie zu retten (1Mo 45,7). Gott sendet Mose zum Pharao, um die Freilassung seines Volkes zu fordern (2Mo 3,10). Gott sendet einen Engel, um sein Volk in das verheißene Land zu führen (2Mo 23,20).

80 Vgl. für das Folgende Peters 1985, 97.

81 Schirrmacher 2011, 39.

Gott liebt

Die zentrale Motivation der Sendung Gottes ist seine Liebe, die sich in seiner Barmherzigkeit zeigt. Nirgends im Alten Testament wird das deutlicher als im Exodus, der paradigmatischen Erfahrung Israels. Das rettende Eingreifen Gottes wird zweifach begründet:

Zum einen gründet Gottes heilbringendes Handeln in seiner Bundestreue, die auf das Versprechen an Abraham zurückgeht, aus ihm ein Volk zu schaffen. „Gott hörte ihr Stöhnen und Gott gedachte seines Bundes mit Abraham, Isaak und Jakob. Gott blickte auf die Söhne Israels und gab sich ihnen zu erkennen" (2Mo 2,24f), steht wie eine Überschrift über dem Exodus. Gott hatte Abraham versprochen, dass seine Nachkommen Gottes Volk sein sollten und dass er ihnen das Land Kanaan zum Pachtbesitz geben würde (1Mo 12,1–3). In der Befreiung aus Ägypten begann Gott dieses Versprechen einzulösen.

Zum andern ist es die in Gottes Wesen begründete Barmherzigkeit, die ihn zur rettenden Tat drängt. „Ich habe das Elend meines Volkes in Ägypten gesehen und ihre laute Klage über ihre Antreiber habe ich gehört. Ich kenne ihr Leid. Ich bin herabgestiegen, um sie der Hand der Ägypter zu entreißen" (2Mo 3,7f). In diese Situation des Elends sendet Gott Mose, um die Israeliten zu befreien: „Jetzt ist die laute Klage der Israeliten zu mir gedrungen und ich habe auch gesehen, wie die Ägypter sie unterdrücken. Und jetzt geh! Ich sende dich zum Pharao. Führe mein Volk, die Israeliten, aus Ägypten heraus!" (2Mo 3,9f). Sowohl hier als auch in den mosaischen Gesetzen offenbart sich Gott als ein aus Barmherzigkeit handelnder Gott.[82] Am Ursprung jeglicher Sendung steht Gott, seine Liebe, seine Barmherzigkeit und seine Treue zu seinen Verheißungen.

Im Exodus zeigt sich exemplarisch Gottes Handeln mit der Welt.[83] Gottes Plan ist es, Heil zu schaffen, und dieses Heil betrifft den Menschen ganzheitlich. Israel wurde durch das Passa von seinen eigenen Sünden erlöst, aber im Exodus ebenso von der an ihnen begangenen

82 Zur Barmherzigkeit in den mosaischen Geboten siehe Hardmeier 2012, 64–66.

83 Zur Bedeutung des Exodus für die Missionstheologie siehe Wright 2006, 265–288 und Hardmeier 2009, 151–162.

Sünde der Unterdrückung befreit. Aus dem Exodus lassen sich Grundzüge missionalen Handelns mit Gültigkeit für die christliche Mission ableiten: In der Mission wendet sich Gott den Menschen ganzheitlich zu und begegnet der ganzen Bandbreite menschlicher Bedürfnisse. Christliche Sendung muss, wenn sie sich Gottes Sendung anschließen will, immer den ganzen Menschen im Blick haben.

Gott beruft

Durch das gesamte Alte Testament hindurch wird deutlich, dass Gott sich Menschen sucht und sie zu Mittlern des Heils macht. Die Sprache der Berufung und Sendung durchzieht das ganze Alte Testament: Gott gibt seinem Volk Richter, um sie zu befreien (Ri 3,9). Gott sendet seine Propheten, um sein Volk zu warnen und zu leiten (Ri 6,8). Gott sendet Samuel, um mit der Salbung von Saul (1Sam 15,1) und David (1Sam 16,1) eine neue Ära einzuleiten. Das Sendungsmuster des Alten Testaments ist durchgängig dasselbe: Gott ist der Sendende, der Menschen zu seinen Gesandten macht, damit diese in seinem Namen reden und handeln.

Grundsätzlich für das Alte Testament ist, dass Israel ein gesendetes Volk ist, um zeichenhaft unter den Völkern zu leben. Israel existierte als priesterliches Volk um der Völker Willen (2Mo 19,5f).[84] Als gehorsames Volk war es dazu bestimmt, unter den Segen Jahwes zu kommen, damit die Völker voll Staunen auf Israel und seinen Gott blickten (5Mo 4,6–8; 28,10). Auf diese Weise sollte Israel ein missionarisches Volk sein und Zeuge bis an die Enden der Erde werden (Jes 49,6).[85]

Die prophetischen Bücher machen am ausführlichsten von der Sprache der Sendung Gebrauch: Gott sendet seine Propheten zu seinem Volk und zu den Völkern (Jer 1,7). Gott sendet Gericht unter sein Volk (Hes 5,16) und unter die Völker (Hes 39,6). Gott sendet sein Wort, damit es bewirkt, was ihm gefällt (Jes 55,11). Gott sendet Ägypten einen

---

84 Peters 1985, 127.

85 a.a.O., 128.

Retter (Jes 19,20). Seinem Volk sendet er aus seinem Erbarmen Korn, Wein und Öl (Joel 2,18f).

In der Berufung der Propheten zeigt sich, dass Gott Werkzeuge sucht, die sein Heil vermitteln. Diese Werkzeuge sind gewöhnliche Menschen, die von Gottes Ruf so in Beschlag genommen werden, dass sie sich Gott völlig zur Verfügung stellen (2Mo 3,1ff; Jer 1,4–10). Sie hören Gottes Worte, sehen in Visionen seinen Willen für das Volk und treten mit der prophetischen Formel „so spricht der Herr" in seinem Namen auf. Sie sind Gottes Gesandte, die er aus Mitleid zu seinem Volk sendet (2Chr 36,15f).

Dass Gott beruft, um zu senden, zeigt sich exemplarisch bei Jesaja. Gott offenbarte sich ihm in einer Vision im Tempel: „Danach hörte ich die Stimme des Herrn, der sagte: Wen soll ich senden? Wer wird für uns gehen? Ich antwortete: Hier bin ich, sende mich!" (Jes 6,8). Gott beauftragte Jesaja zu gehen und trug ihm auf, was er dem Volk sagen sollte. Er wurde zum Mund Jahwes für sein Volk. Später ist die Rede vom Gesalbten Jahwes, den er durch seinen Geist zu seiner Sendung befähigt: „Er hat mich gesandt, damit ich den Armen eine frohe Botschaft bringe und alle heile, deren Herz zerbrochen ist, damit ich den Gefangenen die Entlassung verkünde und den Gefesselten die Befreiung, damit ich ein Gnadenjahr des Herrn ausrufe" (Jes 61,1f). Hier sind alle wesentlichen Elemente biblischer Sendung vorhanden: Gott sendet aus Liebe und Barmherzigkeit, um das Elend der Menschen zu wenden. Er bedient sich dabei eines menschlichen Werkzeugs und befähigt ihn zu einer ganzheitlichen Mission durch die Salbung mit dem Heiligen Geist.

Als Jesus seinen Dienst antrat, bezog er in der Synagoge von Nazaret Jes 61,1f auf sich (Lk 4,16ff) und definierte so sein messianisches Selbstverständnis. Jesus ist der Gesalbte Jahwes, dessen Mission darin besteht, den Menschen Gottes rettende Gnade anzubieten. Dieser Text ist in der evangelikalen Bewegung im ausgehenden 20. Jahrhundert zu einem bedeutenden Missionstext geworden.[86] Nimmt man Jes 61,1f als Missionstext ernst, dann gehören Verkündigung („ein Gnadenjahr ausrufen") und Dienst („und alle heile, deren Herz zerbrochen ist") zusammen.

86 Zur entsprechenden geschichtlichen Entwicklung siehe Berneburg 1997, 204–206; Hardmeier 2008, 68f; Houston 1990, 108–113.

Am Ende des Prophetenbuches weitet sich die Sendung zum weltweiten Geschehen: „Ich stelle bei ihnen ein Zeichen auf und schicke von ihnen einige, die entronnen sind, zu den übrigen Völkern: nach Tarschisch, Pul und Lud, Meschech und Rosch, Tubal und Jawan und zu den fernen Inseln, die noch nichts von mir gehört und meine Herrlichkeit noch nicht gesehen haben. Sie sollen meine Herrlichkeit unter den Völkern verkünden" (Jes 66,19). In diesem Text haben wir in einzigartiger Weise Mission in neutestamentlichem Sinn vor uns: Gott sendet Entronnene aus seinem Volk, dass sie die Grenzen zur Heidenwelt überschreiten und Gottes Herrlichkeit unter den Völkern verkünden. Damit ist im Alten Testament eine Theologie der Sendung angelegt, die zur Konkretion drängt und so vorbereitend auf das Neue Testament wirkt.

2.5 Mission in Christ‘s Way

Die im Alten Testament grundgelegte Theologie der Sendung wird im Neuen Testament expliziert und konstitutiv für die Kirche. In den synoptischen Evangelien spielt die Sendung Jesu eine zentrale Rolle: Jesus weiß sich von seinem Vater zu den verlorenen Schafen des Hauses Israel gesandt (Mk 9,37). Jesus muss das Evangelium vom Reich Gottes verkündigen, denn dazu ist er gesandt (Lk 4,43). So wie Jesus gesandt war, sandte er die Zwölf (Lk 9,1–6) und später die Zweiundsiebzig (Lk 10,1ff) und wies sie an, den Vater zu bitten, weitere Arbeiter in die Ernte zu senden (Lk 10,2). Aus der Sendung Jesu ergibt sich so die Sendung der Kirche.

Der Vater sendet Jesus

Besonders die Schriften des Johannes enthalten eine ausgesprochene Sendungstheologie. Diese entfaltet sich in einem Dreierschritt: Der Vater sendet Jesus, Jesus sendet die Jünger, der Vater und der Sohn senden den Geist. Kein Evangelium ist so durchdrungen von der Sprache der Sendung wie das vierte Evangelium. Der grundlegende Text ist Joh 3,16f: „Denn Gott hat die Welt so sehr geliebt, dass er seinen einzigen Sohn hingab, damit jeder, der an ihn glaubt, nicht zugrunde geht, sondern das ewige Leben hat. Denn Gott hat seinen Sohn nicht in die Welt gesandt, damit er die Welt richtet, sondern damit die Welt durch ihn gerettet wird." „Hingeben" (3,16) und „senden" (3,17) bilden eine sachliche Parallele. Zentrales Motiv der Sendung Jesu durch den Vater ist die Liebe zur Welt. Diese Liebe drängt Gott dazu, seinen Sohn hinzugeben. Er sendet ihn nicht nur in die Welt, sondern er gibt ihn hin in die Hände der Menschen.

Hintergrund dieses Liebeshandelns Gottes bildet die Erwartung eines zukünftigen Weltgerichts, das in Joh 3,17 angedeutet wird und den Sinn eines noch nicht vollzogenen Gerichts hat. Eines Tages wird Gott für Gerechtigkeit sorgen, indem er zum Gericht erscheint (2Thess 1,6–10; Offb 20,11–15). Mission ist nur möglich, weil dieses Gericht noch nicht vollzogen wird, und sie geschieht im Hinblick auf dieses Gericht.

Der entscheidende Unterschied zwischen der allgemeinen jüdischen Endzeiterwartung in neutestamentlicher Zeit und der Botschaft Jesu bestand im Gericht. Die Juden erwarteten aufgrund der alttestamentlichen Verheißungen, dass Gott durch seinen Messias zum Gericht über die Gottlosen erscheinen würde. Auf diese Weise würde das Reich Gottes anbrechen und Israel erlöst werden. Nun kam Jesus und verkündete dieses Reich als herbeigekommen (Mk 1,14f), aber er vollzog das Gericht über die Sünder nicht. Er verkündete Gott als den, der auf das Recht der Vergeltung verzichtet und seine Souveränität erst im Endgericht wiederherstellt. Jürgen Moltmann hat in diesem Zusammenhang von einer Revolution im Gottesbegriff gesprochen: „Alles was man bei Jesus unter dem Stichwort ‚Gewaltlosigkeit' aufzählen kann, ist zuletzt auf diese ‚Revolution im Gottesbegriff' zurückzuführen, die er demonstrierte: Gott kommt nicht zur gerechten Rache an den Bösen, sondern zur gnädigen Rechtfertigung der Sünder, ob Zeloten oder Zöllner, ob Pharisäer oder Sünder, ob Juden oder Samaritaner, und in Konsequenz: ob Juden oder Heiden."[87]

Das Gericht ist mit Jesus nicht aufgehoben, es wird auf die Zukunft verlegt und Jesus selbst, der als Richter erscheint, wird es vollziehen (Joh 5,22). Mission macht nur Sinn, wenn es ein Gericht gibt. Das wird auch in einem zweiten johanneischen Text deutlich: „Wer mein Wort

87 Moltmann 2002, 135.

hört und dem glaubt, der mich gesandt hat, hat das ewige Leben; er kommt nicht ins Gericht, sondern ist aus dem Tod ins Leben hinübergegangen" (Joh 5,24). Mission findet in der Zwischenzeit zwischen Kreuz und Wiederkunft statt. Diese Zwischenzeit ist Gnadenzeit, in welcher Gott alle Menschen zu Umkehr und Glaube ruft. Damit ist die Mission eschatologisch verankert, was ihr den rechten Sinn gibt. Ohne eine heilsgeschichtliche Betrachtung der Bibel wird die Mission letztlich in die Irre gehen. Denn die Heilsgeschichte läuft auf das Gericht zu. Aus diesem Grund ist die Mission „der zentrale heilsgeschichtliche Sinn der Zwischenzeit zwischen Himmelfahrt und Wiederkunft des Herrn".[88] Mission in neutestamentlichem Sinn kann darum niemals nur Hilfeleistung sein, sie ist immer mit einer Botschaft verknüpft und mit einer Aufforderung: Gott bietet rettende Gnade an, die durch Buße und Glauben ergriffen werden kann (Mk 1,15f). Der Ruf zum Glauben und die Aufforderung zu einem Herrschaftswechsel unter das Joch Christi (Mt 11,28–30) gehören untrennbar zur christlichen Mission.

Jesus sendet seine Jünger

In der Sendung Jesu zeigt sich, dass der Gesandte stets den Willen des Sender sucht und in seinem Namen handelt: Jesus kennt den, der ihn gesandt hat (Joh 7,29) und lebt in engster Gemeinschaft mit ihm (Joh 8,12–29). Jesus tut den Willen und die Werke dessen, der ihn gesandt hat (Joh 5,30; 9,4). Seine Worte kommen nicht von ihm selbst, sondern vom Vater, der ihn gesandt hat (Joh 7,16–18). Die Sendung Jesu durch den Vater setzt sich in der Sendung der Jünger durch Jesus fort. Der zentrale Text ist Joh 17,18–23:

> Wie du mich in die Welt gesandt hast, so habe auch ich sie in die Welt gesandt. Und ich heilige mich für sie, damit auch sie in der Wahrheit geheiligt sind. Aber ich bitte nicht nur für diese hier, sondern auch für alle, die durch ihr Wort an mich glauben. Alle sollen eins sein: Wie du, Vater, in mir bist und ich

88 Hartenstein 1951, 18.

> in dir bin, sollen auch sie in uns sein, damit die Welt glaubt, dass du mich gesandt hast. Und ich habe ihnen die Herrlichkeit gegeben, die du mir gegeben hast; denn sie sollen eins sein, wie wir eins sind, ich in ihnen und du in mir. So sollen sie vollendet sein in der Einheit, damit die Welt erkennt, dass du mich gesandt hast und die Meinen ebenso geliebt hast wie mich.

Dieser Text, der in Kurzform in Joh 20,21 wiederholt wird, verbindet die Sendung von Jesus durch den Vater mit der Sendung der Jünger durch Jesus. Die Missio Dei, aus der die Sendung Jesu hervorgeht, wird so zum Modell christlicher Sendung. Der Text enthält drei wesentliche Aussagen über die Missio Dei:

Erstens führt die Missio Dei durch die Tatsache, dass sich in der Sendung der Jünger die Sendung Jesu fortsetzt, zur Missio Ecclesiae. Durch das Wort „wie du mich in die Welt gesandt hast, so habe auch ich sie in die Welt gesandt" verbindet Jesus die Mission Gottes mit der Mission der Kirche. Die Sendung des Sohnes durch den Vater führt zur Sendung der Jünger durch den Sohn. Die Missio Dei ist ohne die Missio Ecclesiae also nicht zu denken. Die Kirche ist das von Jesus erwählte Werkzeug zur Sendung bis an die Enden der Erde. Man kann nur unter Missachtung dieser biblischen Zusammengehörigkeit von Mission und Kirche davon reden, die Missio Dei mache die Sendung der Kirche unnötig.

Zweitens führt das Leben Jesu als Modell christlichen Handelns in der Welt zu Mission mit dienendem Charakter. Es geht in der Mission sowohl um die Verkündigung des Evangeliums als auch um die Nachahmung des Lebens Jesu. Das Kreuz und das Leben Jesu sind grundlegend für ein biblisches Sendungsverständnis: Das Kreuz ist *Grund und Inhalt* der Mission. Ohne das Kreuz gäbe es keine objektive Heilsgrundlage und keine Botschaft der Rettung zu verkünden. Das Leben Jesu ist das *Modell* der Mission. Es zeigt an, wie Mission zu geschehen hat: Sie ist Nachahmung des Lebens und des Dienstes Christi. Das wirkt sich sowohl auf den Inhalt als auch die Form der Mission aus. So wie Jesus sich mit den Menschen und ihren Nöten identifizierte, sind wir gerufen, zu den Menschen zu gehen und uns ihrer anzunehmen – mit ihren leiblichen, seelischen und geistlichen Bedürfnissen. Mission ist ihrem

Wesen nach Dienst. In der jüngeren evangelikalen Missionsgeschichte ist diese Art von Mission mit dem Begriff „inkarnatorisch" bedacht worden. Die Inkarnation zeigt, wie Mission zu geschehen hat, nämlich als liebevolle Suchbewegung zu den Menschen, um ihnen im Geist Jesu zu dienen. Seit dem Lausanner Kongress 1974 ist *Mission in Christ's Way* unter Berufung auf Joh 20,21 zu einem festen Bestandteil der evangelikalen Missionstheologie geworden.[89]

Drittens kann Mission nur als Zeugnis einer am Reich Gottes orientierten Gemeinschaft Wirkung entfalten. Jesus betet in Joh 17 im Kontext der Sendung in die Welt für die Einheit seiner Nachfolger. Die Einheit der Kirche ist es, die den Menschen vor Augen führt, dass Jesus von Gott gesandt ist. In einer Welt voller Hass und Unversöhnlichkeit darf die Einheit der Kirche kein bloßes Gedankenkonstrukt sein, sondern muss unbedingt gelebte Praxis werden. In der Einheit der Kirche kann die Botschaft des Evangeliums gesehen werden. Francis Schaeffer sieht in ihr die höchste Überzeugungskraft des Christentums.[90] Mission besteht demnach nicht nur in der Verkündigung des Reiches Gottes und seines Königs Jesus, obwohl diese Botschaft zentral ist, sie besteht ebenso in der Demonstration dieses Reiches durch versöhnte Gemeinschaft (Röm 14,17).[91] Mission ist das Zeugnis von Christus und seiner verändernden Kraft, und dieses Zeugnis ist das Zeugnis einer Gemeinschaft, sowohl im Alten als auch im Neuen Testament.[92] Die Kirche ist in die Welt gesandt, um zeichenhaft zu leben. Aus diesem Grund sammelte Jesus in seiner Jüngergemeinschaft die unterschiedlichsten Leute und lehrte sie, als versöhnte Menschen miteinander zu leben. Jesus hatte Zeloten und Zöllner in den Reihen seiner Jünger und er lehrte sie, dass

89 Hardmeier 2008, 188f. Für eine ausführliche Begründung siehe Hardmeier 2009, 258–263.

90 Schaeffer (1984, 191f) hat diesen Zusammenhang in markanten Worten auf den Punkt gebracht: „Die sichtbare und tätige Liebe unter wahren Christen, welche die Welt auch heute mit Recht zu sehen erwartet, sollte sich uneingeschränkt über alles Trennende hinwegsetzen (…) Wenn die Welt dies nicht beobachten kann, wird sie nicht glauben, dass Christus vom Vater gesandt wurde. Die Menschen werden nicht allein aufgrund zutreffender Antworten glauben. Das eine darf das andere nicht ausschließen. Die Welt muss auf aufrichtige Fragen zutreffende Antworten erhalten, zugleich aber muss unter allen wahren Christen einmütige Liebe herrschen. Das ist unerlässlich, wenn die Menschen wissen sollen, dass Jesus vom Vater gesandt wurde und das Christentum wahr ist."

91 Hardmeier 2009, 237–242.

92 Legrand 1988, 128; Costas 1974b, 211.

sie einander dienen sollten (Mt 20,20–28). „Diese neue Gemeinschaft von erlöstem Gesindel war eine lebendige Demonstration des heraufziehenden messianischen Königreiches, in dem Gerechtigkeit und Frieden herrschten. Ihre bloße Existenz bestätigte Jesu Ankündigung des Evangeliums vom Reich und stellte gleichzeitig einen zentralen Teil von ihm dar.“[93] Biblische Sendung besteht nicht nur im Gehen zu den Menschen, sondern auch im Sein unter den Menschen. Paulus wandte in seinen Briefen viel Aufmerksamkeit darauf, die Christen zur Versöhnung anzuhalten. In Röm 14,1–15,13 kommt Paulus auf unterschiedliche Überzeugungen in Speisefragen zu sprechen. Diese Unterschiede waren für die Christen in Rom gemeinschaftsbedrohend. Paulus weist in diesem Zusammenhang darauf hin, dass es im Reich Gottes um Gerechtigkeit, Friede und Freude im Heiligen Geist geht (Röm 14,17). In der Gemeinschaft der Versöhnung, welche die Kirche lebt, manifestiert sich also das von den Propheten angekündigte Gottesreich. Der lange Abschnitt von Röm 14,1–15,13 ist nicht ein Anhängsel zur Rechtfertigungslehre, sondern stellt durchaus einen Höhepunkt dar: Die Gerechtfertigten können unter dem Kreuz ihre sozialen Beziehungen neu ordnen, einander als geliebte Geschwister erblicken und so einander trotz ihrer Unterschiede annehmen.[94] Diese unbedingt gelebte Praxis ist eine Demonstration des Reiches Gottes in einer zerrissenen Welt und legt Zeugnis für Christus ab.

Der Heilige Geist befähigt zur Mission

Gott sandte seinen Sohn in der Kraft des Heiligen Geistes in die Welt (Lk 4,18). An Pfingsten wurden die Jünger mit derselben Kraft ausgerüstet, um die Mission Jesu fortzusetzen (Apg 1,8). Aber nicht nur an den Jüngern, sondern auch an der Welt würde der Geist Gottes wirken. Er würde das Zeugnis der Jünger gebrauchen und die Welt überführen (Joh 16,7–11).

93 Sider 1995, 76.

94 Vgl. Wick 2002, 193f.

Mission ist ohne die Kraft des Heiligen Geist eine „Mission: Impossible". Das zeigt sich schon an der Sendung von Jesus.[95] Jesus begann seinen Dienst, nachdem bei seiner Taufe der Heilige Geist auf ihn herabgekommen war (Lk 3,21f). Anschließend wurde er in die Wüste geführt, wo er versucht wurde (Lk 4,2–13). Nachdem er die Probe bestanden hatte, war er bereit für seinen Dienst: „Jesus kehrte, erfüllt von der Kraft des Geistes, nach Galiläa zurück. Und die Kunde von ihm verbreitete sich in der ganzen Gegend" (Lk 4,14). Dem Vorbild von Jesus folgend mussten die Jünger in Jerusalem bleiben, denn erst nachdem sie mit der Kraft aus der Höhe angetan worden waren (Lk 24,49), konnten sie zu brauchbaren Zeugen des Christus werden (Apg 1,8).

Dass Mission in der Kraft des Heiligen Geistes geschieht und dass sich in der Mission der Kirche die Mission von Jesus fortsetzt, zeigt sich im Doppelwerk Lukasevangelium-Apostelgeschichte besonders deutlich. Durch die gesamte Apostelgeschichte hindurch leitet der erhöhte Herr durch seinen Geist seine Kirche in ihrer Sendung in die Heidenwelt hinein: Der Heilige Geist führt Philippus auf wunderbare Weise zum äthiopischen Finanzminister, damit er diesem das Evangelium erklären kann (Apg 8,26–40). Gott spricht auf vielfältige Weise zu Petrus und Kornelius, sodass sich der widerspenstige Apostel aufmacht, um Kornelius und seiner Familie die Tür zur Gemeinde zu öffnen (Apg 10,1ff). Der Heilige Geist spricht zur Gemeinde im syrischen Antiochien und fordert sie auf, Barnabas und Paulus ziehen zu lassen, sodass sie sich „vom Heiligen Geist ausgesandt" auf den Weg machen (Apg 13,1–4). So breitet sich das Evangelium gemäß Apg 1,8 immer weiter aus, nicht selten gegen den Widerstand der urchristlichen Missionare. Denn diese müssen erst nach und nach überzeugt werden, dass Mission im Sinn von Jesus nicht bedeutet, jüdische Proselyten zu gewinnen, sondern Menschen im Glauben an Christus zu binden und an ihn allein.

Die urchristliche Mission ist unübersehbar Missio Dei. In Apg 1–15 initiiert Gott selbst jeden neuen missionarischen Vorstoß in die unerreichte Völkerwelt.[96] Die ganze Apostelgeschichte ist von einer trinitari-

95 Turner 1996, 30.

96 Zur Beschreibung dieses Prozesses aus geschichtlicher und theologischer Perspektive siehe Hardmeier 2012, 138–173. Ausführlicher in Schnabel 2002, 637–886.

schen Sendungstheologie durchdrungen: Durch vielfältige Kraftwirkungen des Heiligen Geistes offenbart sich der erhöhte Herr, Jesus Christus, suchenden Menschen, damit diese den lebendigen Gott kennenlernen können. Die Kirche wandelt auf den Spuren des Heiligen Geistes, gibt Zeugnis von Christus und hat so Anteil an der Missio Dei.

2.6 Kopernikanische Wende?

Wir können nun die geschichtlichen Ausführungen und die biblische Betrachtung in Bezug zueinander setzen. Der Blick in das Alte und das Neue Testament zeigt, dass es sich bei der Missio Dei nicht um ein beliebig ausgestaltbares Konzept handelt. Es kann nicht mit je eigenen Anschauungen über Zweck und Ziel der christlichen Mission gefüllt werden, ohne wesentliche Inhalte einer biblischen Sendungstheologie zu ignorieren. Das aber ist in der ökumenischen Missionsgeschichte geschehen und hat so weit geführt, dass die Missio Dei sogar als Schlagwort gegen die Mission verwendet wurde. Wenn in der evangelikalen Missiologie das Konzept der Missio Dei in jüngster Zeit vermehrt aufgegriffen wird, dann wird es wichtig sein, der Missio Dei eine im Sendungsverständnis Alten und Neuen Testaments verwurzelte Gestalt zu geben. Nur so kann vermieden werden, dass das Konzept allen ehrenhaften Bemühungen zum Trotz die Mission unterminiert, statt sie zu fördern. Als Karl Hartenstein die Formulierung Missio Dei einführte, hoffte er „die Mission vor Säkularisierung und Verflachung schützen zu können und sie ausschließlich für Gott zu reservieren".[97] Diese Hoffnung erfüllte sich nicht. Die Missionstheologie von Willingen gab mit ihrer Vieldeutigkeit Anlass zu ursprünglich nicht beabsichtigten Entwicklungen. Das zeigt, wie wichtig es ist, sich Rechenschaft darüber zu geben, welche Schlagworte man gebraucht und wie man sie inhaltlich füllt.

97 Bosch 2012, 460.

Unterschiedliche Lesarten

Willingen wird mitunter als „kopernikanische Wende" in der Missionstheologie bezeichnet.[98] Dieser Ausdruck scheint mir hoch gegriffen, auch wenn von Willingen als einer „der theologisch fruchtbarsten Konferenzen" gesprochen werden kann.[99] Entscheidend war, dass das Konzept der Missio Dei die christliche Mission im Wesen Gottes verankerte. Mit dieser Verankerung wurde die westlich angeführte Mission theologisch ihres Überlegenheitsgefühls beraubt, weil sie ihre Existenz nicht mehr mit ihren Erfolgen begründen konnte, sondern der Grund der Mission außerhalb ihrer selbst, nämlich in Gott, lag.[100]

Die Missio Dei entfaltete eine beträchtliche Wirkungsgeschichte.[101] Nach Willingen wurden in der ökumenischen Mission das verheißungsgeschichtliche und das trinitarische Missionsmodell zu einem „neuen" Missionsverständnis mit humanistischem Programm verschmolzen. Man war nun nicht mehr, wie im heilsgeschichtlichen Modell, auf das kommende Reich ausgerichtet. Es ging jetzt darum, dem Reich Gottes auf Erden zum Durchbruch zu verhelfen. Die Mittel dazu waren nicht mehr die Verkündigung des Evangeliums, sondern der interreligiöse Dialog und der politische Kampf.[102] Neuere ökumenische Missionserklärungen gehen wie selbstverständlich von der Missio Dei aus.[103] Allerdings wird diese nicht mehr so radikal interpretiert wie in den 1960er- und 70er-Jahren. So versuchte das Dokument *Mission und*

98 Werner 1993, 67.

99 Wrogemann 2013, 78.

100 Wrogemann spricht in diesem Zusammenhang von einer „Reinigung der Missionsmotive" durch die Missio Dei. Sie stellt eine Kritik dar „an jeder Art von kulturell-missionarischem Chauvinismus: Die eigene Sendung ist nicht begründet in der ethischen Überlegenheit des Christentums, sie ist auch nicht begründet oder gerechtfertigt durch die kulturell-wissenschaftliche Fortschrittlichkeit der christlichen Zivilisation, Mission ist nicht gerechtfertigt durch die missionarisch-geographischen Fortschritte der Christianisierung der Welt und überhaupt durch keine weltliche Qualität, die den Missionaren und Missionarinnen oder irgendwelchen Formen des Christentums gegeben wäre. Mission geschieht vielmehr schlicht und einfach darum, weil Gott ein missionarischer Gott ist, und dies ist Grund genug, in Gehorsam an dieser Sendung teilzunehmen, oftmals nicht wegen, sondern trotz der menschlichen Zeugen/innen" (a.a.O., 80).

101 Vgl. die Dissertation von Werner 1993, der die weiteren Entwicklungen der Missio Dei in der ökumenischen Bewegung bis zur 7. Vollversammlung in Canberra 1991 nachzeichnet.

102 vgl. hierzu 2.2.

103 Schirmer 2010, 21f.

Evangelisation – eine ökumenische Erklärung aus dem Jahr 1982 ein neues Gleichgewicht zwischen Verkündigung und Verantwortung in der Welt zu erreichen.[104]

Die evangelikale Leseart der Missio Dei unterscheidet sich bis heute wesentlich von der ökumenischen. Hier entwickelte sich die Missionstheologie erst einmal ganz im Rahmen des heilsgeschichtlichen Modells, wie Walter Freytag und Karl Hartenstein es vertraten. Die Missio Dei – sowohl als Begriff als auch der Sache nach – spielte in der evangelikalen Bewegung bis zur Jahrtausendwende keine wesentliche Rolle. Das zeigt sich an den großen evangelikalen Missionserklärungen:[105]

In der Lausanner Verpflichtung (1974) ist in Artikel 1 vom Plan Gottes die Rede. Gott „hat sein Volk aus der Welt herausgerufen und sendet es zurück in die Welt, damit sie seine Diener und Zeugen sind." Im Zentrum des Artikels steht der sendende Gott, der die Kirche zum Zeugendienst beruft. Eine Begründung der Mission aus dem Wesen Gottes kommt nicht ins Blickfeld. Artikel 15 verortet die Mission in der Eschatologie und stellt sich damit in die Tradition des heilsgeschichtlichen Modells von Walter Freytag und Karl Hartenstein.

Im Manila Manifest (1989) wird der missionarische Auftrag der Kirche umfassend begründet und entfaltet. Absatz 5 mit der Überschrift „Gott, der Evangelist" beginnt mit den Worten: „Die Schrift erklärt, dass Gott selbst der eigentliche Evangelist ist."[106] Es wird festgehalten, dass Evangelisation ohne den Heiligen Geist nicht möglich ist. Mehr ist in dem Absatz und im ganzen übrigen Manifest nicht in Erfahrung zu bringen. Eine systematische Einfügung der Missio Dei in den Missionsauftrag ist nicht vorhanden.

In der Kapstadt-Verpflichtung (2010) wird erstmals in einer repräsentativen evangelikalen Missionserklärung die Sendung der Kirche in der Missio Dei verankert. Die missionarische Aufgabe wird als Dienst

104 a.a.O.

105 Zum Wortlaut der im Folgenden genannten Erklärungen siehe www.lausanne.org. Zur Geschichte siehe Teil 3.

106 Das Manifest von Manila 1989, Teil II. 5. Abschnitt.

an der Welt definiert, und dieser Dienst ist möglich, weil Gott uns zuerst geliebt hat.[107]

Erst in den neuesten evangelikalen Versuchen, ein missionales Verständnis von Kirche und Mission zu entwickeln, wird auf die Missio Dei zurückgegriffen. So entfaltet der Missionswissenschaftler und Gemeindegründer Johannes Reimer den Gemeindebau trinitarisch und schreibt der Missio Dei eine wichtige Grundfunktion zu. Er nimmt den ökumenischen Gedanken der Missio Dei auf, der besagt, dass Gott sich in seiner Liebe der Welt zuwendet: „Es geht Gott um die Welt, und um seine geliebte Welt zu gewinnen, bedient er sich der Gemeinde. Sie ist daher Gottes Missionsinstrument und von ihrem Wesen her missionarisch."[108] Der heilsgeschichtliche Ansatz einerseits und die verheißungsgeschichtlichen und trinitarischen Ansätze anderseits vereinen sich bei Reimer zu einer missionalen Theologie evangelikaler Leseart, die auf theologische Abschottung verzichtet.[109]

Missionales Potenzial

Die Diskussion um die Missio Dei hat die evangelische Missionstheologie zweifellos einen Schritt weitergebracht. „Wir sind von einer ekklesiologischen zu einer trinitarischen Missiologie fortgeschritten", bemerkt David Bosch.[110] Durch eine trinitarische Missionsbegründung wird die Sendung der Kirche in Gott selbst verankert. Um eine kopernikanische Wende handelt es sich nicht. Es scheint mir angebrachter, von einem Fortschritt oder einem Potenzial zu sprechen. Abschließend möchte ich die Diskussion um die Missio Dei mit je einer Erkenntnis über Gott, die

107 Siehe 3.10.

108 Reimer 2009, 140.

109 In ähnlicher Weise erscheint die Missio Dei in den Impulsheften des Instituts für Gemeindebau und Weltmission (IGW) an prominenter Stelle. So wird das Wesen der christlichen Gemeinschaft als Teilhabe an der Missio Dei beschrieben (Mit Jesus leben, These 10). Die missionale Kirche wird als vom Heiligen Geist geleitete Gemeinschaft verstanden, die in die Missio Dei hineingenommen wird (Wir lieben Kirche, These 3) und die ihr Selbstverständnis aus der Missio Dei bezieht (a.a.O., These 7).

110 Bosch 2011, 311.

Welt und die Kirche versehen und damit das missionale Potenzial des Konzepts unterstreichen:

Erstens hat christliche Mission ihren Ursprung in Gottes liebender Selbstverpflichtung gegenüber der Welt. Bosch gibt diese Tatsache treffend wieder: „Mission hat ihren Ursprung weder in der offiziellen Kirche noch in speziellen kirchlichen Gruppen. Sie hat ihren Ursprung in Gott. Gott ist ein missionarischer Gott, ein Gott, der Grenzen auf die Welt hin überschreitet." Mission heißt: „Gott gibt sich selbst auf, wird Mensch, legt seine göttlichen Vorrechte ab und nimmt unsere Menschheit an. Gott kommt in die Welt, in seinem Sohn und seinem Geist. Das bedeutet, dass der dreieinige Gott das Subjekt der Mission ist." Und noch deutlicher: „Mission hat ihren Ursprung im Vaterherzen Gottes. Er ist die Quelle der sendenden Liebe. Das ist die tiefste Quelle der Mission. Es ist nicht möglich, noch tiefer vorzudringen: Es gibt Mission, weil Gott die Menschen liebt."[111]

Zweitens ist die sich im Widerspruch zu Gott befindende und doch von ihm geliebte Welt das Objekt der Mission. Gott liebt diese Welt so sehr, dass er seinen eigenen Sohn zu ihrer Rettung sandte (Joh 3,16). Es ist die Welt, die im Fokus der Heilsabsichten Gottes ist. Die Kirche existiert nicht um ihrer selbst, sondern um Gottes Verherrlichung und um der Welt Willen. Bosch spricht von einer *dreifachen Verpflichtung* der Kirche gegenüber der Welt:

„Die Kirche schuldet der Welt Glauben."[112] Es ist die Aufgabe der Kirche, Menschen zum Glauben an Christus zu rufen. „Dieser Aufruf zum Glauben kommt nicht aus der Höhe einer überlegenen Position, sondern aus der Tiefe der Solidarität. Wir sind an dieser Stelle nur Bettler, die anderen Bettlern sagen, wo es Brot gibt." Die Botschaft der Versöhnung, welche die Kirche predigt, ist einzigartig und die Kirche „hat nur dann ein Recht auf Fortbestand, wenn das, was sie anbietet, einzigartig bleibt".

„Die Kirche schuldet der Welt Hoffnung".[113] Die Kirche ist ein Zeuge der „kommenden neuen Ordnung" und darum „muss sie bereits jetzt

111 a.a.O., 310–311.

112 a.a.O., 318f.

113 a.a.O., 319f.

Zeichen des Reiches Gottes aufrichten". Für Bosch sind es vor allem Zeichen der Solidarität mit Leidenden und Unterdrückten: „Jemand, der weiß, dass Gott eines Tages alle Tränen abwischen wird, kann nicht resignierend die Tränen derjenigen akzeptieren, die heute leiden und unterdrückt sind (…) Der Vorschlag, die Dinge sollten so bleiben, wie sie sind, ist das genaue Gegenteil des Evangeliums. Er ist nichts anderes als eine Leugnung der Auferstehung Christi und des Anbruchs des neuen Zeitalters."

„Die Kirche schuldet der Welt Liebe."[114] Die Kirche gibt Gottes Liebe weiter. Dabei geht es nicht um irgendeine Liebe, sondern eine Liebe, die sich an der Liebe Christi misst: „Die Liebe Christi konstituiert das Modell und den Maßstab für die Liebe der Kirche für die Welt." Bosch denkt wie Reimer Kirche konsequent von ihrer Weltverantwortung her. Die Kirche ist keine Insel der Glückseligen, die das Ende abwartet. Sie ist eine Gemeinschaft von Dienern, die zum Glauben ruft, Hoffnung bringt und Liebe übt.

Drittens ist die Kirche das Werkzeug der Mission und darum kann sie nur als missionarische Kirche die Kirche von Jesus Christus sein. In der Mission der Kirche setzt sich die Sendung des Sohnes durch den Vater fort. Es ist biblisch verfehlt, mit dem Hinweis darauf, es sei doch Gott, der in der Welt wirke, die Kirche als unnötig zu betrachten. Wenn die Missio Dei nicht zur Missio Ecclesiae führt, greift sie zu kurz. Bosch bringt es auf den Punkt: „Die Kirche in der Welt ist nur Kirche, insofern sie eine missionarische Dimension hat."[115] Was die Kirche ist, lässt sich am besten von der Missio Dei ausgehend beantworten: „Kirche und Mission können nicht voneinander getrennt werden, da die Mission Gottes der Seinsgrund von Kirche ist. Daher ist die Kirche nicht zuerst und erhält dann einen Auftrag zur Mission, sondern die Kirche existiert aufgrund der Missio Dei. Sie ist als Mission existent. Und so bezeugt die Kirche mit all ihrem Tun, dass sie in der Sendung Gottes steht. Sie kann gar nichts anderes sein als eine missionarische Kirche, ansonsten hört sie auf Kirche zu sein."[116]

114 a.a.O., 320.

115 a.a.O., 318.

116 Reppenhagen 2011, 165.

Es ist wesentlich für die missionale Theologie, dass die Mission der Kirche vorgeordnet ist: „Die Mission gehört nicht der Kirche, vielmehr nimmt sie Teil an Gottes heilbringendem Handeln in der Welt. Der Ansatz stellt bisherige Begründungen von Mission als einem der Kirche nachgeordneten Auftrag regelrecht auf den Kopf: Mission im Sinne der Missio Dei wird zum Konstitutivum von Kirche und ist dieser vorgeordnet.“[117] Gleichzeitig gilt: Die Kirche ist „als Leib Christi das primäre Werkzeug von Gottes Mission in seiner Welt“.[118]

Biblisches Sendungsverständnis

Gott	Ursprung der Mission	1Mo 3,15
Jesus	Modell der Mission	Joh 20,21
Heiliger Geist	Befähigung zur Mission	Apg 1,8
Kreuz	Inhalt der Mission	1Kor 1,23
Welt	Objekt der Mission	Joh 3,16
Kirche	Werkzeug der Mission	Mt 28,18–20

117 a.a.O., 165–166.

118 Missionales Manifest, 8.

3. Die radikale Anstiftung und die Entwicklung eines ganzheitlichen Missionsverständnisses der Evangelikalen seit Lausanne 1974

Bis in die Mitte des 20. Jahrhunderts vertrat die weltweite evangelikale Bewegung ein Missionsverständnis, das als traditionell bezeichnet werden kann. Es ging in der Mission um die Verkündigung des Evangeliums und die Sammlung der Bekehrten in Gemeinden. Allgemein gesprochen sah man die Aufgabe der Kirche darin, Menschen aus der vergänglichen Welt herauszuretten und sie auf das ewige Leben vorzubereiten.

In der zweiten Hälfte des 20. Jahrhunderts wandelte sich die evangelikale Mission zu einem ganzheitlichen Geschehen. Es begann sich die Auffassung durchzusetzen: Die Kirche muss das Evangelium verkünden und soziale Verantwortung wahrnehmen, sie muss Menschen auf das ewige Leben vorbereiten und durch gesellschaftliches Engagement die Welt verbessern helfen.

Diese Entwicklung ist den sogenannten „radikalen Evangelikalen" geschuldet. Ihr Beitrag zu diesem Wandel ist überaus groß, wurde bisher aber kaum wahrgenommen. Die radikalen Evangelikalen traten als Gruppe erstmals am Lausanner Kongress 1974 in Erscheinung und stifteten dort die Teilnehmer zu dem an, was sie als radikale Jüngerschaft bezeichneten. Radikale Jesusnachfolge schloss ihrer Meinung nach gesellschaftliches und politisches Engagement ein. Ihre theologische

Arbeit führte in der weltweiten evangelikalen Bewegung ein ganzheitliches Missionsverständnis herbei, das wegbereitend für die Entwicklung einer missionalen Theologie evangelikalen Zuschnitts war.

Wenn wir im Folgenden den Meilensteinen der jüngeren evangelikalen Missionsgeschichte nachgehen, werden wir den Begriffen „missional" und „Missio Dei" kaum begegnen, weil sie erst sehr spät von den Evangelikalen aufgegriffen wurden. Dennoch drängte das evangelikale Missionsverständnis mit bemerkenswerter Zielgerichtetheit auf das zu, was heute als missionales Sendungsverständnis gilt.

3.1 Von Berlin bis Chicago – radikales Erwachen

Zu Beginn der zweiten Hälfte des 20. Jahrhunderts machten sich sowohl in der westlichen Welt als auch in der Zwei-Drittel-Welt evangelikale Theologen mit der Forderung bemerkbar, die Evangelikalen müssten sich mit den drängenden Problemen der Gegenwart befassen und ihre soziale Verantwortung neu entdecken. Diese Forderung wurzelte in der Überzeugung, dass Christen Jesus radikal nachfolgen müssen und dass diese Gesinnung zur sozialen Aktion führt. Das knappe Jahrzehnt zwischen dem Kongress in Wheaton 1966 und dem Lausanner Kongress 1974 sah das Erwachen einer radikalen Gesinnung in der evangelikalen Bewegung. Sie wurde hauptsächlich durch drei Faktoren bestimmt:

Zum einen kam es in den 1960er-Jahren zur Bildung einer eigenständigen Theologie der Befreiung in Lateinamerika. Die Theologie der Befreiung entstand als Reaktion auf die als ungerecht empfundene wirtschaftliche und politische Abhängigkeit Lateinamerikas von den westlichen Machtzentren. Die Theologen der Befreiung stellten sich auf den Standpunkt, es gehe im Evangelium vor allem um die Befreiung von gesellschaftlichem Übel. Lateinamerikanische Evangelikale nahmen dieses Anliegen auf und begannen mit der Entwicklung einer evangelikalen Theologie, die Elemente der Befreiungstheologie aufnahm.[119]

---

119 Einer der radikalen Vertreter der ersten Stunde, der sich intensiv mit der Befreiungstheologie auseinandersetzte, ist der Lateinamerikaner René Padilla. Allerdings kamen die ersten Impulse zur Entwicklung einer radikalen evangelikalen Theologie nicht von der Befreiungstheologie. In einem persönlichen Gespräch mit mir vom 11. September 2012 erklärte Padilla, dass er als

Zum andern steuerte die ökumenische Missionstheologie in den 1960er-Jahren in rasantem Tempo auf ein humanistisches Missionsverständnis zu. Soziale Verantwortung und politische Befreiung wurden zu Kernanliegen ökumenisch verstandener Mission. Die mit dem Ökumenischen Rat der Kirchen verbundenen Evangelikalen sowie die radikalen Evangelikalen und weitere sozial gesinnte Evangelikale ließen sich von der Wichtigkeit der sozialen Verantwortung überzeugen und trugen dieses Anliegen in das evangelikale Lager.

Schließlich waren und blieben die radikalen Evangelikalen Teil der weltweiten evangelikalen Bewegung. Die radikalen Evangelikalen standen den Grundanliegen der Befreiungstheologie und der ökumenischen Missionstheologie positiv gegenüber. Aber den Kurs in eine politische Theologie und eine humanistische Mission konnten sie nicht mittragen. So entwickelten sie eine „Theologie des offenen Hauses“: Sie versuchten, aus ihrer Sicht verantwortbare Elemente der Befreiungstheologie und der ökumenischen Missionstheologie in eine evangelikale Grundkonzeption zu integrieren. Die Leidenschaft und die Überzeugung, mit der sie ihr Anliegen ihren evangelikalen Brüdern und Schwestern vortrugen, führten dazu, dass sich die evangelikale Missionstheologie zur Ganzheitlichkeit wandelte.[120]

Student in den frühen 1960er-Jahren von einem seiner Professoren gefragt worden war, was die evangelische Theologie angesichts der Herausforderung des sozialen Elends in Lateinamerika und der Ideologie des Marxismus zu sagen habe. Diese Frage war für Padilla und einige andere junge Christen der erste Anstoß, über die soziale Dimension des Evangeliums nachzudenken. Einflüsse der Befreiungstheologie seien erst nachher aufgenommen worden.

120 Weitere Einflüsse, die auf den radikalen Evangelikalismus einwirkten, sind der Anabaptismus, der frühe Evangelikalismus und das Social Gospel. Für eine entsprechende Darstellung siehe Hardmeier 2008, 10–16.

Theologie des offenen Hauses

Meilenstein Berlin

Wenige Monate nach dem Kongress in Wheaton versammelten sich vom 25. Oktober bis 4. November 1966 1.200 Teilnehmer aus über 100 Ländern zum Weltkongress für Evangelisation in Berlin. Eingeladen hatte die *Billy Graham Evangelistic Association.*[121]

Das Hauptanliegen von Berlin bestand darin, die aufstrebende evangelikale Bewegung für ihre evangelistische Aufgabe zuzurüsten. Berlin war „ein Meilenstein für das Selbstverständnis der Evangelikalen".[122] Insbesondere gelang es den Evangelikalen, sich von ihrer Getto-Mentalität zu lösen: „Hatten die Evangelikalen vorher – als Folge ihrer offensichtlichen Niederlage in der modernistisch-fundamentalistischen Kontroverse in den ersten Jahrzehnten dieses Jahrhunderts – eine defensive Ghettomentalität angenommen, so wurden sie durch die internationalen Dimensionen dieses von Graham und Henry geschickt geleiteten Kongresses in die Lage versetzt, sich als aufstrebende weltweite Bewegung zu sehen."[123]

Wegbereitend für die weitere Entwicklung war die Tatsache, dass in Berlin die Teilnehmer aus der Zwei-Drittel-Welt begannen, Kritik am Westen zu üben und „der Westen hörte zu".[124] Die durch die Entkoloni-

121 Zur Vorbereitung des Kongresses und seines Verlaufs siehe Johnston 1984, 151ff.

122 Johnston 1984, 215.

123 a.a.O.

124 Steuernagel 1988, 99.

alisierung veränderte Weltlage begann, sich auf das Verhältnis zwischen Nord und Süd auszuwirken:

> Der überall in der Welt aufkommende Nationalismus verlieh den früheren Kolonien des Westens allmählich ein neues Selbst- und Zielbewusstsein. Evangelikale der Dritten Welt nahmen an dem Kongress in Berlin mit den Delegierten aus anderen Ländern als gleichberechtigte Partner teil. Die Rassendiskriminierung wurde auf der ganzen Welt diskutiert. Berlin 1966 half der aufstrebenden evangelikalen Führung der Dritten Welt, eine eigenständige Stimme in der evangelikalen Welt zu erheben und zu erkennen, wie wichtig ihr Beitrag für die Weltevangelisation ist.[125]

Dieser Umstand war von großer Bedeutung für den aufkeimenden radikalen Trend in der evangelikalen Bewegung. Berlin deutete an, dass die entscheidenden Impulse von der Zwei-Drittel-Welt ausgehen würden.

Berlin hatte noch nicht den Blick für die großen sozialen Herausforderungen der Gegenwart. Der Kongress beschäftigte sich hauptsächlich mit der Evangelisation. Es galt, die Verkündigung gegenüber einer humanistischen Verflachung der christlichen Botschaft als Hauptaufgabe der Kirche zu sichern. Den sozialen Problemen widmete der Kongress nur geringe Aufmerksamkeit, sodass Arthur Johnston von der „unerledigten Arbeit von Berlin“ sprechen konnte und davon, dass die Beziehung zwischen sozialer Aktion und Evangelisation theologisch noch weiter hätte untersucht werden müssen.[126] Die Evangelisation wurde der sozialen Aktion übergeordnet. In den Worten Billy Grahams:

> So hat die Evangelisation also eine soziale Verantwortung. Die sozialen, psychologischen, moralischen und geistlichen Nöte und Bedürfnisse der Menschen werden zu einer brennenden Motivation für die Evangelisation. Ich bin jedoch davon überzeugt, dass die Kirche einen viel größeren Einfluss auf

125 Johnston 1984, 158.

126 a.a.O., 217.

> die sozialen, moralischen und psychologischen Bedürfnisse der Menschen haben würde, wenn sie zu ihrer Hauptaufgabe zurückkehrte, das Evangelium zu verkündigen und Menschen zu Jesus Christus zu bekehren. Einige der großartigsten sozialen Bewegungen der Geschichte waren das Ergebnis davon, dass Menschen sich zu Jesus Christus bekehrt hatten.[127]

Billy Grahams Position spiegelt die Haltung der Evangelikalen jener Zeit wider, wonach die soziale Verantwortung eine Brücke zur Evangelisation bildet oder als Folge von ihr betrachtet wird, sie also der Evangelisation dienlich ist. Doch schon bald sollte sich die Stimmung zugunsten der Vertreter eines verstärkten sozialen Bewusstseins verändern und die soziale Verantwortung unabhängig ihres evangelistischen Potenzials eine eigenständige missiologische Bedeutung erlangen.

Radikales Bogotà

Nach Wheaton und Berlin begannen die Evangelikalen die soziale Dimension des Evangeliums wiederzuentdecken.[128] Einer der Kongresse, die in diese Richtung wiesen, war der *Latin American Congress on Evangelism* vom 21. bis 29. November 1969 in Bogotà, Kolumbien, unter dem Motto: „Aktion in Christus für einen Kontinent in der Krise.“[129]

Bogotà war ein echt lateinamerikanischer Kongress, in welchem die Stimmen der Evangelikalen aus diesem Erdteil gehört werden sollten. Und diese Stimmen forderten nachhaltig, die soziale Verantwortung sei von den Evangelikalen vermehrt zu beachten. Der Peruaner Samuel

---

127 a.a.O., 162f.

128 Escobar 1974a, 389. Eine ausgezeichnete Übersicht über diese Entwicklung aus radikaler Perspektive bietet Steuernagel 1988, 111–131. Aus traditionell evangelikaler Perspektive berichtet Johnston 1984, 221–267 über denselben Zeitraum. Während Steuernagel zu einer positiven Wertung der Entwicklung des evangelikalen Missionsverständnisses zwischen Wheaton 1966 und Lausanne 1974 kommt, stellt Johnston die Ergebnisse der regionalen evangelikalen Kongresse in dieser Zeit zusammen mit den ökumenischen Missionsentwicklungen unter das Thema „Kristallisierung eines anderen Evangeliums“ (Johnston 1984, 221ff). Diese gegensätzliche Beurteilung macht deutlich, dass die evangelikale Bewegung in Sachen Weltverantwortung auf eine Zerreißprobe zusteuerte.

129 Der *Primer Congreso Latinoamericano de Evangelizacion* (CLADE I), wie der Kongress offiziell hieß, wurde als Nachfolgekonferenz von Berlin konzipiert und von Billy Graham unterstützt.

Escobar hielt das am stärksten beachtete Referat, in welchem er dazu aufrief, die soziale Verantwortung ernst zu nehmen.[130] In seinem Positionspapier *Die soziale Verantwortung der Kirche* führte er aus:

> Jede Evangelisation, die den sozialen Problemen keine Beachtung schenkt und die das Heil und die Herrschaft Christi nicht in dem Kontext verkündigt, in dem die Zuhörer leben, ist eine mangelhafte Evangelisation; sie verrät die biblische Lehre und folgt nicht dem Beispiel, das Jesus Christus, der uns als seine Botschafter hinaussendet, uns gegeben hat.[131]

Im Gegensatz zu Billy Graham betrachtete Samuel Escobar die soziale Verantwortung nicht als bloße Brücke zur Evangelisation. Die Kirche, so Escobar, müsse sich den sozialen Problemen der Menschen annehmen, denn nur eine für den Kontext relevante Verkündigung entspreche dem Evangelium. Charakteristisch für die sich abzeichnende radikale Theologie ist die Tatsache, dass Escobar die Forderung nach der Beachtung sozialer Probleme nicht erhob, um verbesserte Ergebnisse in der Evangelisation zu generieren. Seiner Auffassung nach – und die radikalen Kräfte folgten ihm darin – muss die Kirche sich den sozialen Problemen annehmen, weil dies dem Beispiel von Jesus Christus entspricht. Escobar wertete die soziale Verantwortung auf, indem er sie christologisch verortete. Damit war er einer der ersten Evangelikalen, der die christliche Mission als *Mission in Christ's Way* verstand. In seiner Person haben die radikalen Evangelikalen früh dafür optiert, dass die Rede von der Priorität der Evangelisation wegfällt und Verkündigung und soziale Verantwortung zu Partnern mit je eigener Existenzberechtigung werden. Diese Verhältnisbestimmung sollte in der evangelikalen Bewegung noch zu heftigen Friktionen führen.

Die Schlusserklärung des Kongresses trug die klare Handschrift der aufstrebenden radikalen Kräfte. Sie macht deutlich, dass die radikale Jüngerschaft wesentlich von der Antwort der lateinamerikani-

130 Johnston 1984, 251.

131 a.a.O., 249–250.

schen Evangelikalen auf die Krise ihres Kontinents genährt wurde. In der Schlusserklärung heißt es:

> Wir haben zusammen die Notwendigkeit erkannt, das christliche Leben in seiner ganzen Fülle zu führen und dem lateinamerikanischen Menschen das ganze Evangelium im Kontext seiner zahlreichen Bedürfnisse zu verkündigen (...) Der Prozess der Evangelisierung muss in konkreten menschlichen Situationen stattfinden. Soziale Strukturen beeinflussen die Kirche und diejenigen, die das Evangelium empfangen. Wo diese Tatsache nicht erkannt wird, wird das Evangelium verraten, und das christliche Leben verarmt. Für uns Evangelikale ist die Zeit gekommen, unsere soziale Verantwortung ernst zu nehmen. Dabei müssen wir auf ein biblisches Fundament bauen, zu welchem eine evangelikale Lehre sowie das konsequent weitergedachte und verwirklichte Beispiel Christi gehören. Das Vorbild Jesu Christi muss in der gefährlichen Situation Lateinamerikas, die von Unterentwicklung, Ungerechtigkeit, Hunger, Gewalt und Verzweiflung gekennzeichnet ist, inkarniert werden. Der Mensch ist nicht in der Lage, das Reich Gottes auf Erden zu bauen. Aber das Handeln der Evangelikalen wird zur Schaffung einer besseren Welt beitragen, die das Reich vorausahnen lässt, für dessen Kommen wir täglich beten.[132]

Die Schlusserklärung macht deutlich, dass die Evangelikalen Lateinamerikas nicht von einem blinden Aktivismus getrieben wurden, sondern dass soziale, christologische und eschatologische Überlegungen eine wesentliche Rolle spielten. Der Kongress zeigte nachhaltige Wirkung: Er führte 1970 zur Entstehung der *Fraternidad Teologica Latinoamericana*, zu deren Gründungsmitgliedern bekannte radikale Vertreter wie René Padilla, Orlando Costas und Samuel Escobar gehörten. Die Vertreter eines evangelikalen, sozial orientierten Evangeliums im lateinamerikanischen Raum hatten begonnen sich zu sammeln.

132 a.a.O., 250–251.

Ein Workshop in Chicago

Die entscheidenden Impulse für die Entwicklung einer an sozialen Fragen interessierten evangelikalen Theologie gingen zwar von der Zwei-Drittel-Welt aus, denn dort waren die sozialen Probleme am drängendsten. Aber auch in der westlichen Welt begannen evangelikal gesinnte Christen vermehrt über ihre soziale Verantwortung nachzudenken.

Ein in dieser Hinsicht wichtiges Treffen war der *Thanksgiving Workshop on Evangelicals and Social Concern* in Chicago 1973. Er wurde vom Nordamerikaner Ronald Sider koordiniert – ein Evangelikaler anabaptistischer Prägung, der zu einem Hauptvertreter der radikalen Evangelikalen werden sollte.[133] Der Workshop brachte die *Chicago Declaration of Evangelical Social Concern* hervor. Wesentliches Merkmal der Deklaration ist die Buße über die Vernachlässigung sozialer Verantwortung. Die Evangelikalen in den Vereinigten Staaten von Amerika wurden, nicht zuletzt unter dem Eindruck des Vietnamkrieges und des Watergateskandals, zu einem gerechten und prophetischen Lebensstil aufgerufen.[134]

133 Sider 1974, 11–42.

134 Der vollständige Text der Deklaration lautet: „Als evangelikale, dem Herrn Jesus Christus und der vollen Autorität des Wortes Gottes verpflichtete Christen, bekräftigten wir, dass Gott sein Volk total für sich beansprucht. Aus diesem Grund können wir unser Leben in Christus nicht von der Situation trennen, in welche Gott uns in den Vereinigten Staaten und in der Welt gestellt hat. Wir bekennen, dass wir den totalen Anspruch Gottes auf unser Leben nicht anerkannt haben. Wir anerkennen, dass Gott Liebe fordert. Wir aber haben die Liebe Gottes denen nicht erwiesen, die sozial benachteiligt sind. Wir anerkennen, dass Gott Gerechtigkeit fordert. Wir aber haben seine Gerechtigkeit in der ungerechten amerikanischen Gesellschaft weder verkündigt noch praktisch erwiesen. Obwohl der Herr uns ruft, die sozialen und wirtschaftlichen Rechte der Armen und Unterdrückten zu verteidigen, haben wir überwiegend geschwiegen. Wir verurteilen die historische Beteiligung der Kirche in Amerika am Rassismus und die offensichtliche Verantwortung der evangelikalen Gemeinschaft für die Aufrechterhaltung der persönlichen Einstellungen und der gesellschaftlichen Strukturen, welche den Leib Christi nach Hautfarbe geteilt haben. Außerdem haben wir darin versagt, die Ausnutzung des Rassismus durch unser Wirtschaftssystem in der Heimat und anderswo zu verurteilen. Wir bekräftigen, dass Gott reich an Barmherzigkeit ist und dass er allen vergibt, die Buße tun und sich von ihren Sünden abwenden. Wir rufen unsere evangelikalen Geschwister daher auf, eine bußfertige Nachfolge zu praktizieren, welche unsere Nation mit ihrer sozialen und politischen Ungerechtigkeit konfrontiert. Wir müssen den Materialismus unserer Kultur sowie die Fehlverteilung des Reichtums und der Dienstleistungen unserer Nation angreifen. Wir stellen fest, dass wir als Nation eine wichtige Rolle im Ungleichgewicht und der Ungerechtigkeit des internationalen Handels und der Entwicklung spielen. Im Angesicht Gottes und einer Milliarde hungernder Nachbarn müssen wir unsere Werte hinsichtlich unserer gegenwärtigen Lebensstandards überdenken und eine gerechtere Beschaffung und Verteilung der weltweiten Ressourcen fördern. Wir anerkennen unsere christliche Verantwortung als Bürger.

Die Chicago Deklaration schlug neue Töne in der evangelikalen Bewegung an, „noch nie war der Ruf nach sozialem Engagement in so scharfen Worten laut geworden".[135] Zu den Erstunterzeichnern aus den sich füllenden Reihen der radikalen Evangelikalen gehörten Ronald Sider, Samuel Escobar und der linksevangelikale Friedensaktivist Jim Wallis.[136] Das Dokument fand breite Zustimmung, unter anderem bei so bedeutenden evangelikalen Führungsfiguren wie Carl F. Henry und Billy Graham[137]. Das macht deutlich, dass die Evangelikalen sich nicht länger der Aufgabe verschlossen, die Bedeutung sozialer Verantwortung im Sendungsverständnis der Kirche zu klären. Die verkrustete Scholle des sozialen Gewissens war weich geworden. Damit war der Boden für den Lausanner Kongress des folgenden Jahres gelockert und vorbereitet. Der Brasilianer Valdir Steuernagel, selbst ein radikaler Vertreter, schreibt über die Bedeutung des Workshops und seiner Deklaration:

> Die Gruppe war mit ungefähr vierzig Teilnehmern klein, doch die Vielfalt, die Intensität und der Einfluss des Workshops waren bedeutsam. Sie war ein Mikrokosmos einer neuen Art von Evangelikalismus, der radikal evangelikal und gleichzeitig im Einklang mit den Herausforderungen sein wollte, welche die Gegenwart an das Evangelium und das Evangelium an

---

Daher müssen wir das falsche Vertrauen unserer Nation in ihre wirtschaftliche und militärische Macht infrage stellen – ein stolzes Vertrauen, das ein Krankheitsbild von Krieg und Gewalt hervorbringt, das unsere Nachbarn in der Heimat und anderswo zu Opfern macht. Wir müssen der Versuchung widerstehen, unsere Nation und ihre Institutionen zu Objekten einer quasi religiösen Loyalität zu machen. Wir anerkennen, dass wir Männer zu stolzer Beherrschung und Frauen zu unverantwortlicher Passivität angehalten haben. Wir rufen sowohl Männer als auch Frauen zu gegenseitiger Unterordnung und aktiver Jüngerschaft auf. Wir verkündigen kein neues Evangelium, sondern das Evangelium von Jesus Christus, der durch die Kraft des Heiligen Geistes Menschen von ihren Sünden befreit, sodass sie Gott durch Werke der Gerechtigkeit ehren können. Wir heißen durch diese Deklaration weder eine politische Ideologie noch Partei gut, sondern rufen unsere Nation und ihre Leiter zu jener Art von Gerechtigkeit, die ein Volk erhöht. Wir machen diese Deklaration in der biblischen Hoffnung, dass Christus kommt, um das Königreich zu vollenden, und wir akzeptieren seinen umfassenden Anspruch auf unsere Jüngerschaft bis er kommt" (Übersetzung R. H. Englischer Originaltext auf www.evangelicalsforsocialaction.org).

135 Berneburg 1997, 69.

136 Zur Bedeutung von Jim Wallis als einer der Radikalen der ersten Stunde siehe Hardmeier 2008, 235–244.

137 Billy Graham sagte in einem Interview mit der Zeitschrift *Christianity Today* vom Januar 1974: „I could identify with most of the recent Chicago Declaration (…) I think we have to identify with the changing of structures in society and try to do our part."

> die Zeit stellte. Obschon Repräsentanten des evangelikalen Mainstreams wie Carl Henry am Event teilnahmen, war die Sprache von Chicago überwiegend die Sprache derer, die von den Siebzigern an „radikale Evangelikale“ genannt wurden (...) Obwohl sie von den meisten Mainstream-Evangelikalen als zu radikal empfunden wurden, wollten die Organisatoren des Workshops mit ihnen in Verbindung stehen und betrachteten sich als Teil der Familie (...) Der Thanksgiving Workshop war nicht repräsentativ für das evangelikale Erwachen hinsichtlich der sozialen Verantwortung, er sprach für eine Minderheit, die den Eindruck hatte, dass es nicht nur an der Zeit war, sowohl die Bibel als auch die Zeitung zu lesen, sondern auch die Zeitung mit Gottes Augen für Gerechtigkeit. Die Chicago Deklaration widerspiegelt die ernsthaften Anstrengungen einer evangelikalen Gruppe, die sich in einem Geist der Buße zu einem radikalen Typus christlicher Nachfolge verpflichten wollte.[138]

Der Thanksgiving Workshop gab den an sozialen Fragen interessierten Evangelikalen Auftrieb. Die radikal gesinnten Kräfte zeigten sich erfreut darüber, dass die Botschaft der radikalen Jüngerschaft gehört wurde und das erwachte soziale Gewissen der Evangelikalen eine Stimme bekommen hatte.[139] Im Urteil von René Padilla war die Chicago Deklaration ein Meilenstein.[140] Ronald Sider sah den Tag kommen, an dem die Evangelikalen die Kluft zwischen Evangelisation und sozialer Verantwortung überwinden würden.[141]

Wo befanden sich zu Beginn der 1970er-Jahre die Evangelikalen hinsichtlich ihrer Weltverantwortung? Die Chicago Deklaration war Ausdruck davon, dass sich auch in der westlichen Welt ein neuer, radikaler Typus von Evangelikalen bemerkbar machte. Dieser „neue“ evangelikale Typus setzte dazu an, den friedlichen Schlummer des evangelika-

138 Steuernagel 1988, 68–70.

139 Wallis 1974, 141; 1996, 18–19.

140 Padilla 1985a, 8. Vgl. die Bekräftigung der Deklaration durch die Erklärung *Chicago Declaration II: A Call for Evangelical Renewal*, Chicago 1993. www.wikipedia.org

141 Sider 1974, 12f.

len Mainstreams in Bezug auf die soziale Verantwortung mit prophetischem Anruf zu stören – und das war gut so. Mit Ronald Sider, René Padilla, Samuel Escobar und Orlando Costas[142] meldeten sich in dem knappen Jahrzehnt zwischen Wheaton und Lausanne sozial gesinnte evangelikale Theologen unüberhörbar zu Wort. Sie wurden zu den Hauptfiguren des aufstrebenden radikalen Evangelikalismus und waren bereit, die Bühne zu nutzen, die ihnen der Lausanner Kongress bald bieten würde. Valdir Steuernagel urteilt über die auf Wheaton und Berlin folgende Entwicklung:

> Von 1966 bis 1971 vergingen nur wenige Jahre, aber die Evangelikalen legten einen weiten Weg zurück, von einer zaghaften Bekräftigung der christlichen sozialen Verantwortung in Wheaton zur inkarnatorischen Verpflichtung auf eine Art von Evangelisation, die sich verpflichtet, das ganze Evangelium den ganzen Menschen, die ganze Gemeinschaft betreffend zu bringen, so wie es in Bogotà zum Ausdruck kam. Diesen Weg zurückzulegen kam einer stürmischen Reise gleich, und nicht alle Evangelikalen schlugen dieselbe Richtung ein. Einige gingen zurück nach Wheaton, anderen stoppten in der Mitte, nur eine Minderheit ging bis nach Bogotà. In geheimnisvoller Weise kamen jedoch alle in Lausanne an. Ein neues Kapitel wurde aufgeschlagen.[143]

3.2 Lausanne – Geburtsstunde des radikalen Evangelikalismus

Wir haben in Teil 2 gesehen, dass sich in den 1960er-Jahren die ökumenische Bewegung in Richtung humanistische Mission veränderte. Die evangelikalen Kräfte konnten diesen Kurs je länger desto weniger mittragen. In ihren Augen war die ökumenische Missionsbewegung dabei, durch die Preisgabe eines biblischen Missionsverständnisses auf

142 Zur Bedeutung von Orlando Costas als lateinamerikanischem Vertreter des radikalen Evangelikalismus siehe Hardmeier 2008, 214–222.

143 Steuernagel 1988, 131.

Grund zu laufen. Als die Differenzen unüberbrückbar wurden, begannen sich die evangelikal gesinnten Christen in eigenen Missionskonferenzen zu sammeln. Mit Wheaton 1966 war ein vielversprechender Anfang gemacht worden. Als die *Billy Graham Evangelistic Association* auf Juli 1974 zum Kongress für Weltevangelisation im schweizerischen Lausanne einlud, war klar, dass die Evangelikalen ihren eigenen Weg gehen würden. „Die evangelikale Bewegung gewann mit diesem Kongress eine Plattform, um international als zweite große missionarische Kraft neben den Kirchen des ÖRK wahrgenommen zu werden." [144]

Alle Welt soll sein Wort hören

Der Lausanner Kongress für Weltevangelisation brachte vom 16. bis 25. Juli 1974 etwa 2.500 Teilnehmer und 1.000 Beobachter zu dem zusammen, was allgemein als der bedeutungsvollste Missionskongress der evangelikalen Bewegung bezeichnet wird. Unter dem Motto „Alle Welt soll sein Wort hören" war die weltweite evangelikale Bewegung repräsentativ vertreten. Die Teilnehmer stammten aus 150 Nationen, je zur Hälfte aus dem Westen und aus der Zwei-Drittel-Welt. Die bisher stärkste Präsenz Evangelikaler aus dem Süden sollte sich maßgebend auf die Konferenzergebnisse auswirken.[145]

Schon zu Beginn des Kongresses zeigte sich, dass den sozialen Fragen verstärkte Aufmerksamkeit geschenkt würde. Ein Jahr zuvor hatte in Bangkok die siebte ökumenische Weltmissionskonferenz stattgefunden, an der die soziale Aufgabe große Aufmerksamkeit erhalten und Heil als politische Befreiung charakterisiert worden war. Auch wenn Lausanne kein „Gegenkongress" war, so musste die evangelikale Bewegung doch auf diese Umdeutung des Missionsauftrags reagieren. Billy Graham äußerte in seiner Eröffnungsrede die Hoffnung, dass es gelänge, das Ver-

144 Wrogemann 2013, 129.

145 Schon in der ersten Sitzung des Planungskomitees wurde beschlossen, dass die Teilnehmer aus der Zwei-Drittel-Welt eine wichtige Stellung in der Leitung und dem Programm des Kongresses haben sollten (Steuernagel 1988, 135). Damit trug man dem Umstand Rechnung, dass sich das numerische Kräfteverhältnis der evangelikalen Bewegung vom Norden in den Süden verschoben hatte.

hältnis von Evangelisation und sozialer Aktion zu klären.[146] Die Referate von René Padilla (*Evangelisation und die Welt*) und von Samuel Escobar (*Evangelisation und die Suche des Menschen nach Freiheit, Gerechtigkeit und Erfüllung*) waren kritische Verlautbarungen aus lateinamerikanischer Perspektive. Ihre Plädoyers für die Integration der sozialen Aufgabe in den Missionsauftrag sollten nicht ungehört verhallen.

Die Sondererklärung

Die Jahre unmittelbar vor dem Lausanner Kongress hatten den radikalen Kräften in der evangelikalen Bewegung Auftrieb gegeben und sie mit einem bemerkenswerten Selbstverständnis ausgestattet. So erstaunt es nicht, dass sich während des Kongresses ad hoc eine Gruppe formierte, die sich *Radical Discipleship Group* nannte. Aus dem Empfinden heraus, dass die Verhältnisbestimmung von Evangelisation und sozialer Verantwortung mangelhaft blieb, entwarf diese Gruppe eine Erklärung mit dem Titel „A Response to Lausanne". Mit ihr wollte man der Überzeugung Nachdruck verleihen, dass Themen wie die Überwindung von Rassismus, der Einsatz für Gerechtigkeit und der Kampf gegen sündige Gesellschaftsstrukturen integrative Bestandteile des Missionsauftrags sind. In der Erklärung kommt ein ganzheitliches Heils- und Missionsverständnis zum Ausdruck:

> Das Evangelium ist Gottes Gute Nachricht in Jesus Christus. Es ist die Gute Nachricht von der Herrschaft, die er ausgerufen und in seinem Leben selbst dargestellt hat. Es ist die Nachricht von Gottes Gebot der Liebe, die Welt durch das Kreuz Christi – und durch ihn allein – ganzheitlich wiederherzustellen. Es ist die Nachricht von seinem Sieg über die dämonischen Mächte der Zerstörung und über den Tod. Es ist die Nachricht von seiner Herrschaft über das ganze Universum. Es ist die Gute Botschaft von der neuen Schöpfung

146 „Lasst uns freudig in der sozialen Aktion wirken und doch darauf bestehen, dass dies allein noch nicht Evangelisation ist und auch nicht Evangelisation ersetzen kann. Diese Zusammenhänge verunsichern manche Gläubige. Vielleicht kann Lausanne helfen, dieses zu klären" (Graham 1974, 55).

> einer neuen Menschheit, einer neuen Geburt durch ihn, durch seinen lebenspendenden Geist. Es ist die Nachricht von den Gaben der messianischen Herrschaft, die in Jesus enthalten und durch seinen Heiligen Geist vermittelt werden. Es ist die Nachricht von einer charismatischen Gemeinschaft, die die Vollmacht hat, seine Herrschaft des Friedens hier und jetzt vor der gesamten Schöpfung darzustellen und damit seine Gute Botschaft bekannt und sichtbar werden zu lassen. Es ist die Gute Nachricht von der Befreiung, der Erneuerung, dem Heilsein und einer Erlösung, die persönliche, soziale, globale und kosmische Dimensionen hat. Jesus ist der Herr! Halleluja![147]

Die Trennung von Evangelisation und sozialer Aktion wurde mit der strengstmöglichen Formulierung „wir müssen den Versuch, einen Keil zwischen Evangelisation und soziale Aktion zu treiben, als dämonisch zurückweisen“ verurteilt.[148] Die Erklärung wurde in kürzester Frist von fast 500 Teilnehmern unterzeichnet, was zeigt, wie dringend nötig es war, dass sich die evangelikale Bewegung um eine Klärung der sozialen Frage bemühte. René Padilla misst der Erklärung entscheidende Bedeutung in der Formulierung einer evangelikalen Missionstheologie zu:

> Die Definition [der Sondererklärung,] des Evangeliums von Jesus Christus als Gute Nachricht von Befreiung, Wiederherstellung, Ganzheit und Heil, welches persönlich, sozial, global und kosmisch ist, war die stärkste Verlautbarung eines ganzheitlichen Missionsverständnisses, die bisher an einer evangelikalen Konferenz geäußert worden war.[149]

Mit der Sondererklärung setzte sich ein im Westen bisher kaum bekanntes, in seiner theologischen Position radikales und in seiner Tonlage scharfes evangelikales Selbstverständnis auf die Tagesordnung der evangelikalen Bewegung. Ein neuer evangelikaler Typus war geboren. Aus

147 Sider 1995, 81.

148 Padilla, Sugden 1985, 9.

149 Padilla 1985a, 11.

der *Radical Discipleship Group* formierten sich in der Folge Vertreter aus verschiedenen Kontinenten und Denominationen zu den „radikalen Evangelikalen".[150] Der Begriff „radikal" ist unglücklich und wird heute kaum noch verwendet. Die Bezeichnung „soziale Evangelikale" wäre ebenso denkbar gewesen, standen auf ihrer Agenda doch hauptsächlich soziale Anliegen.[151] Der Begriff ist aber insofern zutreffend als es seinen Vertretern um radikale Jüngerschaft ging.[152] Die radikale Interpretation des Lebens von Jesus als Modell missionarischen Handelns ist der Gravitationspunkt radikaler Theologie. Wer Jesus radikal nachfolgt, kommt nicht umhin, sich sozial und politisch zu engagieren, denn beides hat Jesus nach radikaler Auffassung gemacht. Der Begriff „radikal" setzte sich zunächst durch, da die Radikalen die Sondererklärung mit der Überschrift *Theology and Implications of Radical Discipleship* versahen. Sie führten den Begriff also selbst offiziell ein und verwendeten ihn in ihren Publikationen in den auf Lausanne folgenden Jahren weiterhin.[153]

150 Beyerhaus (1975, 307f) unterschied in Lausanne mindestens sechs verschiedene Gruppen oder Haltungen voneinander: Die „neuen Evangelikalen", zu denen Billy Graham gehörte, die den Grundsatz größtmöglicher Zusammenarbeit auf Allianzbasis vertraten. Die „separatistischen Fundamentalisten", die in Lausanne schwach vertreten waren und in Lausanne sogar eine Gegendemonstration organisierten. Die „bekennenden Evangelikalen", zu denen Beyerhaus zu zählen war, die ihre Überzeugung in der Frankfurter Erklärung ausgedrückt sahen. Dazu noch die „Pfingstler und Charismatiker" und die „radikalen Evangelikalen". Beyerhaus bemerkt zu dieser Gruppe: „Sie bekennen sich zu einem sozialpolitischen Engagement, das in seiner Leidenschaft und z.T. auch im Inhalt seinen Forderungen dem der Ökumeniker nicht nachsteht. Aber sie begründen es biblisch und nicht marxistisch, und sie bemühen sich dabei, das soteriologische Heilsverständnis und die evangelistische Verkündigung mit der sozialen Tat zu verbinden." Schließlich die „ökumenischen Evangelikalen", die zu den Mitgliedskirchen des Ökumenischen Rates der Kirchen gehören und ihn trotz gelegentlicher kräftiger Einzelkritik bejahen. Die ökumenischen Evangelikalen waren in Lausanne gut vertreten, auch in den Leitungsgremien. Beyerhaus merkt zum Verhältnis zwischen Evangelikalen und Ökumene an: „So konnte Bischof Festo Kivengere in seiner Ansprache beim abschließenden Abendmahlsgottesdienst den Teilnehmern zurufen: ‚Vielleicht haben einige unter euch es nötig, zu einigen der Leute vom ÖRK zu gehen, ihre Hände zu drücken und die Wärme dieses Händedrucks zu fühlen (...)' Deswegen war es dem Lausanner Kongress nicht möglich, sich offiziell und ausdrücklich gegenüber dem ÖRK abzugrenzen, auch wenn eine solche ökumenekritische Haltung in mehreren Referaten (z.B. bei Francis Schaeffer und Malcolm Muggeridge) kräftig zum Ausdruck kam und auch bei der Mehrheit der Teilnehmer hörbaren Beifall fand." Für eine alternative Klassifizierung evangelikaler Frömmigkeit siehe Tidball 1999, 62–69.

151 Gelegentlich findet sich in der Literatur sachlich zutreffender denn auch die Bezeichnung „*Social-Concern-Evangelicals*".

152 Longmead 2004, 105.

153 Siehe Padilla 1977a, 10; Sugden 1983, 17; Costas 1989, 10f. Der Begriff wurde schon vor Lausanne von der nordamerikanischen Gemeinschaft der *Sojourners* verwendet, wie ihr Gründer, Jim Wallis (1987c, 147) festhält. Angeregt wurde die Gemeinschaft von Dietrich Bonhoeffers berühmten

Die Rolle von John Stott

Das Drängen der radikalen Kräfte auf eine Integration der sozialen Verantwortung in den Missionsauftrag war nicht zuletzt deshalb erfolgreich, weil der Engländer John Stott, der zusammen mit Billy Graham die bedeutendste evangelikale Leitungspersönlichkeit jener Generation war, eine besondere Rolle spielte. John Stott hielt ein vielbeachtetes Grundsatzreferat zum Thema *Die biblische Grundlage der Evangelisation*. In diesem Referat begründete Stott die Aufgabe der Mission sowohl vom Wesen Gottes als auch dem hingebungsvollen Dienst Jesu ausgehend:

> „Mission" ist eine Tätigkeit Gottes, die unmittelbar aus dem Wesen Gottes hervorgeht. Der lebendige Gott der Bibel ist ein sendender Gott – und das bedeutet ja „Mission". Er sandte die Propheten nach Israel. Er sandte seinen Sohn in die Welt. Sein Sohn sandte die Apostel aus, dann die Siebzig, dann die Gemeinde. Er hat auch der Gemeinde den Geist gesandt und sendet ihn heute in unsere Herzen. So entspringt die Mission der Gemeinde aus der Mission Gottes und muss nach ihrem Muster geschehen. „Wie mich der Vater gesandt hat", sagt Jesus, „so sende ich euch" (Joh 20,21).[154]

Stotts Begründung der Mission aus dem Wesen Gottes enthält deutliche Anklänge an die ökumenische Diskussion um die Missio Dei.[155] Es war dabei auch Stotts Anliegen, mit dem Referat eine kritische Würdigung der ökumenischen Missionstheologie vorzunehmen und sie mit dem evangelikalen Missionsverständnis ins Gespräch zu bringen. Hier unternahm zum ersten Mal ein namhafter Evangelikaler den Versuch, Mission im Wesen Gottes zu verankern.

Buch *Nachfolge*, das in Englisch ursprünglich unter dem Titel *The Cost of Discipleship* publiziert wurde.

154 Stott 1974, 62.

155 Lesslie Newbigin hatte bereits 1958 in seinem Grundlagendokument zur Integration des Internationalen Missionsrats in den Weltkirchenrat *One Body, One Gospel, One World* die Sendung der Kirche mit dem Hinweis auf Joh 20,21 in der Sendung Jesu verankert.

Stott machte in den frühen 1970er-Jahren eine Wandlung hinsichtlich seines Missionsverständnisses durch. In Wheaton 1966 hatte er sich zu denen gezählt, die den Missionsauftrag ausschließlich als Verkündigung verstanden. In Lausanne plädierte Stott dann für ein Zusammengehen von Verkündigung und sozialer Verantwortung und schlug so eine Brücke zwischen den Radikalen und dem evangelikalen Mainstream. Diese Wandlung ist einerseits auf Stotts Beschäftigung mit der ökumenischen Missionstheologie zurückzuführen. Anderseits waren es die radikalen Vertreter Lateinamerikas, die Stott beeindruckten.[156] So ist es nur logisch, dass Stott gegen Ende des Lausanner Kongresses die Sondererklärung unterschrieb, auch wenn er in seinem Missionsverständnis weniger weit ging als die radikalen Vertreter.[157]

Schließlich spielte Stott in Lausanne eine wichtige Rolle, weil die Lausanner Verpflichtung unter seiner redaktionellen Leitung entstand. Diese Tatsache, sowie der Umstand, dass mit Samuel Escobar ein radikaler Vertreter im Ausschuss tätig war, welcher dem Dokument während des Kongresses seine endgültige Form gab, dürfte dabei von besonderem Gewicht gewesen sein.[158]

156 Stott reiste im Februar 1974, wenige Monate vor dem Lausanner Kongress, mit René Padilla von Mexiko nach Argentinien. Auf dieser Reise gab es fruchtbare Diskussionen zwischen Stott und Padilla und anderen Vertretern der *Latin America Theological Fraternity* (jetzt *Fellowship*), die bereits in den 1960er-Jahren begonnen hatten, eine missionale Theologie zu entwickeln (auch wenn der Begriff als solcher damals noch nicht verwendet wurde). Padilla ist überzeugt, dass die Gespräche und Begegnungen auf dieser Reise entscheidend für Stotts Wandel in seiner Missionstheologie waren (in einer persönlichen E-Mail an mich vom 16. September 2012).

157 Dass Stott die Sondererklärung unterschrieb, geht meines Wissen aus keinem Kongressdokument hervor, wurde mir aber in einer persönlichen E-Mail von René Padilla vom 16. September 2012 wie folgt bestätigt: „John Stott unterschrieb die von den sogenannten radikalen Evangelikalen geschriebene Sondererklärung am Ende des Kongresses, und das war ein Zeichen (wie er zu Beginn seiner Bibelarbeit im Plenum sagte), dass er seine Meinung geändert hatte. Es war allerdings nicht eine Änderung im Sinne von integraler Mission, wie wir sie in Lateinamerika verstanden, nämlich als Integration von Evangelisation und sozialer Verantwortung, in der beide Aspekte auf gleichem Level sind, sondern in dem Sinn, dass er die soziale Verantwortung als wichtiges Element der Sendung der Kirche akzeptierte, wenn auch nicht auf gleichem Level wie Evangelisation" (Übersetzung R. H.).

158 vgl. Berneburg 1997, 73.

Die Lausanner Verpflichtung

Das Vermächtnis des Kongresses ist die Lausanner Verpflichtung. Sie ist bis heute das wichtigste Kongressdokument der evangelikalen Bewegung. In 15 Artikeln wird das Sendungsverständnis der Kirche in verständlicher Form festgehalten.[159] Anders als die Frankfurter Erklärung ist die Lausanner Verpflichtung keine Streitschrift, sondern stellt in unpolemischer Weise den Konsens der weltweiten evangelikalen Bewegung in Sachen Mission und Evangelisation dar. So lautet Artikel 4 über das Wesen der Evangelisation:

> Evangelisieren heißt, die gute Nachricht zu verbreiten, dass Jesus Christus für unsere Sünden starb und von den Toten auferstand nach der Schrift und dass er jetzt die Vergebung der Sünden und die befreiende Gabe des Geistes allen denen anbietet, die Buße tun und glauben. Für Evangelisation ist unsere Präsenz als Christen in der Welt unerlässlich, ebenso eine Form des Dialogs, die durch einfühlsames Hören zum Verstehen des anderen führt. Evangelisation ist ihrem Wesen nach die Verkündigung des historischen, biblischen Christus als Heiland und Herrn. Ziel ist es, Menschen zu bewegen, zu ihm persönlich zu kommen und so mit Gott versöhnt zu werden. Wer die Einladung des Evangeliums ausspricht, darf nicht verschweigen, dass Nachfolge etwas kostet. Jesus ruft alle, die ihm nachfolgen möchten, auf, sich selbst zu verleugnen, ihr Kreuz auf sich zu nehmen und sich mit seiner neuen Gemeinschaft zu identifizieren. Das Ergebnis der Evangelisation schließt Gehorsam gegenüber Jesus Christus, Eingliederung in seine Gemeinde und verantwortlichen Dienst in der Welt ein.

Der Einfluss der radikalen Evangelikalen spiegelt sich in der Lausanner Verpflichtung deutlich wider. In Artikel 6 wird zwar festgehalten, dass

159 Zum Wortlaut der Verpflichtung siehe Beyerhaus 1987, 278–286 oder www.lausanne.org.

Evangelisation an erster Stelle steht.[160] Doch schon in Artikel 5 wird die soziale und politische Betätigung in gleichem Maße wie die Evangelisation zur Pflicht des Christen gerechnet:

> Wir bekräftigen, dass Gott zugleich der Schöpfer und Richter aller Menschen ist. Wir müssen deshalb seine Sorge um Gerechtigkeit und Versöhnung in der ganzen menschlichen Gesellschaft teilen. Sie zielt auf die Befreiung der Menschen von jeder Art von Unterdrückung. Da die Menschen nach dem Ebenbild Gottes geschaffen sind, besitzt jedermann, ungeachtet seiner Rasse, Religion, Farbe, Kultur, Klasse, seines Geschlechts oder Alters, eine angeborene Würde. Darum soll er nicht ausgebeutet, sondern anerkannt und gefördert werden. Wir tun Buße für dieses unser Versäumnis und dafür, dass wir manchmal Evangelisation und soziale Verantwortung als sich gegenseitig ausschließend angesehen haben. Versöhnung zwischen Menschen ist nicht gleichzeitig Versöhnung mit Gott, soziale Aktion ist nicht Evangelisation, politische Befreiung ist nicht Heil. Dennoch bekräftigen wir, dass Evangelisation und soziale wie politische Betätigung gleichermaßen zu unserer Pflicht als Christen gehören. Denn beide sind notwendige Ausdrucksformen unserer Lehre von Gott und dem Menschen, unserer Liebe zum Nächsten und unserem Gehorsam gegenüber Jesus Christus. Die Botschaft des Heils schließt die Botschaft des Gerichts über jede Form der Entfremdung, Unterdrückung und Diskriminierung ein. Wir sollen uns nicht scheuen, Bosheit und Unrecht anzuprangern, wo immer sie existieren. Wenn Menschen Christus annehmen, kommen sie durch Wiedergeburt in sein Reich. Sie müssen versuchen, seine Gerechtigkeit nicht nur darzustellen, sondern sie inmitten einer ungerechten Welt auch auszubreiten. Das Heil, das wir für uns beanspruchen, soll uns in

160 „Bei der Sendung der Gemeinde zum hingebungsvollen Dienst steht Evangelisation an erster Stelle." Für die Priorität der Evangelisation hatten sich in den Referaten unter anderen Billy Graham, John Stott, Ralph Winter und Peter Beyerhaus ausgesprochen (Berneburg 1997, 85–87).

> unserer gesamten persönlichen und sozialen Verantwortung verändern. Glaube ohne Werke ist tot.

Während Artikel 4 über die Evangelisation unbestritten war, weil er das traditionelle evangelikale Evangelisationsverständnis darstellte, löste der Artikel 5 eine Kontroverse aus. Valdir Steuernagel hält die Lausanner Verpflichtung für eine ausgewogene Verlautbarung. Sie hätte es sowohl den konservativen Evangelikalen des Westens als auch den radikaler gesinnten Vertretern der Zwei-Drittel-Welt ermöglicht, sich mit Lausanne zu identifizieren:

> Eine der Stärken der Verpflichtung bestand darin, dass sie für die konservativen Evangelikalen orthodox genug war, um sie gutheißen zu können, und offen und herausfordernd genug für die radikalen Evangelikalen sowie für einige der eher kritischen Evangelikalen der Dritten Welt, um sie zu unterstützen (...) Wenn man sie im Kontext der Geschichte des Evangelikalismus interpretiert, kann die Bekräftigung des sozialpolitischen Engagements – nicht bloß der sozialen Verantwortung – in der Verpflichtung als „christliche Pflicht" als ein Zeichen der Stärke und als seltener und heikler Moment des Konsenses gesehen werden. Sie zeugt von Fortschritt ohne Entzweiung in der evangelikalen Anhängerschaft. In Lausanne war man sich der sozialen Vernachlässigung der Vergangenheit schmerzlich bewusst und versuchte, die eigene evangelikale Vergangenheit mit ihrem sozialen Bewusstsein und ihrem Engagement wieder zu beleben. Lausanne stellte sich außerdem den Herausforderungen einer globalen, von tiefer Ungerechtigkeit und Widersprüchen charakterisierten Welt. Nicht zuletzt band Lausanne auf mutige Art und Weise die Dritte Welt als wichtigen Partner in der Erfüllung der missionarischen Aufgabe ein. Die Lausanner Verpflichtung brachte einen weisen Konsens hervor, indem man mit Integrität und Ausgeglichenheit unterschiedliche Tendenzen des Kongresses abzubilden suchte: Ein Schritt zurück und Lausanne hätte die

> Radical Discipleship Group verloren; ein Schritt *vorwärts* und es hätte die konservativen Evangelikalen verloren.[161]

Wenn Steuernagel recht hat, war die Integration der sozialen Verantwortung und des politischen Engagements nötig, um die aufstrebende evangelikale Bewegung vor einem frühen Auseinanderbrechen zu bewahren. Wären die radikalen Kräfte ausgeschieden, hätte die evangelikale Bewegung wohl ihr Erbe bewahren können. Aber sie hätte den großen sozialen Herausforderungen einer globalisierten, postmodernen Welt zumindest zurückhaltend gegenübergestanden. Und das hätte bedeutet, dass sie auf lange Sicht nicht in der Lage gewesen wäre, eine gesellschaftlich relevante evangelikale Sendungstheologie zu entwickeln.

Lob und Kritik

Dass dieses Szenario keine Schwarzmalerei darstellt, zeigt sich an den kritischen Äußerungen von Peter Beyerhaus. Ein Jahrzehnt nach Lausanne zeigte er sich zufrieden damit, dass die sozialpolitische Verantwortung in Artikel 5 der Lausanner Verpflichtung nicht dem Missionsbegriff subsumiert, sondern der Christenpflicht im Allgemeinen zugerechnet wurde.[162] Zugleich übte er schärfste Kritik am Missionsverständnis seiner radikalen Geschwister:

> Die einen gingen bei ihrer Auslegung dieser Sätze zu Recht davon aus, dass die Lausanner Verpflichtung selber die umstrittene Frage nach der Vorrangigkeit von Evangelisation und sozialem Handeln in der Mission ausdrücklich im folgenden Artikel 6 beantwortet: *Bei der Sendung der Gemeinde zum hingebungsvollen Dienst steht Evangelisation an erster Stelle.* Die anderen dagegen nahmen die Gleichstellung von Artikel 5 zum Anlass, die Weltmission auch der Evangelikalen auf ein sozial-politisch erweitertes Evangelium zu verpflichten, welches das durch die Mission zu vermittelnde Heil sich

161 Steuernagel 1988, 150; 156 (Hervorhebung im Original).

162 Beyerhaus 1996, 446.

> wesentlich auch in innerweltlichen Bezügen verwirklichen lässt und dadurch die gott-menschliche Urbeziehung der biblischen Soteriologie verdunkelt. Zu dieser Richtung gehören Gruppen wie z.B. die „radikale Jüngerschafts-Bewegung" in Amerika, welche unter der Losung eines „holistischen" bzw. „ganzheitlichen" Heilsverständnisses zur Forderung nach einer Form der Mission kommen, in der sich ähnliche Verschiebungen ihrer Ausrichtung vollziehen, wie sie auch im Missionsverständnis der Genfer Missionsbewegung nach der Integration des Internationalen Missionsrates in den Weltkirchenrat zu New Delhi 1961 eingetreten sind. Die *verräterische Aufgeschlossenheit* für die sog. „kontextuelle Theologie" – d.h. die Auslegung der Bibel von den sozialistisch-politischen Bedingungen der jeweiligen heutigen Situation her –, welche unter dem Eindruck der 9. Weltmissionskonferenz zu Melbourne 1980 von einigen evangelikalen Theologen gezeigt wird, könnte zu einer immer stärkeren Angleichung an das gewandelte Missionsverständnis des Weltkirchenrates führen.[163]

Dies ist meines Wissens die schärfste je vorgebrachte Kritik eines namhaften evangelikalen Theologen am radikalen Evangelikalismus. Lausanne verlieh den radikalen Kräften enormen Auftrieb, sodass Beyerhaus fürchtete, sie könnten einem humanistisch verflachten Evangelium innerhalb der evangelikalen Bewegung zum Durchbruch verhelfen.[164] Diese Furcht erwies sich als unbegründet.[165]

Radikal gesinnte Theologen auf der ganzen Welt zeigten sich zufrieden mit der Aufnahme der sozialen Verantwortung in die Lausanner Verpflichtung. Allerdings hätten sich die meisten gewünscht, auf die Rede von der Vorrangigkeit der Evangelisation wäre verzichtet worden.

163 Beyerhaus, Vorwort in Johnston 1984, 12f (erste Hervorhebung im Original, zweite Hervorhebung durch R. H.).

164 Zum Hintergrund der scharfen Kritik von Beyerhaus siehe Hardmeier 2008, 29.

165 Mir ist kein radikaler Hauptvertreter bekannt, der in den Jahrzehnten seit Lausanne den Weg in den theologischen Liberalismus beschritten hätte. René Padilla, einer der profiliertesten Kenner der evangelikalen Bewegung, bestätigte mir diese Einschätzung in einem persönlichen Gespräch vom 11. September 2012.

Für Ronald Sider[166] spiegelt die Lausanner Verpflichtung das neue evangelikale Interesse an sozialer Gerechtigkeit wider. Athol Gill bezeichnet sie als „einen Wendepunkt im Denken der Evangelikalen".[167] Und in René Padillas Urteil hebt die Lausanner Verpflichtung „in bemerkenswerter Weise (...) die Trennung zwischen Evangelisation und sozialem Engagement auf".[168] Er begrüßt außerdem, dass in der Endfassung der Verpflichtung die radikalen Anliegen stärker zum Tragen kamen als in den Entwürfen.[169]

Alternative und Aufbruch

Durch Lausanne etablierte sich die evangelikale Theologie als Alternative zum Kurs der Genfer Ökumene. Die Bedeutung von Lausanne liegt unter anderem darin, dass die Evangelikalen den ernsthaften Versuch unternahmen, das Verhältnis von Evangelisation zu sozialer Aktion zu klären. Es war nach Lausanne nicht mehr möglich, der sozialen Verantwortung eine zweitrangige Bedeutung zuzumessen. Obschon viele Fragen offen blieben und gegensätzliche Standpunkte bestehen blieben,[170] gelang die Integration der radikalen Kräfte in den theologischen Prozess. „Hätte Lausanne das frühere evangelikale Missionsverständnis, dass Mission allein Evangelisation ist, stärker betont, wäre die Radikale-Jüngerschafts-Gruppe aus dem Prozess ausgeschieden", ist auch Berneburg überzeugt.[171]

Lausanne war die Geburtsstunde des radikalen Evangelikalismus. Seine Vertreter konnten sich während des Kongresses als erkennbaren evangelikalen Typus mit eigenem theologischen Profil bemerkbar machen und ihre Anliegen verhallten nicht ungehört. Auf einer Pressekonferenz nach dem Kongress sagte Billy Graham: „Wenn dieser Kongress ein Ergebnis gebracht hat, dann ist es die Erkenntnis, dass wir

166 in Costas 1979, ix.

167 Gill 1977, 87.

168 Padilla 1977a, 9.

169 a.a.O., 9.

170 a.a.O., 9.

171 Berneburg 1997, 91.

Evangelikale soziale Verantwortung übernehmen müssen. In kleineren Diskussionsgruppen ist eindringlich erörtert worden, was ‚radikale Jüngerschaft' heute bedeutet."[172]

Wenn man die missionstheologische Situation der 1960er- und 70er-Jahre bedenkt – insbesondere den humanistischen Kurs der Genfer Ökumene und die sich daraus ergebende Notwendigkeit einer biblischen Entgegnung –, dann liegt es auf der Hand, dass Lausanne mit der Integration der sozialen Verantwortung unterschiedliche Reaktionen auslöste.

Die profilierteste Kritik brachte Arthur Johnston vor. Er sprach von einer „besonderen Sorge" im Hinblick auf das „neue Verständnis des Missionsauftrags" von Lausanne: „Besondere Sorge bereitet dabei in unseren Augen das neue Verständnis des Missionsauftrags der Gemeinde Jesu. Historisch gesehen war die Mission der Gemeinde immer nur die Evangelisation. Der aus Lausanne resultierende Trend scheint eine Synthese mit der ‚holistischen Evangelisation' des ÖRK darzustellen, der die Mission der Kirche in einem weiteren Sinn, als Kombination von Evangelisation und sozialer und politischer Aktion, versteht."[173]

An Johnstons Kritik wird deutlich, wie sehr die Evangelikalen ihre eigene Identität in Abgrenzung zur ökumenischen Position suchten. Johnston ist der Auffassung, dass die ursprüngliche Konzentration der Evangelikalen auf die Evangelisation abgeschwächt wurde, und gibt zu bedenken: „Die Evangelisation bleibt für viele der Schwerpunkt der Lausanner Verpflichtung; aber wer das soziale und politische Engagement als gleichrangig mit der Evangelisation sieht, wird sich jetzt auf Stotts Referat sowie auf folgende Aussagen der Verpflichtung stützen können: ‚Dennoch bekräftigen wir, dass Evangelisation und soziale wie politische Betätigung gleichermaßen zu unserer Pflicht als Christen gehören'."[174] Und weiter: „Man kann zwar mit Fug und Recht sagen, dass eine evangelikale Bindung an die Unfehlbarkeit und Autorität der Heiligen Schrift vorrangig zu Evangelisation und dann auch zu praktischer

172 in Gill 1977, 88.

173 Johnston 1984, 20.

174 a.a.O., 319.

Nächstenliebe führt. Die Heilige Schrift lehrt offensichtlich beides: die Evangelisation und die soziale und politische Verantwortung. Aber es ist auch möglich, dass ein Abgehen von der wörtlichen Irrtumslosigkeit der Bibel von der Evangelisation als der Mission der Kirche wegführt, zu einem ausschließlichen Interesse für soziale Angelegenheiten übergeleitet und dass am Ende nur noch eine rein diesseitige, horizontale Orientierung übrigbleibt."[175]

Verständlicherweise fielen die Reaktionen von Seiten der Radikalen viel positiver aus. Athol Gill äußerte die Ansicht, dass René Padilla und Samuel Escobar mit ihren Referaten „den Kongress auf den richtigen Weg brachten",[176] obschon es in der Frage des Verhältnisses von Evangelisation und sozialem sowie politischem Handeln noch vieles zu klären gäbe.[177] René Padilla freute sich darüber, dass sich mit der Lausanner Verpflichtung „die evangelikale Bewegung gegen ein verkürztes Evangelium und gegen eine verengte Sicht von der Sendung der Kirche gewandt" hat.[178] Seine Freude darüber, Lausanne habe „die Bedeutung und das Wesen der christlichen Mission geklärt",[179] war hingegen verfrüht, wie die weiteren Kongresse deutlich machen sollten. Es war nicht möglich, in so kurzer Dauer eine Klärung einer so umfassenden Thematik herbeizuführen. Orlando Costas erblickte in Lausanne den Anbruch eines neuen Missionszeitalters. Er stellte zufrieden fest, „dass ‚die beherrschende Stellung westlicher Missionen' zusehends schwindet".[180] Diese Feststellung ist insofern bedeutsam, als mit der zahlenmäßigen Erstarkung der Evangelikalen in der Zwei-Drittel-Welt vermehrt radikale Positionen in die evangelikale Missionstheologie aufgenommen werden konnten. Die radikale Theologie war und ist stark in der südlichen Hemisphäre beheimatet, und seit Lausanne herrscht in der evangelikalen Bewegung Südwind. So versteht auch Kwame Bediako die Entwicklung zwischen Wheaton und Lausanne hauptsächlich als

175 a.a.O.

176 Gill 1977,: 88–89.

177 a.a.O., 97–100.

178 Padilla 1977a, 13.

179 a.a.O., 12.

180 Costas 1977, 138.

eine Frucht evangelikalen Bemühens aus der Zwei-Drittel-Welt: „Es wurde immer deutlicher, dass die sozialen Implikationen des Evangeliums durch Christen aus der Zwei-Drittel-Welt in den Vordergrund rückten.“[181] Vinay Samuel und Chris Sugden erblickten in der Lausanner Verpflichtung eine Wasserscheide, was die Frage der sozialen Verantwortung betrifft.[182] Und Samuel Escobar stellte 25 Jahre nach Lausanne zufrieden fest:

> Befreit durch seine missionarische Stoßkraft von den Fesseln eines sterilen Fundamentalismus, war der Evangelikalismus in der Lage, erneut die ganzheitlichen Dimensionen der christlichen Mission zu entdecken, die so klar in der Bibel präsentiert werden.[183]

3.3 Der radikale Aufbruch im Jahrzehnt nach Lausanne

Mit Lausanne erkämpfte sich die radikale Theologie einen legitimen Platz in der weltweiten evangelikalen Bewegung. Ihre Vertreter behaupteten diesen Platz, indem sie eine rege literarische Tätigkeit entwickelten und auf einer Reihe evangelikaler Konferenzen eine wichtige Rolle spielten. Von Lausanne gingen radikale Impulse in die ganze Welt. Sie führten insbesondere dazu, dass die Evangelikalen in der Zwei-Drittel-Welt begannen, eine auf ihren Kontext bezogene evangelikale Theologie zu entwickeln.

Zwei entscheidende Artikel

Die Lausanner Verpflichtung erwies sich in dem Jahrzehnt nach dem Kongress – und darüber hinaus bis heute – als theologischer Orientie-

181 Bediako 1995, 141.

182 Samuel, Sugden 1986, 190.

183 Escobar 2000, 105.

rungspunkt, auf den sich die verschiedenen evangelikalen Frömmigkeiten berufen konnten.

Besondere Beachtung fand der Artikel 5 über die soziale Verantwortung. Bereits am ersten Treffen des Lausanner Komitees nach dem Kongress, das vom 20. bis 24. Januar 1975 in Mexico City stattfand, tat sich das Spannungsfeld zwischen Evangelisation und sozialer Verantwortung auf. Man war sich nicht einig, wie die Lausanner Verpflichtung in dieser Hinsicht interpretiert werden sollte.[184] Ungeachtet dessen war Artikel 5 „eine sehr wichtige Bestätigung für viele Dienste, welche die Evangelikalen besonders in der Zwei-Drittel-Welt ausgeführt hatten, die ihre Stimme aber nicht hatten erheben können, damit sie nicht dahingehend missverstanden wurden, ihre Hingabe an die Verkündigung des Evangeliums könnte abgenommen haben".[185] Mit Artikel 5 wurden ihre Praxis und die ihr zugrunde liegende theologische Auffassung legitimiert.

Es war jedoch nicht nur der Artikel über die soziale Verantwortung, der weitreichende Beachtung fand. Kwame Bediako weist darauf hin, dass auch der Artikel 10 über Evangelisation und Kultur nachhaltige Auswirkungen hatte.[186] Der Artikel lautet:

> Die Entwicklung von Strategien zur Weltevangelisation erfordert bei der Wahl der Methoden Einfallsreichtum. Mit Gottes Hilfe werden Gemeinden entstehen, die in Jesus Christus fest gegründet und eng mit ihrer kulturellen Umwelt verbunden sind. Jede Kultur muss immer wieder von der Schrift her geprüft und beurteilt werden. Weil der Mensch Gottes Schöpfung ist, birgt seine Kultur Schönheit und Güte in reichem Maße. Weil er aber gefallen ist, wurde alles durch Sünde befleckt. Manches geriet unter dämonischen Einfluss. Das Evangelium gibt keiner Kultur den Vorrang, sondern beurteilt alle Kulturen nach seinem eigenen Maßstab der Wahrheit und Gerechtigkeit und erhebt absolute ethische Forderungen

184 Steuernagel 1988, 173–179.

185 Samuel, Sugden 1999, ix.

186 Bediako 1995, 143f.

> gegenüber jeder Kultur. Missionen haben allzu oft mit dem Evangelium eine fremde Kultur exportiert, und Gemeinden waren mitunter mehr an eine Kultur als an die Schrift gebunden. Evangelisten Christi müssen demütig danach trachten, sich selbst zu verleugnen, ohne ihre Persönlichkeit preiszugeben, um Diener anderer werden zu können. Die Gemeinden sollen Kultur umgestalten und bereichern, damit Gott verherrlicht wird.

Nach Kwame Bediako endet mit diesem Artikel die missiologische Dominanz des Westens.[187] In der Tat trug Artikel 10 dem Umstand Rechnung, dass die Evangelikalen der Zwei-Drittel-Welt auf dem Weg waren, ihre theologische Unabhängigkeit zu erringen. Der Lausanner Kongress hatte das mit der Sondererklärung der radikalen Vertreter laut und deutlich vor Augen geführt. Das Evangelium gibt in der Tat keiner Kultur den Vorrang – auch der westlichen nicht. Dass die christliche Mission dennoch lange Zeit „mit dem Evangelium eine fremde Kultur exportiert" hat, wurde als blinder Fleck erkannt. Zwar sollte dieser Umstand noch beträchtlichen theologischen Zündstoff aufweisen – die Frage nach der Kontextualisierung des Evangeliums war damit aufgeworfen und sollte kontrovers diskutiert werden –, aber es ließ sich jetzt schon sagen: Die Evangelikalen brauchten den drängenden missiologischen Fragen nicht länger auszuweichen. Lausanne hatte einen gemeinsamen Grund geschaffen, der es erlaubte, sich der schwierigen Frage zuzuwenden, wie die evangelikale Mission der Zukunft aussehen sollte.

Ein verändertes Verhältnis zur Ökumene?

Als ebenso wichtig wie das neue Kräfteverhältnis in der evangelikalen Bewegung erachtet Kwame Bediako das veränderte Verhältnis der Evangelikalen zur Ökumene. Dieses habe durch Lausanne entschärft werden können:

187 Bediako 1995, 143.

> Als Resultat der Entwicklungen der evangelikalen Missionstheologie nach Lausanne, ist nicht nur die Bedeutung des Beitrags der Zwei-Drittel-Welt bekräftigt worden, es ist auch eine Situation entstanden, in welcher die polarisierenden Kategorien „ökumenisch" und „evangelikal" wegen des Einflusses der Zwei-Drittel-Welt als zunehmend irreführend empfunden werden. Das Auftreten evangelikaler Missionstheologen aus der Zwei-Drittel-Welt mit eindeutiger Sympathie für die Ökumene hat zu einer Überlappung von Traditionen geführt. Es geht um eine Überlappung der evangelikalen und der ökumenischen Tradition, in welcher „viele in der ökumenischen Tradition darum kämpfen, Proklamation, Evangelisation und den Ruf zur Bekehrung wiederzugewinnen, und viele in der evangelikalen Tradition kämpfen dafür, das biblische und prophetische Mandat für Gerechtigkeit wiederzugewinnen".[188]

Durch die evangelikalen Theologen der Zwei-Drittel-Welt fand eine Befruchtung zwischen der evangelikalen und der ökumenischen Theologie statt. Die ökumenische Position forderte die Evangelikalen auf, sich auf die sozialen Probleme einzulassen, und die Evangelikalen spornten die Ökumeniker zu einer Rückbesinnung auf die Evangelisation an. Die radikal gesinnten Kräfte aus dem Süden waren die ersten Evangelikalen, die das evangelikal-ökumenische Freund-Feind-Schema hinter sich ließen und eine bibeltreue Grundhaltung mit dem Gedanken der Ganzheitlichkeit verbanden. Damit waren sie die ersten Evangelikalen, die konsequent missional dachten und entsprechend dieser Gesinnung konfessionelle Grenzen überschritten.

Dieses Beispiel zeigt, dass es wünschenswert ist, von anderen Traditionen zu lernen. Ein beträchtlicher Teil der Evangelikalen definiert ihr Selbstverständnis immer noch in Abgrenzung gegenüber anderen theologischen Auffassungen, hauptsächlich der ökumenischen. Das ist angesichts des kontroversen Verlaufs der Geschichte verständlich, darf

188 Bediako 1995, 143f. Das Zitat im Zitat bezieht sich gemäß Bediako auf Samuel & Hauser (Hg.), *Proclaiming Christ in Christ's Way – Studies in Integral Evangelism*, 13f.

aber nicht zu einer unnötigen Verengung der eigenen Perspektive führen. Zurzeit sind die Evangelikalen daran, eine missionale Theologie evangelikalen Zuschnitts zu entwerfen, und lassen sich dabei von der ökumenischen Diskussion um die Missio Dei und eine missionale Kirche inspirieren. Was das für die Zukunft der evangelikalen Theologie bedeutet, wird uns in Teil 5 abschließend beschäftigen.

Zwei-Drittel-Welt

Als eines der wichtigsten Ergebnisse von Lausanne kann der Umstand gelten, dass der Kongress als Katalysator für eine eigenständige evangelikale Theologie der Zwei-Drittel-Welt diente.[189] In diesem Sinn ist Kwame Bediako recht zu geben, wenn er sagt, Lausanne habe die missionstheologische Dominanz des Westens beendet.[190] Auslösendes Moment waren die bereits erwähnten Vorträge der Lateinamerikaner Samuel Escobar und René Padilla.

In Lateinamerika hatte sich schon vor Lausanne eine evangelikale Theologie radikalen Zuschnitts zu Wort gemeldet. Der Erste Lateinamerikanische Kongress über Evangelisation (CLADE I) im Jahr 1969 war Ausdruck davon gewesen. 1979 fand der Zweite Lateinamerikanische Kongress über Evangelisation (CLADE II) in Lima statt. Er ist Zeuge davon, dass sich mit dem Rückenwind von Lausanne in Lateinamerika radikales evangelikales Denken rasch etablierte. Der Kongress, der vom 31. Oktober bis 8. November 260 lateinamerikanische Evangelikale zusammenbrachte, verstand sich als Weiterführung des Geistes von Lausanne. Im *Lima Letter*, einem offenen Brief an die Gemeinden Lateinamerikas, wurde die Lausanner Verpflichtung mit ausdrücklichen Worten bestätigt:

> Es war unser Wunsch, unsere Mission zu überprüfen und uns der völligen Autorität der Heiligen Schrift, der souveränen Führung des Heiligen Geistes und der Herrschaft von Jesus Christus in einer Atmosphäre brüderlicher Liebe zu

189 Das Folgende ausführlicher in Hardmeier 2008, 31–46.

190 Bediako 1995, 143.

> unterstellen. In diesem Geist bestätigen wir unser Festhalten an der Erklärung des Ersten Lateinamerikanischen Kongresses über Evangelisation und an der Verpflichtung des Internationalen Kongresses für Weltevangelisation in Lausanne 1974.[191]

Im Weiteren wird der Freude darüber Ausdruck verliehen, dass das Volk Gottes bezüglich der Bedeutung der radikalen Jüngerschaft gewachsen ist: „Das Volk Gottes ist in einer durch beständige, plötzliche Veränderung geprägten Welt hinsichtlich Verständnis und Bedeutung radikaler Jüngerschaft gewachsen."[192] Valdir Steuernagel beschreibt den Kongress als „aggressiv lateinamerikanisch, aber konsequent evangelikal".[193]

Von Lausanne gingen auch Impulse nach Asien. Chris Sugden hat in seiner Dissertation gezeigt, dass der Inder Vinay Samuel die Evangelikalen der Zwei-Drittel-Welt ermutigte, die Impulse aufzunehmen, die Samuel Escobar und René Padilla in ihren Referaten in Lausanne vermittelten, und eine asiatische evangelikale Theologie zu entwickeln.[194]

Samuel und Sugden ermutigten die Evangelikalen Asiens, eine eigenständige, aus ihrem Kontext hervorgehende Theologie zu entwickeln. Die Kirche in Asien könne nur dann wahrhaft christlich sein, wenn sie authentisch asiatisch sei.[195] Wie ist das zu erreichen? Samuel und Sugden äußern drei Gedanken: Erstens müsse die Kirche einen Bezug zu den alten asiatischen Kulturen finden, ansonsten bleibe ihre Botschaft bedeutungslos. Zweitens müsse sie in die entscheidenden Fragen hinsichtlich des Problems der Armut involviert sein. Und drittens müsse sie Wege zu einer Partnerschaft des gegenseitigen Respekts mit der Kirche des Westens finden.

---

191 Lima Letter 1979, 15. „Our desire was to examine our mission, submitting ourselves to the supreme authority of the Holy Scripture, to the sovereign guidance of the Holy Spirit, and to the Lordship of Jesus Christ, within an atmosphere of fraternal love. In this spirit we reaffirm our adherence to the Declaration of the First Latin American Congress on Evangelization and to the Covenant of the International Congress on Evangelization held at Lausanne, Switzerland, in July, 1974."

192 a.a.O., 16.

193 Steuernagel 1988, 225f.

194 Sugden 1997, 193.

195 Für das Folgende Samuel, Sugden 1980, 50f.

An Samuels und Sugdens Einfluss auf die asiatische evangelikale Theologie zeigt sich, wie wichtig den Evangelikalen der Kontext wurde. Echte Kontextualisierung kann nicht als Anwendung eines vorgegebenen westlichen Verständnisses des Evangeliums betrieben werden. Es ist nötig, sich auf die kulturellen, religiösen, sozialen und geschichtlichen Bedingungen einzulassen, welche den Kontext formen. Erst aus dieser Begegnung mit dem Kontext lässt sich das Evangelium für diesen Kontext angemessen verstehen und auf relevante Weise vermitteln. Damit haben radikal gesinnte Evangelikale früh damit begonnen, eine missionale Theologie für ihren Kontext zu entwickeln, auch wenn sie den Begriff selbst nicht gebrauchten. Eines der bestimmenden Kennzeichen der missionalen Theologie besteht in der Beachtung des Kontexts. Ob das von den alten Religionen geprägte Asien, das nach Befreiung strebende Lateinamerika oder der säkularisierte Westen – sie alle bilden eigene Kontexte. Und diese wollen untersucht und verstanden werden, damit das Evangelium diesen Kulturen relevante Antworten liefern und sie mit der Guten Nachricht durchdringen kann.

Die in Lausanne vermittelten radikalen Impulse wurden nicht zuletzt in Afrika bereitwillig aufgenommen. Ausdruck dafür ist die *Pan African Christian Leadership Assembly* (PACLA) und die aus ihr hervorgegangene Bewegung. Sie brachte vom 9. bis 20. Dezember 1976 über 700 christliche Führungskräfte aus 48 afrikanischen Ländern in Nairobi zusammen. Nebst Theologen waren auch Fachleute aus Wirtschaft, Politik und anderen Wissensgebieten vertreten. Unter den zahlreichen Rednern waren auch Nicht-Afrikaner wie Billy Graham, John Stott, Tom Housten und René Padilla. PACLA war ein evangelikaler Kongress, an dem auch ökumenische Vertreter wie John Mbiti und John Gatu zu den Rednern gehörten. Prominentester Redner war René Padilla mit vier Referaten.[196]

196 1. Mit dem Vortrag *Unity, Diversity and Truth* (Padilla 1978a), in dem es um die Einheit der Kirche geht und wie sich die Frage der Wahrheit dazu verhält. 2. *The Class Struggle* (Padilla 1978b), in welchem Padilla den marxistischen Klassenkampf darstellt und zeigt, wie das Evangelium über diesen hinausgeht. 3. *Marxism and Christianity* (Padilla 1978c), der eine Analyse und Beurteilung des Marxismus aus biblischer Sicht enthält. 4. *Liberation Theology* (Padilla 1978d), in dem er die Befreiungstheologie kritisiert und festhält, was von ihr gelernt werden kann. Für alle Beiträge der Konferenz siehe den Sammelband *Facing the new Challenges. The Message of Pacla* 1978.

Ziel des Kongresses war, afrikanische Führungskräfte zu sammeln, um den Anstoß zu einem Netzwerk der Gemeinschaft und des gegenseitigen Verständnisses zu geben. Man wollte insbesondere klären, welchen Beitrag die afrikanischen Kirchen für ihren Kontinent und den weltweiten Leib Christi leisten konnten.[197] Der Kongress ist Ausdruck für das im Jahrzehnt nach Lausanne gesteigerte Bewusstsein der Evangelikalen Afrikas, afrikanische Antworten auf die sozialen und geistlichen Probleme ihres Kontinents zu finden.[198]

Und der Westen?

War die Dynamik, welche Lausanne in der Zwei-Drittel-Welt auslöste auch im Westen spürbar? Auch hier setzten sich die Evangelikalen verstärkt mit sozialen Fragen auseinander, allerdings mit einiger Zurück-

197 Pacla Aims 1979, 656.

198 Wie Detlef Kapteina (2001, 37) in seiner Dissertation aufgezeigt hat, waren dafür drei Gründe maßgebend: Erstens waren die Nöte Afrikas dringend und verlangten nach einer Antwort. Die afrikanischen Evangelikalen stellten sich dieser Herausforderung und begannen, sich verstärkt Gedanken über eine für den afrikanischen Kontext relevante Evangelisation zu machen (a.a.O., 33). Damit reihte sich Afrika in den weltweiten Trend der theologischen Kontextualisierung ein. Zweitens ermutigte das in Lausanne diskutierte ganzheitliche Sendungsverständnis die Evangelikalen Afrikas, sich mehr mit der sozialen Dimension des Evangeliums im Kontext Afrikas auseinanderzusetzen. Padillas Vortrag in Lausanne hatte insbesondere die afrikanischen Teilnehmer inspiriert, sodass Kapteina folgert, die Anfänge einer eigenen evangelikalen Identität der Theologen aus der Zwei-Drittel-Welt könnten unter anderem auf Padillas Auftritt in Lausanne zurückgeführt werden (a.a.O., 149). Bereits in Lausanne diskutierten afrikanische Teilnehmer über einen panafrikanischen Missionskongress (a.a.O., 112). Drittens war der soziale Einsatz „ein Teil des Erbes der evangelikalen Missionen selbst, die sich mit ihrem sozialdiakonischen Einsatz in Krankenhäusern, Schulen und landwirtschaftlichen Projekten sehen lassen konnten" (a.a.O., 37). Dieses Erbe führte, zusammen mit dem in Lausanne formulierten ganzheitlichen Sendungsverständnis, zu einer verstärkten Beachtung des sozialen Engagements der Evangelikalen Afrikas. PACLA war ein für den afrikanischen Kontinent wichtiger Kongress und seine Wirkung vor allem auf theologischer Ebene beträchtlich: Die afrikanischen Evangelikalen beschäftigten sich erstmals gründlich mit der Bedeutung des Evangeliums für das heutige Afrika. Die Theologen von PACLA „suchten primär nach Gegenwartsrelevanz der christlichen Verkündigung und konzentrierten sich daher mehr auf die Identitätsthematik des modernen Afrikaners. Sie wollten mit der Übersetzungsaufgabe der Theologie ernst machen und widmeten daher Themen kontextueller Theologie einen weiten Raum... [Es] fand eine erste theologische Einbeziehung der inneren und äußeren Umwelterfahrung des modernen Afrikaners in die Afrikanische Evangelikale Theologie statt" (a.a.O., 125f).

haltung und zuweilen auch mit Sorge um den missionstheologischen Kurs der evangelikalen Bewegung.[199]

In der *International Consultation on Simple Lifestyle* (Konsultation über den einfachen Lebensstil) in Hoddesdon bei London vom 17. bis 21. März 1980 kommt dieser Zwiespalt deutlich zum Ausdruck. Die Konsultation war geprägt von radikalen Vorstößen und sollte vom evangelikalen Mainstream nicht widerspruchslos hingenommen werden. Sie stand unter dem Patronat der Weltweiten Evangelischen Allianz und der Lausanner Bewegung und wurde von John Stott und Ronald Sider geleitet.

Drei der sieben zentralen Referate wurden von radikalen Vertretern gehalten. Ronald Sider rief die Christen im reichen Norden dazu auf, weniger für sich zu brauchen, damit mehr für die Evangelisation übrig bleibe. Die strukturellen Ursachen der weltweiten Armut müssten angegangen werden.[200] Vinay Samuel und Chris Sugden entwickelten in einem Überblick über das Alte Testament eine Perspektive für einen gerechten Lebensstil, in welchem Israel als Modell für heutiges Handeln dient.[201] Und René Padilla ging vom Neuen Testament aus und betonte, Armut sei kein Ideal, sondern ein zu bekämpfendes Übel.[202]

199 Die Frage, wie der Westen auf Lausanne reagierte, werde ich in diesem Abschnitt an Hand der evangelikalen Mission beantworten. In Missionskreisen war man durchaus skeptisch gegenüber der sozialen Verantwortung, wie sie in Lausanne diskutiert wurde. Aus Platzgründen soll hier zumindest darauf hingewiesen werden, dass in der westlichen Welt die Impulse von Lausanne auch *positiv* aufgenommen wurden, und zwar von Persönlichkeiten, die später prägenden Einfluss auf die Emerging Church haben sollten. So erwähnt Brian McLaren, einer der Hauptvertreter der Emerging Church in den Vereinigten Staaten, dass er namentlich von Jim Wallis, Ronald Sider und René Padilla beeinflusst wurde (McLaren 2006, 10.227). Obwohl der radikale Evangelikalismus und die Emerging Church nur bedingt miteinander verglichen werden können, hat doch Ersterer Letztere maßgeblich beeinflusst, und es gibt auch einige Gemeinsamkeiten. So weisen die Emerging Church und der radikale Evangelikalismus Gemeinsamkeiten in der Christologie, der Ekklesiologie, der Eschatologie und der Missiologie auf. In der Emerging Church wird Jesus nicht nur als Erlöser begriffen, sondern auch als politischer Mensch verstanden. Die Kirche ist die Präsenz des Reiches Gottes in der Welt. Als solches ist sie eine eschatologische Gemeinschaft, die auf die Wiederherstellung aller Dinge hinweist. Sie verkündigt das Heil nicht nur, sie will es in ihrer Gemeinschaft auch darstellen und erlebbar gestalten. Die Kirche inkarniert sich in ihrem Umfeld und wendet sich den Armen und den Randgruppen zu. Wort und Tat gehen Hand in Hand (vgl. Webber 2002). Das alles sind theologische Grundeinsichten, die eine starke Übereinstimmung mit der radikalen Theologie aufweisen.

200 Sider 1982b, 26–28.

201 Samuel, Sugden 1982, 42–53.

202 Padilla 1982, 54–66.

Die Ergebnisse der Konsultation liegen in der Hoddesdon-Verpflichtung *An Evangelical Commitment to Simple Lifestyle* vor. Sie geht von Artikel 9 der Lausanner Verpflichtung über die Dringlichkeit der evangelistischen Aufgabe aus. In der Einleitung zum Konferenzband weisen John Stott und Ronald Sider darauf hin, dass der Sinn des zweijährigen Vorbereitungsprozesses der Konsultation darin bestand, das Thema des einfachen Lebensstils in Bezug zu Evangelisation, Hilfsaktion und Gerechtigkeit zu studieren, da diese in Artikel 9 der Lausanner Verpflichtung erwähnt werden.[203]

Die Hoddesdon-Verpflichtung äußert sich zu Themen wie Verwalterschaft, Reichtum, Armut, Entwicklung und einfacher Lebensstil. In Übereinstimmung mit der Lausanner Verpflichtung wird der Evangelisation in Artikel 8 hohe Priorität zugeschrieben. Doch schon in Artikel 7 wird dazu aufgerufen, am politischen Prozess teilzunehmen, da nur strukturelle Veränderungen Probleme wie Armut und Ungerechtigkeit lösen könnten. Die Reihenfolge der Artikel dürfte nicht zufällig sein. Im Vordergrund der Verpflichtung steht nicht die evangelistische Aufgabe, sondern die sozialethischen Implikationen des Missionsauftrags aus radikaler Sicht. Sie geht weit über das Thema des einfachen Lebensstils hinaus und liest sich stellenweise wie ein Manifest radikaler evangelikaler Theologie.[204]

Die Reaktionen auf den radikalen Vorstoß von Hoddesdon blieben nicht aus. Laut Valdir Steuernagel[205] nahm selbst John Stott die Verpflichtung äußerst reserviert zur Kenntnis, verteidigte sie später jedoch als ausgewogen.[206] Die Leitung der Lausanner Bewegung war über das

203 Der Konferenzbericht erschien unter dem Titel *Lifestyle in the Eighties. An Evangelical Commitment to Simple Lifestyle* (1982) und wurde von Ronald Sider herausgegeben.

204 Artikel 4 und 9 erinnern stark an Siders berühmtes Werk *Rich Christians in an Age of Hunger*, das drei Jahre vor der Konsultation von Hoddesdon erschien und im englischen Sprachraum weite Verbreitung fand (siehe Sider 1997c, 283.287f). Sider befasst sich in dem Buch mit dem Problem der Armut, ihren Ursachen und ihrer Überwindung und versucht, eine biblische Perspektive für den Umgang mit den gegenwärtigen sozialen Problemen aufzuzeigen. Nach eigenen Angaben (Sider 2003, 1) schrieb Sider das Buch, um die Realität von Armut, Gottes Anliegen für die Armen und das tatsächliche Verhalten der Christen zur Armut in Beziehung zueinander zu setzen. Das Buch avancierte zu einem radikalen Standardwerk. Der deutschen Übersetzung *Der Weg durchs Nadelöhr* (1978) blieb dieser Erfolg versagt.

205 in Berneburg 1997, 101; Steuernagel 1988, 184.

206 Stott 1996, xviii.

Ergebnis von Hoddesdon bestürzt und ließ vernehmen, man teile nicht alle dort gemachten Äußerungen. Das Gleichgewicht zwischen evangelistischem und sozialem Dienst habe sich einseitig zugunsten des sozialpolitischen Engagements verschoben.[207]

Der Vergleich zwischen Lateinamerika, Asien und Afrika einerseits und dem Westen andererseits zeigt: Im Jahrzehnt nach Lausanne bewegte sich die evangelikale Theologie der Zwei-Drittel-Welt auf eine radikale Position zu, während man im Westen dieser Entwicklung abwartend bis ablehnend gegenüber stand.[208] Die radikalen Impulse

---

207 Berneburg 1997, 101.

208 Im Jahrzehnt nach Lausanne entwickelte sich die radikale Jüngerschaft zu einem evangelikalen Standpunkt mit einem eigenen theologischen Profil. Man konnte jetzt evangelikal sein und doch leidenschaftlich für soziale Gerechtigkeit einstehen und sich gesellschaftspolitisch engagieren, ohne als liberal beargwöhnt zu werden. Die radikalen Kräfte verstanden es, das reiche evangelikale Erbe aus dem Westen aufzunehmen und es mit den sozialen Herausforderungen der Zwei-Drittel-Welt in Verbindung zu bringen. Auf diese Weise entstand eine echte Kontextualisierung des Evangeliums, die sowohl der biblischen Botschaft gemäß als auch für den Kontext relevant ist. Repräsentativ für diese Leistung ist Padillas Beitrag *The Contextualization of the Gospel*, der 1985 in seinem Sammelband *Mission between the Times* erschien. Padilla tritt dafür ein, dass das Evangelium in dem Kontext, in dem es verkündigt wird, inkarniert werden muss. Insbesondere plädiert er für die theologische Reflexion des Evangeliums im Kontext der Zwei-Drittel-Welt. Padilla legt seine Ausführungen in drei Schritten dar: Zuerst befasst er sich mit dem Verhältnis von Evangelium und Kultur. Es genüge nicht, dass sich der Ausleger der exegetischen Werkzeuge bediene, die ihm die Theologie zur Verfügung stelle, um die Bedeutung des Evangeliums angemessen zum Ausdruck zu bringen. Es müsse ebenso berücksichtigt werden, dass das Schriftverständnis des Auslegers durch gewisse Faktoren bestimmt sei – seine Einstellung zu Gott, seine kirchliche Tradition und seinen kulturellen Hintergrund (Padilla 1985b, 86f). Denn: „Gottes Wort erreicht den Ausleger unter den Bedingungen seiner eigenen Kultur oder sie erreicht ihn überhaupt nicht" (a.a.O., 87). Kultur könne sowohl Chance als auch Hindernis für das Evangelium sein. Das Hindernis der Kultur bestehe darin, dass keine Kultur dem Evangelium völlig entspreche, weshalb das Evangelium in einer bestimmten Kultur nie ganz inkarniert und umgesetzt werden könne (a.a.O., 88). Die Chance der Kultur sieht Padilla darin, dass jede Kultur einen bestimmten Ansatz mit sich bringt, um das Evangelium zu verstehen und Aspekte des Evangeliums ans Licht bringt, die anderen Kulturen verborgen bleiben (a.a.O., 89). Dann befasst sich Padilla mit der theologischen Abhängigkeit der Zwei-Drittel-Welt vom Westen. Er klagt, Lateinamerika sei ein Kontinent ohne eigene theologische Reflexion und theologisch genauso vom Westen abhängig wie wirtschaftlich (a.a.O., 96). Diese geistliche Dependenz ortet Padilla zum einen in der Diskrepanz zwischen Evangelisation und Theologie und zum anderen in der starken Konzentration der Evangelikalen auf das numerische Wachstum der Kirche (a.a.O., 99–101). Typisch radikal ist der kritische Unterton gegenüber der theologischen Dominanz des Westens, wenn er sagt: „Die Kirche in der Dritten Welt braucht eine Theologie, welche auf ihre eigenen Bedürfnisse antwortet. Sie hat von den westlichen Missionen ein reduziertes Evangelium empfangen, das kulturell verpackt und seiner transformierenden Kraft weitgehend beraubt ist. Das ist ihre größte Tragödie und ihre größte Herausforderung" (a.a.O., 99). Schließlich wendet sich Padilla der Aufgabe der Kontextualisierung zu. Das Evangelium bleibe ohne Relevanz, wenn es nicht kontextualisiert werde. Die Forderung nach Kontextualisierung bedeute nicht, dass das Evangelium so inkarniert werde, dass eine indigene Theologie entstehe, die völlig durch die lokale Situation bestimmt werde, denn der Inhalt des Evangeliums sei ein für allemal überliefert (a.a.O., 102). Padilla spricht sich also nicht

von Lausanne hatten eine unumkehrbare Entwicklung innerhalb der evangelikalen Bewegung in Richtung einer vermehrten Beschäftigung mit sozial-politischen Fragen und deren Einbezug in die Missionstheorie in Gang gesetzt. Die Zeichen standen auf Konfrontation: Die radikalen Kräfte preschten mit dem Rückenwind von Lausanne vor, der Westen reagierte reserviert bis irritiert, und das Lausanner Komitee für Weltevangelisation war scheinbar untätig. Dieses explosive Gemisch sollte noch im selben Jahr eine Konfrontation der verschiedenen Standpunkte provozieren, welche die evangelikale Gemeinschaft zu zerreißen drohte.

3.4 Provokation und Konfrontation in Pattaya

Der Vorstoß der radikalen Evangelikalen an der Hoddesdon-Konferenz provozierte Spannungen in der evangelikalen Bewegung und rief die Vertreter des traditionellen Missionsverständnisses auf den Plan. Die Spannungen sollten sich nur wenige Monate danach entladen, und zwar am Weltevangelisationskongress im thailändischen Pattaya, der vom 16. bis 27. Juni 1980 stattfand. Unter dem Motto *How shall they hear?* standen missionsstrategische Fragen im Mittelpunkt. Aufgrund der jüngsten Entwicklung ging es aber auch um die Frage, in welche Richtung die Lausanner Bewegung weitergehen sollte. Uns interessiert hier vor allem, wie die radikalen Evangelikalen in Pattaya auf diese Herausforderungen reagierten.

---

für eine Minderbewertung der Theologie zugunsten der Praxis aus. Er fordert im Gegenteil eine intensive theologische Reflexion, denn wenn diese nicht erfolge, sei die Kirche nicht in der Lage, den Ideologien angemessen zu begegnen (a.a.O., 104). Die Kultur beginne dann, das Evangelium zu definieren: „Jene, die aus Angst vor Synkretismus Einwände gegen die Kontextualisierung vorbringen, müssen die Tatsache bedenken, dass ohne bewusste Reflektion über die Art und Weise wie der Gehorsam gegenüber der Herrschaft von Jesus Christus in einer bestimmten Situation gelebt werden muss, das Verhalten leicht von der Kultur bestimmt wird anstatt vom Evangelium" (a.a.O., 103).

Erneute Sondererklärung

Der Konferenzverlauf machte schnell deutlich, dass die radikalen Kräfte mit dem bisher Erreichten nicht zufrieden waren. Im Urteil eines Kritikers haben die radikalen Evangelikalen in den Jahren nach Lausanne „ohne Rücksicht auf die Gemeinsamkeit der Bewegung ihrer einseitigen Position unermüdlich Gehör verschafft".[209] In der Tat brachten die radikalen Kräfte in Pattaya, wie schon in Lausanne, ein Sondervotum ein und führten die evangelikale Bewegung so auf Konfrontationskurs.

Auslöser der Konfrontation war die Tatsache, dass in der Vorbereitungsphase des Kongresses die Frage der sozialen Verantwortung ausgeklammert wurde, wie Valdir Steuernagel nachgewiesen hat.[210] Das löste Unstimmigkeiten aus und führte dazu, dass während des Kongresses unter Federführung der Radikalen *A Statement of Concerns on the Future of the Lausanne Committee for World Evangelization* entstand.[211] Verantwortlich für die Schlussfassung waren David Gitari, Orlando Costas, C. L. Hilliard, Andrew Kirk, Peter Kuzmic, Vinay Samuel und Ronald Sider. Orlando Costas beschreibt die Situation so: „Während der Konsultation ließ eine Gruppe von Afrikanern, Asiaten, Lateinamerikanern, Antillianern und schwarzen Nordamerikanern eine Erklärung zirkulieren, der mehrere West- und Osteuropäer, Australier und Angloamerikaner ihre Beiträge anfügten. Innerhalb weniger Stunden hatten fast ein Drittel der Anwesenden das Dokument unterzeichnet."[212]

In der Sondererklärung wurde dem Lausanner Komitee für Weltevangelisation (LKWE) vorgeworfen, sich zu wenig ernsthaft mit den politischen, sozialen und wirtschaftlichen Implikationen des Missionsauftrags befasst, dem Artikel 5 der Lausanner Verpflichtung also nicht gebührend Rechnung getragen zu haben. Es wurde bemängelt, dass es in der evangelikalen Bewegung keine praktischen Leitlinien und keine Führung zu aktuellen sozialethischen Themen gab. Die Sondererklä-

209 Berneburg 1997, 227.

210 Steuernagel 1988, 188f.

211 Der Text der Erklärung wurde nicht in den offiziellen Konferenzband aufgenommen. Der deutsche Text findet sich auszugsweise in Costas 1987, 15–17, der vollständige englische Text in Padilla, Sugden 1985, 22–25. Siehe *Statement of Concerns* im Literaturverzeichnis.

212 Costas 1987, 15.

rung sprach sich dafür aus, dem Komitee das Mandat zu erteilen, mit seinem Dienst fortzufahren, schlug aber vor, vier Empfehlungen zu verwirklichen:[213]

> *1. Dass das LKWE seine Verpflichtung auf alle Aspekte der Lausanner Erklärung nochmals bestätigt und insbesondere neu die Führung darin übernehmen möge, Evangelikalen dazu zu verhelfen, den Aufruf der Erklärung zu sozialer Verantwortung wie auch zu Evangelisation in die Tat umzusetzen.*
>
> *2. Dass das LKWE zur Bildung von Studiengruppen auf allen Ebenen ermutigen und deren Arbeit vorantreiben möge, um so die anstehenden sozialen, politischen und wirtschaftlichen Fragen aufzunehmen. Außerdem möge es eine leitende Funktion übernehmen, damit Evangelikale die Aussage der Lausanner Erklärung von ‚Gottes Sorge um Gerechtigkeit und Versöhnung in der ganzen menschlichen Gesellschaft, die auf die Befreiung der Menschen von jeder Art der Unterdrückung zielt', wirksam in die Tat umsetzen.*
>
> *3. Dass das LKWE innerhalb der nächsten drei Jahre einen Weltkongress über evangelikale soziale Verantwortung und ihre Auswirkungen auf die Evangelisation einberufen möge.*
>
> *4. Dass das LKWE Richtlinien geben möge zu der Frage, wie Evangelikale, die Systeme der Unterdrückung und Diskriminierung mit unterstützen (und somit die Evangelisation behindern), vom Evangelium erreicht und zur Umkehr und zum Einhalten der biblischen Wahrheit aufgefordert werden können und wie Christen aller Rassen in Situationen der Unterdrückung Ermutigung und Unterstützung gegeben werden könne, solange sie selbst versuchten, dem Evangelium unter großen Risiken treu zu bleiben.*

Die Sondererklärung macht deutlich, dass die radikalen Vertreter in der Lausanner Verpflichtung die Legitimität ihres Standpunkts erblickten. Und sie verdeutlicht, wie gespalten die Evangelikalen in der Frage

---

213 a.a.O., 16f.

der sozialen Verantwortung und des politischen Engagements waren. Woher rührte diese Zerrissenheit?

Einerseits lagen die Gründe dafür im breiten theologischen Spektrum, welches die evangelikale Bewegung bis heute ausmacht. Viele Teilnehmer waren mit dem Schwerpunkt des theologischen Arbeitens des Lausanner Komitees sowie dem Kongressverlauf in Pattaya unzufrieden: „Es ist (...) eine Tatsache, dass, abgesehen von einigen wenigen edlen und lobenswerten Bemühungen, das Lausanner Komitee für Weltevangelisation sich nicht ernsthaft mit den sozialen, politischen und wirtschaftlichen Fragestellungen in vielen Teilen der Welt, die ein großer Stein des Anstoßes für die Verkündigung des Evangeliums sind, beschäftigt hat. Dies wird sehr deutlich hier in Pattaya."[214] Der evangelikale Mainstream hingegen erachtete die Aufgabe der Verkündigung als prioritär. Er fürchtete, die Beschäftigung mit der sozialen Aufgabe könnte die Vorrangstellung der Evangelisation gefährden und stand deshalb sozialen Fragen abwartend gegenüber.

Anderseits verstärkte der Vergleich mit dem Missionsverständnis der Ökumene die evangelikalen Positionskämpfe. Nur einen Monat vor Pattaya hatte die vom Ökumenischen Rat der Kirchen einberufene Konferenz für Weltmission und Evangelisation unter dem Thema *Dein Reich komme* in Melbourne stattgefunden. An dieser hatten einige Evangelikale teilgenommen, die nun auch in Pattaya anwesend waren. Peter Beyerhaus beobachtete während der Konferenz, dass einige evangelikale Theologen aus Lateinamerika tiefe Eindrücke über die Auslegung der Bibel im Kontext der Armen von Melbourne nach Pattaya mitbrachten.[215] In Melbourne hatten Armut und Unterdrückung im Fokus gestanden. Der Schrei der Armen, Machtlosen und Unterdrückten musste gehört, ihrer Not musste begegnet werden. Mission musste daher auch als Kampf gegen unterdrückerische Mächte verstanden werden.[216] Die von diesem Missionsbegriff ausgehenden Herausforderungen wurden in Pattaya klar und deutlich vernommen.[217] Obwohl man

214 Sondererklärung in Costas 1987, 16.

215 Beyerhaus 1996, 218.

216 Egelkraut 2000, 216f.

217 Costas 1982, 153.

organisatorisch getrennte Wege ging, beobachteten sich Evangelikale und Ökumeniker gegenseitig und reagierten auf die entsprechenden Entwicklungen im anderen Lager. Dieser Umstand spiegelt sich in der Sondererklärung dadurch wider, dass die aktive und passive Unterstützung von unterdrückerischen Machenschaften durch Evangelikale als Skandal bezeichnet wird.[218]

Das Thailand Statement

Die Sondererklärung fand ihren Niederschlag im *Thailand-Statement*, der offiziellen Verlautbarung des Kongresses. Ein deutliches Ringen in der Verhältnisbestimmung von Evangelisation und sozialer Verantwortung ist im Dokument spürbar, wenn es unter dem Titel *The Mandate for World Evangelization* heißt:

> Wir sind Diener Jesu Christi, der sowohl Diener als auch Herr war. Er ruft uns daher, ihm nicht nur als Herr in jedem Bereich unseres Lebens zu gehorchen, sondern auch zu dienen, wie er diente. Wir bekennen, dass wir seinem Beispiel der Liebe und der Identifikation mit den Armen, den Hungernden, den Unterprivilegierten und den Unterdrückten nicht ausreichend gefolgt sind. Gottes Volk aber sollte Gottes Anliegen für Gerechtigkeit und Versöhnung in der Gesellschaft und für die Befreiung der Menschen von jeglicher Art von Unterdrückung

218 Padilla, Sugden 1985, 24: „With sadness and tears we must note that there are Christians in and outside of South Africa who claim to be Bible-believing Christians and give implicit or explicit support to apartheid. We recognize, however, that there are other evangelicals who have taken a courageous stance against this evil. There are evangelicals in Latin Amercia und Asia that claim to be true followers of Jesus Christ and yet give direct or indirect support to the growing number of repressive anti-democratic governments on these continents. Similarly there are evangelical leaders in some communist-ruled countries who appear to support uncritically their governments even when they deny basic human rights (including freedom of religion). And everywhere else in the world but particularly in North America, Western Europe and Australasia there are many evangelical Christians who support (some directly, many unwittingly) the economic domination of the poor nations of the world by the economic policies of the developed nations and the activities of multi-national corporations. Those evangelicals that lend their support to these practices are a great scandal to the evangelical witness in general and to the evangelization of the poor people of the earth in particular. The LCWE should give guidance on how these evangelicals can be reached with the whole biblical gospel and be challenged to repent and work for justice."

> teilen (Lausanner Verpflichtung, Artikel 5). Obwohl Evangelisation und soziale Aktion nicht identisch sind, bestätigen wir freudig unsere Hingabe an beides, und wir bekräftigen die Lausanner Verpflichtung vollumfänglich. Sie bleibt die Basis unseres Handelns, und nichts, das sie enthält liegt außerhalb unseres Interesses, solange es einen klaren Bezug zur Evangelisation hat.[219]

Mit Verweis auf die Lausanner Verpflichtung wollte man daran festhalten, dass soziale Aktion zum Sendungsauftrag der Kirche gehört. Mehr aber noch wollte man sicherstellen, dass Evangelisation prioritär bleibt. So heißt es unter dem Titel *The Primacy of Evangelization* über die Vorrangigkeit der Verkündigung:

> Die Lausanner Verpflichtung erklärt, dass bei der Sendung der Gemeinde zum hingebungsvollen Dienst Evangelisation an erster Stelle steht (Artikel 6). Das bedeutet nicht, den Zusammenhang zwischen Evangelisation und sozialer Aktion in Abrede zu stellen, sondern anzuerkennen, dass von all den menschlichen Bedürfnissen keines größer ist als die Entfremdung des Menschen von Gott und die schreckliche Realität des ewigen Todes für jene, die sich weigern, Buße zu tun und zu glauben. Wenn wir uns nicht der Dringlichkeit der Evangelisation verschreiben, machen wir uns einem unentschuldbaren Mangel an Barmherzigkeit schuldig.[220]

---

219 Thailand-Statement: „We are also servants of Jesus Christ who is himself both the servant and Lord. He calls us, therefore, not only to obey him als Lord in every area of our lives, but also to serve as he served. We confess that we have not sufficiently followed his example of love in identifying with the poor and hungry, the deprived and the oppressed. Yet all God's people should share his concern for justice and reconciliation throughout human society and for the liberation of men from every kind of oppression (Lausanne Covenant, para. 5). Although evangelism and social action are not identical, we gladly reaffirm our commitment to both, and we endorse the Lausanne Covenant in its entirety. It remains the basis of our common activity, and nothing it contains is beyond our concern, so long as it is clearly related to world evangelization."

220 Thailand-Statement: „The Lausanne Covenant declares that ‚in the church's mission of sacrificial service evangelism is primary' (para. 6). This is not to deny that evangelism and social action are integrally related, but rather to acknowledge that of all the tragic needs of human beings none is greater than their alienation from their Creator and the terrible reality of eternal death for those who refuse to repent and believe. If therefore we do not commit ourselves with urgency to the task of evangelization, we are guilty of an inexcusable lack of human compassion."

In Sachen Evangelisation und sozialer Aktion setzte sich im Thailand-Statement die westliche Auffassung durch, wonach Evangelisation die primäre Aufgabe der Kirche ist. Anders die radikalen Kräfte, die ihrem Anliegen in der Sonderklärung Ausdruck verliehen. Sie wünschten sich die vermehrte Beachtung der sozialen Verantwortung und ihre theologische Aufwertung. Vinay Samuel lag richtig, als er zwei Jahre später an der *Sixth Asia Theological Consultation* in Seoul mit Blick auf die Sondererklärung von Pattaya sagte, „dass ihre Position die Hauptströmung des Evangelikalismus in der Dritten Welt repräsentiert".[221] Samuel führte aus, dass der marxistische Ansatz, der die gesellschaftlichen Strukturen verändern will, um eine Verbesserung der Verhältnisse herbeizuführen, für sich allein ebenso unzureichend sei wie der evangelikale Ansatz, der damit rechnet, dass Bekehrte die Gesellschaft automatisch verändern. Samuel schlug einen Reich-Gottes-Ansatz vor, welcher beide Aspekte berücksichtigt: „Der traditionelle Evangelikalismus tendiert dazu, Frieden mit Gott und Frieden mit dem Nachbar auseinanderzuhalten. Die Bibel bringt uns zum Schluss, dass Jesus Vergebung aus Gott nicht als eine Erfahrung betrachtete, die ohne Versöhnung mit den Menschen zu haben ist." Konkret bedeutet das: „Vergebung aus Gott muss in sozialen Beziehungen sichtbar werden, ohne darauf reduziert zu werden. Niemand kann sich in einer biblischen Weise zu Jesus Christus bekennen, ohne Buße zu tun und konkrete Schritte zu tun, ungerechte soziale Beziehungen zu überwinden, in die er verstrickt ist, wie beispielsweise die Apartheid oder einem Mangel an Sorge um die Armen."[222]

Samuels Vorschlag reflektiert die radikale Position, wonach das Reich Gottes als verbindendes Element zwischen Verkündigung und sozialer Verantwortung dient. Es geht um eine Integration von beidem, denn das Reich Gottes wird sowohl in der Evangelisation proklamiert als auch in der Tat der Nächstenliebe demonstriert. Die schrillen Töne der Sondererklärung von Pattaya haben also nichts mit einer Theologiemüdigkeit der radikalen Vertreter zu tun. Samuels Vorschlag macht deutlich, dass der Ruf nach einem Miteinander von Evangelisation und sozialer Aktion theologisch sehr wohl reflektiert war.

---

221 Samuel 1984, 154.

222 a.a.O.

Die Sondererklärung wurde vom Lausanner Komitee kühl zur Kenntnis genommen. Die Forderung nach der Einberufung eines Weltkongresses zur sozialen Frage wurde ausdrücklich zurückgewiesen.[223] Der evangelikale Mainstream zeigte sich zufrieden mit dem Resultat von Pattaya, insbesondere die Evangelisationsstrategen. So meinte Peter Wagner mit Blick auf die radikalen Vertreter in Pattaya, eine Minderheit habe versucht, die Evangelisation als vorrangige Aufgabe der Kirche zu entfernen. Pattaya habe ein deutliches Nein zur ökumenischen Auffassung ausgesprochen, wonach soziale Verantwortung vorrangige Aufgabe der Kirche sei.[224]

Die Evangelikalen, denen die soziale Verantwortung am Herzen lag, zeigten sich von der Antwort des Lausanner Komitees sehr enttäuscht.[225] Andrew Kirk, einer der Verantwortlichen für die Schlussfassung der Sondererklärung, zog die Glaubwürdigkeit des Lausanner Komitees grundsätzlich in Zweifel.[226] Orlando Costas, ebenfalls für die Schlussfassung mitverantwortlich, stellte die Integrität des Lausanner Komitees in Frage. Es sei nicht klar, ob sich das Komitee der ganzen Lausanner Verpflichtung verpflichtet wisse.[227] Am kritischsten äußerte sich Waldron Scott, damals Exekutivsekretär der Weltweiten Evangelischen Allianz. Das Lausanner Komitee sei nicht in der Lage, die Evangelikalen zu einem auf eine ganzheitliche Theologie gegründeten Evange-

223 Die meisten Teilnehmer in Pattaya wussten zu jenem Zeitpunkt nicht, dass die Arbeitsgruppe für Theologie und Ausbildung des Lausanner Komitees bereits mit der Planung einer Konsultation über das Verhältnis von Evangelisation und sozialer Verantwortung begonnen hatte (Stott 1996, xix). Diese fand zwei Jahre später als die *Consultation on the Relationship of Evangelism and Social Responsibility* in Grand Rapids, USA, statt.

224 In Berneburg 1997, 106. Peter Wagners Bemerkung macht deutlich, dass die Position der radikalen Evangelikalen, wonach Evangelisation und soziale Aktion gleich wichtige Aufgaben der einen Mission der Kirche sind, als „ökumenische Gefahr" empfunden wurde, die zur missionarischen Hauptaufgabe aufsteigen könnte und der folglich Einhalt geboten werden musste.

225 Wie wichtig die Lausanner Verpflichtung und wie enttäuschend Pattaya für die radikalen Evangelikalen war, zeigt sich an Steuernagels Bemerkung, die Sondererklärung von Pattaya sei dem ganzheitlichen Missionsansatz (*wholistic approach*) der Lausanner Verpflichtung nahe gewesen. Meines Erachtens war in Lausanne ganzheitliche Mission jedoch nicht im Blickfeld, obwohl das einige radikale Vertreter im Rückblick so interpretiert haben. Lausanne ermöglichte die Diskussion um ein ganzheitliches Missionsverständnis, indem es die soziale Verantwortung als legitime Aufgabe der Kirche bezeichnete, ging aber nicht so weit, die soziale Aktion als Teil der Mission der Kirche zu bezeichnen.

226 Berneburg 1997, 105.

227 Costas 1982, 144.

lisationsverständnis zu führen, weshalb nach anderen Führungsgremien Ausschau gehalten werden müsse.[228] Berneburg folgert:

> Am Ende des Jahres 1980 war die evangelikale Bewegung zerrissener als zu Beginn desselben Jahres. Während die Simple-Lifestyle-Consultation deutlich die Handschrift der radikalen Evangelikalen trug, hatte sich in Pattaya die konservative Church-Growth-Bewegung mit ihrem enger definierten Missionsbegriff durchgesetzt. Die durch die Lausanner Verpflichtung gegebene Weite, die Raum für die unterschiedlichen Akzente gewährte, stand im Begriff, in der Polarisierung unterzugehen. Die gesamte Lausanner Bewegung stand in der Gefahr, ihre Autorität zu verlieren, wenn es nicht gelänge, neu Brücken zwischen den unterschiedlichen evangelikalen Richtungen zu schlagen.[229]

Evangelikale Zerrissenheit in der sozialen Frage

Linker Flügel	Mitte	Rechter Flügel
Soziale Aktion ist gleich wichtig wie Evangelisation.	Soziale Aktion ist der Teil der Mission.	Soziale Aktion ist Verrat an der Evangelisation.
Ronald Sider	John Stott	Arthur Johnston

Der ganze Christus für eine geteilte Welt

Die Zerrissenheit, in der sich die evangelikale Bewegung als Resultat von Pattaya befand, spiegelt sich in der Ersten Konferenz evangelikaler Missionstheologen aus der Zwei-Drittel-Welt in Bangkok 1982 wider. Unter dem Vorsitz von David Gitari versammelten sich 25 Missionstheologen, um durch die Linse der Christologie die missionarische Her-

228 Scott in a.a.O., 154.

229 Berneburg 1997, 106.

ausforderung ihrer Kontexte zu diskutieren.[230] Im Zentrum stand die Losung „der ganze Christus für eine geteilte Welt."

Einmal mehr spielten die radikalen Evangelikalen eine wichtige Rolle. Zu ihnen gehörten nebst Vinay Samuel und Chris Sugden namhafte Vertreter des linken evangelikalen Flügels wie Orlando Costas und René Padilla. Costas legte in seiner Eröffnungsansprache dar, dass die Konferenz von Bangkok eine Reaktion auf die Enttäuschung von Pattaya war.[231] Die kühle Reaktion des Lausanner Komitees auf die Sondererklärung von Pattaya führte zu einer losen Gemeinschaft von evangelikalen Missionstheologen aus der Zwei-Drittel-Welt, deren erste Frucht die Konferenz von Bangkok war.[232] In den Konferenzbeiträgen drückte immer wieder eine kritische Distanz zur westlich geprägten evangelikalen Missionstheorie durch, die den rechten Flügel der evangelikalen Bewegung bildete.[233]

230 Der deutsche Konferenzband liegt unter dem Titel *Der ganze Christus für eine geteilte Welt. Evangelikale Christologien im Kontext von Armut, Machtlosigkeit und religiösem Pluralismus* vor und wurde von Vinay Samuel und Chris Sugden herausgegeben. Die Konferenz ist das Resultat der Enttäuschung von Pattaya, wie Chris Sugden (2011, 265ff) ausführt. Die sozial orientierten Kräfte kamen in Pattaya überein, dass sich auf ganzheitliche Mission ausgerichtete Theologen gegenseitig unterstützen müssten, um ihre Dienste voranzutreiben, und dass zu diesem Zweck akademische Ausbildung nötig sei. Die Erste Konferenz evangelikaler Missionstheologen aus der Zwei-Drittel-Welt war eine erste Frucht dieser Überlegungen. Sie wurde von der *International Fellowship of Evangelical Mission Theologians* (INFEMIT) (jetzt *International Fellowship for Mission as Transformation*) organisiert, die nach Pattaya gegründet wurde. Eine zweite Frucht ist das *Oxford Centre for Mission Studies* (OCMS), das Forschungs- und Studienzentrum der INFEMIT, das akademische Programme mit ganzeitlicher theologischer Ausrichtung anbietet. INFEMIT ist die Herausgeberin der vierteljährlich erscheinenden Zeitschrift *Transformation*, die seit den 1980er-Jahren erscheint. Mehr unter www.infemit.org.

231 Costas 1987, 15–19.

232 a.a.O., 19.

233 Samuel, Sudgen 1987c, 12f. Am deutlichsten kam diese Distanz in Samuel und Sugdens Beitrag *Dialog mit anderen Religionen – eine evangelikale Sicht* zum Ausdruck, bei dem heftigste Kritik an der westlichen Missionspraxis mit den Worten laut wurde: „Der evangelikale Zugang zu anderen Religionen ist der gewesen, dass man sie als Systeme angesehen hat, die heidnisch und für das Handeln Gottes in der Geschichte verschlossen sind. Sie sind antichristliche Systeme, die keine Anzeichen für die Erlösung in sich haben. Nur die Menschen sind der Versöhnung zugänglich. Das System selbst ist nicht erlösbar. Deshalb ist der Zugang der, dass man das System angreift, indem Evangeliumsgranaten über die Grenzmauern geworfen werden in einem Prozess, der darauf ausgerichtet ist, das religiöse System vom Erdboden zu vertilgen. Während die Belagerung vorangeht, retten die angreifenden Truppen so viele der Eingeschlossenen, wie sie können, reinigen sie, taufen sie und benutzen sie dann als Fronttruppen in der Belagerung" (Samuel, Sugden 1987d, 147).

Bangkok wurde zu einem weiteren Beweis für das gestärkte theologische Selbstbewusstsein der Theologen aus der Zwei-Drittel-Welt im Allgemeinen und den radikalen Evangelikalen im Besonderen. So hält David Gitari in der Einführung zum Sammelband der Konferenz fest: „Zum ersten Mal trafen sich Theologen evangelikaler Überzeugung aus der Zwei-Drittel-Welt aus eigener Initiative, um ihre Aufmerksamkeit darauf zu richten, was der Galiläer Jesus in ihrem eigenen Kontext und in ihrem Streben, seine Mission zu erfüllen, bedeutet.“[234] Das Resultat dieses Nachdenkens unterschied sich zum Teil beträchtlich von dem Jesus-Bild, das den Evangelikalen westlicher Prägung geläufig war. Samuel und Sugden fassen die unterschiedlichen Blickrichtungen auf Jesus während der Konferenz in den Worten zusammen:

> Schwarze und hispanische Christen aus Nordamerika machten deutlich, dass sie die Frage, wer Jesus ist, nicht immer in der Sprache weißer Evangelikaler beantworten. Schwarze amerikanische Christen stellen heraus, dass das Bild von Jesus Christus, das ihren Vorfahren von weißen Sklavenhaltern zuerst präsentiert wurde, in die Gesellschaftsstrukturen eingebettet war. Die Erfahrung der Schwarzen zwang schwarze Christen, sich selbst aus der Bibel ein Jesusbild zu schaffen, das das ersetzt, das sie für nicht authentisch hielten. Indonesische Christen stellten heraus, dass die christliche Botschaft, die ihnen über Europa vermittelt wurde, bereits in die Begrifflichkeit des europäischen intellektuellen und analytischen Rationalismus eingebettet war und in der Formensprache der europäischen Kultur ausgedrückt wurde. Afrikanische Christen stellten die Frage, ob nur das Verständnis des Evangeliums von nordamerikanischen und europäischen Missionaren zutreffend sei.[235]

234 Gitari 1987, 10.

235 Samuel, Sugden 1987c, 13.

Neue Wege suchen

Unter dem Titel *Konferenzergebnisse* liegt ein unverbindlicher Schlussbericht der missionstheologischen Diskussion von Bangkok vor.[236] Er macht deutlich, wie sehr sich in den 1980er-Jahren die westliche Missionstheorie der Evangelikalen von derjenigen ihrer Geschwister in der Zwei-Drittel-Welt unterschied. Der Bericht hält mit Kritik an der westlichen missionstheologischen Arbeit nicht zurück:

> Die westlichen missionarischen Bemühungen (...) ließen sich im Allgemeinen nicht auf eine ernsthafte Begegnung mit der religiösen Suche und den sozialen Realitäten in unseren jeweiligen Kontexten ein. Daher sind die Kirchen in der Zwei-Drittel-Welt in der Gefahr, fremdartigen Kategorien verpflichtet zu sein. Diese erlauben es ihnen nicht, den Problemen und Herausforderungen, die in der Verkündigung Christi in unseren Kontexten entstehen, in angemessener Weise zu begegnen.[237]

Nicht zuletzt im Wissen darum, dass die theologische Arbeit der Evangelikalen in der Zwei-Drittel-Welt vom rechten Flügel der Bewegung mit Misstrauen beobachtet wurde, bekannten sich die Teilnehmer von Bangkok zur Heiligen Schrift als Norm für Glauben, Verhalten und Theologie. Gleichzeitig wurde versucht, einen kontextuellen Ansatz zu schaffen: „Wir arbeiten mit einer gemeinsamen Verpflichtung zur Schrift als Norm, die nicht nur in Fragen von Glauben und Verhalten, sondern auch für die Theologie Gültigkeit besitzt. Wir waren uns jedoch auch zutiefst der Notwendigkeit bewusst, dass die Tagesordnung für unsere theologische Arbeit uns von unseren jeweiligen Kontexten gegeben werden muss."[238] In diesen Kontexten war die Auseinandersetzung mit den Religionen ein zentraler Punkt. Samuel und Sugden hatten in ihrem Kongressbeitrag die Evangelikalen kritisiert, sie verweigerten den

236 a.a.O., 12.

237 Konferenzergebnisse, 276.

238 a.a.O., 275.

Dialog mit den Religionen. Sie plädierten dafür, in einen Dialog mit diesen einzutreten, nur so könne das Evangelium im Kontext relevant vermittelt werden.[239] Dem stimmen die Konferenzergebnisse ganz im Sinn radikaler Auffassung zu:

> In diesen Kontexten ist es dringend geboten, die biblische Leidenschaft für Gerechtigkeit, das biblische Anliegen der ‚Ganzheitlichkeit' des Heils und das biblische Konzept der Universalität Christi zu bedenken. Es ist notwendig für uns, uns eingehend und theologisch nicht nur mit der Realität der Unterdrückung, Machtlosigkeit und Armut einzulassen, sondern auch mit anderen Religionen in ihren verschiedenen Dimensionen, die in manchen unserer Kontexte einen starken Rückhalt besitzen. Die Konferenzberichte, die Referate und auch die Diskussion spiegeln unser Anliegen wider, dass unsere Hermeneutik dem historischen Christentum gegenüber treu zu sein hat und zugleich dem Engagement in unseren jeweiligen Situationen entspringt. Die Aufgaben, denen wir gegenüberstehen, erfordern, dass wir neue Wege suchen, unseren Glauben an Christus Jesus als Herrn zu artikulieren.

Aufmerksame Beobachter konnten weniger als 10 Jahre nach Lausanne feststellen: Die Theologie der Evangelikalen in der Zwei-Drittel-Welt wurde zunehmend radikal. Doch die radikale Theologie war noch nicht evangelikaler Mainstream. Sie hatte sich noch nicht an großen Konferenzen durchgesetzt, sondern war erst in kleineren Konsultationen diskutiert worden. Die evangelikale Bewegung präsentierte sich unterdessen so vielfältig, dass es schwer fällt, überhaupt noch von einem Mainstream zu reden. Ein Schritt in diese Richtung sollte ein Jahr später in Wheaton gemacht werden. Doch zunächst galt es, die Gräben zu überbrücken, die in der Frage der sozialen Verantwortung aufgerissen worden waren. Dieser Versuch wurde nur drei Monate nach Bangkok in Grand Rapids unternommen – und er war erfolgreich.

---

239 Ausführlich in Samuel, Sugden 1987d, 142–156.

3.5 Der geglückte Brückenschlag von Grand Rapids

Der linke und der rechte Flügel der evangelikalen Bewegung standen sich nach Pattaya beinahe unversöhnlich gegenüber. Da waren links der Mitte die radikalen Evangelikalen, denen die soziale Verantwortung am Herzen lag. Sie waren überzeugt, dass das Evangelium in den zahlreichen Kontexten dieser Welt, besonders dort, wo Armut und Unterdrückung herrschten, nur relevant sein konnte, wenn es ganzheitlicher Natur war. Ihre evangelikalen Geschwister mussten sich endlich auf die soziale Herausforderung einlassen! Rechts der Mitte waren die konservativen Evangelikalen, denen die Evangelisation als vorrangige Aufgabe der Kirche galt. Sie waren überzeugt, dass die Forderung nach einem ganzheitlichen Sendungsverständnis eine Gefahr für die Integrität des Evangeliums darstellte. Man hatte gesehen, wie die Aufnahme sozialer Fragen in der ökumenischen Bewegung zur humanistischen Verflachung der Mission geführt hatte. Dies durfte sich in der evangelikalen Bewegung nicht wiederholen! Die Spannung war mit Händen zu greifen.

Es war eine unbedingte Notwendigkeit, dass die Evangelikalen eine gründliche Klärung ihres Missionsverständnisses vornahmen. Die Lausanner Verpflichtung hatte einen Spielraum in Sachen Evangelisation und sozialer Aktion aufgetan. Diese Weite war befreiend gewesen und sie löste, wie wir gesehen haben, eine enorme missionarische Dynamik in der Zwei-Drittel-Welt aus. Dieser Spielraum war in Gefahr, derart unterschiedlich interpretiert zu werden, dass die Bewegung auseinanderbrechen würde. Zum Zweck der Klärung berief das Lausanner Komitee und die Weltweite Evangelische Allianz für die Zeit vom 16. bis 23. Juni 1982 die *Consultation on the Relationship of Evangelism and Social Responsibility* CRESR (Konsultation über das Verhältnis von Evangelisation und sozialer Verantwortung) in Grand Rapids ein.

Nach anfänglichen Schwierigkeiten entwickelte sich ein durch gegenseitigen Respekt geprägtes Gesprächsklima. In acht Hauptreferaten, denen jeweils eine theologisch anders orientierte Antwort folgte, wurde das Verhältnis von Evangelisation und sozialer Verantwortung kirchengeschichtlich und theologisch aufgearbeitet. Mit Frontleuten wie Ronald Sider, René Padilla, Vinay Samuel und Chris Sugden auf der einen und Peter Beyerhaus, Patrick Johnston und Harold Lindsell auf der anderen Seite gelang es, Hauptvertreter des linken und des rechten Flügels in einen fruchtbaren Dialog miteinander zu führen.

Der Bericht „Verkündigung und soziale Verantwortung"

Das Ergebnis der Konsultation ist der ausführliche Bericht *Verkündigung und soziale Verantwortung*, der auf Deutsch von Klaus Bockmühl herausgegeben wurde. Seine Erstfassung verdankt er John Stott und David Wells. Es handelt sich um einen Konsensbericht, in welchem Gemeinsamkeiten festgehalten und unterschiedliche Standpunkte einander gegenübergestellt werden. Der Bericht hält mit Verweis auf Artikel 6 der Lausanner Verpflichtung an der Vorrangigkeit der Evangelisation fest. Sie wird wie folgt begründet:

> Obgleich einige unter uns mit dieser Formulierung nicht zufrieden waren, aus Furcht, wir würden damit die Partnerschaft zerbrechen, können wir ihr gleichwohl beipflichten und sie (...) auf zweierlei Weise erklären. Erstens, die Verkündigung hat eine bestimmte Priorität. Wir meinen dabei nicht eine unveränderliche *zeitliche* Priorität – denn in manchen Situationen wird ein sozialer Dienst vorausgehen –, sondern eine *logische* Priorität. Das Faktum christlicher sozialer Verantwortung selbst setzt sozial verantwortliche Christen voraus, und nur durch Verkündigung und Erziehung zur Jüngerschaft konnten sie solche werden. Wenn soziales Handeln Folge und Ziel der Verkündigung ist (wie wir behauptet haben), dann muss die Verkündigung ihm vorangehen (...) Zweitens, die Verkündigung handelt von der ewigen Bestimmung der Menschen. Indem die Christen ihnen die gute Nachricht des Heils bringen, tun sie etwas, das sonst niemand tun kann. Es dürfte nur selten, wenn überhaupt je, dazu kommen, dass wir zu wählen haben zwischen der Stillung physischen und geistlichen Hungers oder zwischen der Heilung des Leibes und Rettung von Seelen, da authentische Nächstenliebe uns zum ganzheitlichen Dienst am Menschen führt. Dennoch

> müssen wir, wenn es um ein Entweder-Oder geht, sagen, dass die gesamte Menschheit vor allem und zuletzt die rettende Gnade Jesu Christi braucht. Deshalb ist das ewige geistliche Heil eines Menschen wichtiger als sein zeitliches materielles Wohlergehen.[240]

Diejenigen, die fürchteten, die evangelikale Mission könnte durch die Beschäftigung mit der sozialen Verantwortung geschmälert werden, konnten mit dem Absatz über die Vorrangigkeit der Verkündigung vollauf zufrieden sein. Gleichzeitig hielt man mit Blick auf Artikel 5 der Lausanner Verpflichtung fest, dass auch die soziale Verantwortung eine dringende Pflicht des Christen sei, und kam damit dem linken Flügel entgegen:

> Nur das Evangelium kann Menschenherzen verändern, und kein Einfluss macht Menschen menschlicher als das Evangelium. Dennoch können wir nicht bei der Wortverkündigung stehenbleiben. Zusätzlich zur weltweiten Evangelisation sollte sich das Volk Gottes energisch bei Hilfsaktionen, in der Entwicklungshilfe und in der Suche nach sozialer Gerechtigkeit und Frieden engagieren (...) [Es ist] unbestreitbar, was für Menschen wir sein sollen: solche, die nach Gerechtigkeit, Freiheit und Würde für alle trachten, besonders für die Machtlosen, die sich nicht selbst darum bemühen können.[241]

Die Pflicht zum sozialen Handeln wurde trinitarisch begründet: Gott hasst das Böse und liebt Gerechtigkeit. Jesus spiegelte das Erbarmen Gottes wider und hatte Mitgefühl mit den Kranken und Ausgestoßenen. Und der Heilige Geist „gibt seinem Volk ein empfindsames soziales Gewissen und drängt sie, sich in humanitärer Hilfe, Entwicklung und der Suche nach sozialer Gerechtigkeit zu engagieren".[242] Grand Rapids blieb damit ganz auf der Fluchtlinie der Lausanner Verpflichtung: Die

240 Verkündigung und soziale Verantwortung, 26f (Hervorhebungen im Original).

241 a.a.O., 17–19.

242 a.a.O., 19.

soziale Verantwortung ist eine christliche Pflicht, der nachgekommen werden muss, aber keine Dimension von Mission, über der ein „Wehe" steht, wenn man sie vernachlässigt. Entscheidend war, dass in der strittigen Frage des Verhältnisses von Evangelisation und sozialer Verantwortung drei gültige Beziehungen festgestellt wurden:

> In unserer Diskussion wurde deutlich, dass es nicht nur eine, sondern wenigstens drei gleichermaßen gültige Beziehungen [zwischen Evangelisation und sozialer Verantwortung,] gibt. Erstens, soziales Handeln ist eine *Folge* der Evangelisation: die Verkündigung ist das Mittel, durch das Gott Menschen zu einer neuen Geburt bringt, und ihr neues Leben manifestiert sich im Dienst für andere (...). Wir können jedoch weitergehen: Soziale Verantwortung ist mehr als eine Folge der Verkündigung; sie ist auch eines ihrer Hauptziele (...). Zweitens, soziales Handeln kann eine *Brücke* zur Verkündigung sein. Es kann Misstrauen und Vorurteile abbauen, geschlossene Türen öffnen und dem Evangelium Gehör verschaffen. Jesus selbst tat manchmal Werke der Barmherzigkeit, bevor er die gute Botschaft vom Reich Gottes verkündigte (...). Drittens, soziales Handeln folgt der Verkündigung nicht nur als Konsequenz und Ziel, es geht nicht nur als Brückenschlag voraus, sondern begleitet sie auch als *Partner* (...). [Jesus] sendet uns in die Welt, um beides zu tun: zu predigen und zu dienen (...). Das heißt jedoch nicht, dass man sie als identisch ansehen sollte, denn Verkündigung ist nicht soziale Verantwortung, und soziale Verantwortung ist nicht Verkündigung. Aber jedes bringt das andere mit ein.[243]

243 a.a.O., 23–26 (Hervorhebungen im Original).

Drei Beziehungen zwischen Verkündigung und sozialer Verantwortung

Soziales Handeln ...		
ist Folge der Evangelisation	ist eine Brücke zur Verkündigung	ist Partner der Verkündigung
Der Konsensbericht von Grand Rapids		

Der Bericht macht deutlich, dass man hinter den gesteckten Zielen zurückblieb. Eine theologisch fundierte Verhältnisbestimmung von Evangelisation und sozialer Verantwortung gelang nicht. Wichtiger aber war die Annäherung der verschiedenen Gruppierungen, um die evangelikale Bewegung vor dem Auseinanderbrechen zu bewahren. Man übte sich in Zurückhaltung und verzichtete auf Maximalforderungen. Damit wurde der Weg zu einer evangelikalen Vielfalt in Sachen Evangelisation und sozialer Verantwortung im Geist von Lausanne geebnet. In Grand Rapids ist die evangelikale Bewegung dem treu geblieben, was sie von Anfang an ausgezeichnet hat: der Einheit in der Vielfalt.

Kritik aus der Zwei-Drittel-Welt

Obwohl man von einem geglückten Brückenschlag in Grand Rapids sprechen kann, ging den radikalen Kräften die Verhältnisbestimmung von Evangelisation und sozialer Verantwortung als „Partnerschaft" zu wenig weit. Sie hätten lieber davon gesprochen, dass Evangelisation und soziale Aufgabe zwei gleich wichtige, aber unterschiedliche Aspekte der einen Mission der Kirche sind.[244] Andererseits kam der radikalen Position entgegen, dass dem Heil eine persönliche, soziale und kosmische Dimension zugeschrieben wurde.[245] Wie weit Heil zu definieren ist, wurde nicht ausgelotet. Es wurde lediglich Fragen formuliert und Standpunkte festgehalten: „Erfahren nur diejenigen Heil, die bewusst

244 In dieser Weise drückt die Mehrheit der radikalen Hauptvertreter das Verhältnis zwischen Evangelisation und sozialer Aufgabe aus. Siehe Samuel, Sugden 1986, 211; Kuzmic 1990, 75; Padilla 1974, 192; Escobar 1974, 419.

245 Verkündigung und soziale Verantwortung, 30f.

Christus als Herrn und Heiland bekennen? Oder ist es richtig, darüber hinaus das Zustandekommen von Gerechtigkeit und Frieden in der Gesellschaft allgemein als ‚Heil' zu bezeichnen und jede wohltätige soziale Wandlung der Gnade Christi zuzurechnen?" In Bezug auf diese Frage stellte man mit Blick auf den linken und den rechten Flügel fest: „Manche von uns finden es nicht unangemessen, in Bezug auf solche Fälle von Heil zu sprechen, selbst wenn Christus dabei nicht anerkannt wird. Die meisten von uns meinen jedoch, dass es klüger und biblischer sei, das Vokabular des Heils der Erfahrung der Versöhnung mit Gott durch Christus und ihren direkten Konsequenzen vorzubehalten."[246]

Valdir Steuernagels Assessment von Grand Rapids gibt einen guten Einblick in das Empfinden jener, die nach der Integration der sozialen Aufgabe in den Missionsauftrag strebten. Er lobt das Ergebnis von Grand Rapids und sieht darin einen „ersten Schritt" zur Integration der sozialen Aufgabe in die Pflicht des Christen.[247] Gleichzeitig kritisiert er drei Umstände: Erstens gibt er zu bedenken, dass Grand Rapids den Evangelikalen, die sich im Kontext von Armut und Unterdrückung bewegen, keine Hilfe war. Der Bericht der Konsultation sei konservativ in seinem Inhalt und spreche die Herausforderungen der Gegenwart nicht wirklich an.[248] Zweitens kritisiert Steuernagel, man habe in Grand Rapids zu stark Rücksicht auf die konservativen Evangelikalen genommen, um es mit ihnen nicht zu verderben.[249] Drittens gibt Steuernagel enttäuscht zu Protokoll, die Lausanner Bewegung sei immer noch zu stark von den konservativen Evangelikalen Nordamerikas geprägt, während die Evangelikalen aus der Zwei-Drittel-Welt und mit ihnen die radikalen Vertreter zu wenig einbezogen seien:

> Lausanne hört aufmerksam den westlichen konservativen Theologen und den Theologen der Dritten Welt mit enger Verbindung zum sogenannten Mainstream des nordamerikanischen Evangelikalismus zu. Lausanne wird von einer

246 a.a.O., 31.

247 Steuernagel 1988, 215.

248 a.a.O., 212.

249 a.a.O., 202.

> Management Leiterschaft beeinflusst, die pragmatisch funktioniert und die kulturellen, sozialen und politischen Werte der evangelikalen Mittelklasse reflektiert. Herausragendes Beispiel dafür ist die fast völlige Abwesenheit von radikalen Evangelikalen und kritischen Evangelikalen der Dritten Welt vom Lausanner Komitee und von der strategischen und der theologischen Arbeitsgruppe, auch wenn regionale und persönliche Kontakte bestehen (...). Obwohl die radikalen Evangelikalen und kritische Leute aus der Dritten Welt Teil der Lausanner Bewegung sind und im Namen des „Geistes von Lausanne" gesprochen haben, hatten sie keinen einfachen Zugang, um die Agenda von Lausanne mitzubestimmen.[250]

Die Bedeutung von Grand Rapids

Steuernagels Kritik macht deutlich, dass den radikalen Evangelikalen in ihrer Rolle als Anstifter zur sozialen Gerechtigkeit nicht unwohl war. Sie sahen es als ihre Aufgabe, ihre Geschwister anzustiften, sich ganz auf die soziale Verantwortung einzulassen. Trotz der radikalen Kritik und trotz der Tatsache, dass sich der rechte Flügel stärker behaupten konnte – Grand Rapids darf als geglückter Brückenschlag in die Missionsgeschichte eingehen. Die Bedeutung der Konsultation liegt darin, dass sich die evangelikalen Kräfte erstmals ausführlich mit der Verhältnisbestimmung von Evangelisation und sozialer Verantwortung befassten. Die Tatsache, dass die einmütige Interpretation der entsprechenden Artikel der Lausanner Verpflichtung misslang, schmälert das Ergebnis von Grand Rapids nicht wesentlich. Denn dadurch, dass man bereit war, gegensätzliche Standpunkte als genuin evangelikal zu akzeptieren, gelang es, das Auseinanderbrechen der Bewegung zu verhindern. Entsprechend wurde der Grand Rapids Bericht von der evangelikalen Mehrheit auch positiv aufgenommen. Von den radikalen Kräften wurde er in der Folge kaum einmal aufgegriffen. Das verwundert nicht, denn aus ihrer Sicht kam die evangelikale Bewegung in Grand Rapids einem

250 a.a.O., 219–221.

ganzheitlichen Missionsverständnis kaum näher, ja, man war seit Lausanne nicht wirklich vorwärtsgekommen. Immer noch stand die korrekte Interpretation von Artikel 5 der Lausanner Verpflichtung als ungelöstes Problem im Raum. Für diejenigen, die täglich im Kontext von Armut und Unterdrückung Zeugen von Jesus Christus sein wollten, konnte dies keine Nebensächlichkeit sein. Und so drängten die sozial orientierten Evangelikalen auch nach Grand Rapids auf ein ganzheitliches Sendungsverständnis. Sie wollten die Welt nicht belassen wie sie ist und sich nicht auf Verkündigung und Taten der Barmherzigkeit beschränken. Sie wollten mit der Kraft des Evangeliums die Strukturen der Gesellschaft transformieren und so zu einer besseren Welt beitragen. Nur ein Jahr nach Grand Rapids, an der internationalen Konferenz in Wheaton, gelang es, genau dieses Verständnis auf die evangelikale Tagesordnung zu setzen.

3.6 Mission als Transformation

Für die Zeit vom 20. Juni bis 1. Juli 1983 lud die *Weltweite Evangelische Allianz* in Absprache mit dem Lausanner Komitee für Weltevangelisation über 300 Vertreter von Kirchen, Missionsgesellschaften und kirchlichen Entwicklungsorganisationen zu einer internationalen Konferenz nach Wheaton ein. Ziel war es, „Wesen und Sendung der Kirche nach dem neutestamentlichen Befund im Kontext der gegenwärtigen Herausforderungen zu bearbeiten".[251] Das Thema der Konferenz *Ich will meine Gemeinde bauen* wurde in drei Teilkonsultationen – sogenannten *Tracks* – mit weitgehend eigenständigem Verlauf und eigenen Schlussberichten behandelt.[252] Insbesondere in Track 3 gelang es den radikalen Kräften, ein ganzheitliches Sendungsverständnis in den Vordergrund zu stellen.

251 Berneburg 1997, 177.

252 Der Bericht von Track 1 liegt unter dem Titel *The Church – God's Agent for Change* vor und wurde von Bruce Nicholls herausgegeben (1987). Der Bericht von Track 2 trägt den Titel *New Frontiers in Mission* und wurde von Patrick Sookhdeo herausgegeben (1987). Der Bericht von Track 3 erschien unter dem Titel *The Church in Response to Human Need* und wurde von Vinay Samuel und Chris Sugden herausgegeben (1987).

Track 1 – Die Kirche in ihrem Umfeld

Unter der Leitung von Bruce Nicholls befasste sich Track 1 mit dem Thema Die Ortsgemeinde in ihrem Umfeld. Schon hier zeigte sich das „andere Gesicht“ der weltweiten evangelikalen Bewegung. Hatten die bisherigen Konferenzen, die unter dem Patronat des Lausanner Komitees standen, vor allem die Dringlichkeit der Evangelisation betont, war man in der Weltweiten Evangelischen Allianz stärker um eine Einbindung der sozialen Verantwortung in den Sendungsauftrag der Kirche bemüht. Diese unterschiedlichen Schwerpunkte ergaben sich aus der je eigenen Geschichte der beiden Institutionen. Die Lausanner Bewegung war aus dem Disput mit der ökumenischen Bewegung entstanden. Entsprechend sah sie ihre Hauptaufgabe in der Sicherung eines biblischen Missionsverständnisses und in der Zurüstung zur Evangelisation. Die Weltweite Evangelische Allianz war theologisch breiter aufgestellt und engagierte sich seit ihrer Gründung in der Mitte des 19. Jahrhunderts in gesellschaftlichen Fragen.

Ein Beispiel für dieses „andere Gesicht“ ist der Beitrag von Peter Kuzmic mit dem Titel *The Church and the Kingdom of God*. Ausgehend von Lk 4,18 stellte sich Kuzmic auf den Standpunkt, die Mission der Kirche müsse sich am Modell Jesu orientieren.[253] Die Kirche könne zwar nie im Reich Gottes aufgehen, dennoch liege das Zentrum des christlichen Glaubens nicht in der Zukunft, sondern im durch Christus bereits Geschehenen.[254] Die hoffnungsvolle Zukunft und das Wissen um die Vollendung des Reiches sei eine Kritik am Status Quo, sowohl in der Kirche als auch in der Welt.[255]

Track 2 – Mission und Coca Cola

Die Kirche in den neuen Herausforderungen für die Mission lautete das Thema von Track 2. Vinay Samuel und Chris Sugden hielten zwei Referate, an denen exemplarisch deutlich wurde: Die radikalen Kräfte hatten

253 Kuzmic 1986a, 73.

254 a.a.O., 56–65.

255 a.a.O., 76.

trotz der „Niederlage" von Grand Rapids ein Jahr zuvor an Selbstbewusstsein gewonnen. Samuel und Sugden kritisierten, der größte Teil der evangelikalen Entwicklungshilfe sei bloße Hilfsaktivität, ginge aber nicht die grundlegenden Probleme an.[256] Sie verglichen die westlichen Missionsgesellschaften mit multinationalen Konzernen, die effektive Mission nicht förderten, sondern hinderten. Das „westliche Evangelium" werde den Methoden von Weltkonzernen wie Coca Cola nicht unähnlich an den Mann gebracht.[257]

Nach Samuel und Sugden ist Gottes Werk in Christus Humanisierung, während das Werk des Bösen die Entmenschlichung ist.[258] Die Aufgabe der Kirche sei es, Menschen bei ihrem Kampf um Gerechtigkeit zu unterstützen; nur so könne das Evangelium inkarniert werden.[259] Sie plädierten im Gegensatz zu dem von ihnen kritisieren *Relief Evangelism* für eine *Transformation Orientation*. Diese sei darauf ausgerichtet, dass Gottes Gnade in eine bestimmte Situation hineinkomme und alle Aspekte des Lebens „umwandle".[260] Damit war der Gedanke von Mission als Transformation ausgesprochen, der über Wheaton hinaus Wirkung entfalten sollte.

Durch Samuels und Sugdens angriffigen Beitrag gewann der radikale Evangelikalismus an Profil. Es zeigte sich, dass es sozial gesinnten Theologen nicht um bloße Hilfsaktivität ging. Samuel und Sugden sprachen in ihrem Beitrag zwar davon, dass Gottes Werk in Christus Humanisierung sei. Doch die von ihnen geforderte Veränderung der evangelikalen Missionspraxis entsprang nicht in erster Linie humanistischen Motiven. Sie begründeten die Transformations-Orientierung der Mission christologisch: Jesus ist der Herr der Schöpfung und der Geschichte und der Sieger über alle Formen des Bösen.[261] Samuels und Sugdens Kritik war eine Herausforderung an die evangelikale Christologie und macht deutlich, dass eine umfassende Christologie (Jesus

256 Samuel, Sugden 1987b, 122.

257 Samuel, Sugden 1987a, 61–67.

258 a.a.O., 65.

259 a.a.O.

260 Samuel, Sugden 1987b, 122–123.

261 a.a.O., 114–119.

als Erlöser, Prophet und Mensch) zu einem umfassenden Missionsverständnis führt.

Der Schlussbericht von Track 2 macht deutlich, dass sich Samuel und Sugden und die mit ihnen verbundenen sozial orientierten Evangelikalen nur teilweise durchsetzen konnten. Die Priorität der Evangelisation über der sozialen Aktion wurde ganz im Sinne der Lausanner Verpflichtung bestätigt.[262] Radikale Anliegen wurden nur teilweise aufgenommen. Mission müsse inkarnatorisch verstanden werden. Sie ziele darauf, die gesamte menschliche Existenz einschließlich der Schöpfung zu transformieren.[263] Mit Verweis auf Lk 4,18 wurde eine Mission gefordert, die Erlösung von Sünde, Tod und Unterdrückung bringt.[264] Zudem müsse die Kirche Methoden der prophetischen Anrede entwickeln, um Böses anzuprangern und Gerechtigkeit zu fördern.[265]

Track 3 – Transformation und menschliche Not

Vinay Samuel leitete Track 3, der unter dem Thema *Die Antwort der Kirche auf die menschliche Not* stand. Der Schlussbericht mit dem Titel *Transformation: The Church in Response to Human Need*, dessen Redaktionsausschuss unter der Leitung von René Padilla stand, fand viel Beachtung.[266] Nur durch die Ausbreitung des Evangeliums könnten die

262 „The ministry of Jesus to the whole man was manifested in a variety of ways and it is wrong to introduce a material/spiritual dichotomy into the mission of the Lord Jesus or that of the Church; yet it may be helpful to distinguish between the mission of evangelism and social action in order to help the Church establish priorities and maintain balance (…). Evangelism including the verbal proclamation of Jesus Christ and the planting and perfecting of churches, has a priority since it is concerned with the eternal condition of men and women. In addition, Christian social responsibility presupposes the existence of socially responsible Christians, who can only become such as a result of evangelism und discipling“ (Wheaton Consultation Report, II. 2:5 und 2:7).

263 a.a.O., II. 2:3.

264 „The work of bringing salvation from sin, death and oppression and bondage is an obligation laid upon her. She [die Kirche] is sent to preach good news to the poor, to proclaim freedom for the prisoners and recovery of sight to the blind, to release the oppressed, to proclaim the year of the Lord's favour (Luke 4,18–19)“ (a.a.O., I. 1:1). Diese Feststellung und die später im Bericht gemachte, dass Evangelisation und soziale Aktion voneinander zu unterscheiden sind (a.a.O., II. 2:5), zeigen die Spannung auf, die in der Verhältnisbestimmung von Verkündigung und sozialer Verantwortung nach wie vor bestand.

265 a.a.O., II. 2:9.

266 Transformation, 254–265.

grundlegenden menschlichen Bedürfnisse gestillt werden. Evangelisation sei deshalb kein separates Thema, sondern integrativer Bestandteil der gesamten christlichen Antwort auf die menschliche Not.[267] Verkündigung allein aber sei nicht Antwort genug. Das Böse in der Gesellschaft müsse herausgefordert und ihre Werte verändert werden.[268] Anstelle des Entwicklungsgedankens wurde vorgeschlagen, den Transformationsbegriff zu verwenden:

> Transformation meint die Veränderung eines Zustands menschlicher Existenz, der im Gegensatz zu Gottes Absichten steht, in einen Zustand, in welchem die Menschen sich der Fülle des Lebens in Übereinstimmung mit Gott erfreuen können (Joh 10,10; Kol 3,8–15; Eph 4,13). Diese Umwandlung kann nur stattfinden, wenn Individuen und Gemeinschaften dem Evangelium von Jesus Christus gehorsam sind, dessen Kraft des Leben von Männern und Frauen verändert, indem er sie von Schuld, Mächten und den Folgen der Sünde befreit und sie befähigt, mit Liebe gegenüber Gott und anderen zu reagieren (Röm 5,5) und sie zu neuen Kreaturen in Christus macht (2Kor 5,17).[269]

Der Begriff „Mission" erfährt im Schlussbericht ganz im Sinn radikaler Theologie eine weite Definition: „Die Mission der Kirche schließt die Proklamation des Evangeliums und seine Demonstration ein. Wir müssen daher evangelisieren, auf menschliche Bedürfnisse reagieren und uns für soziale Transformation einsetzen."[270] Diese weite Defini-

---

267 a.a.O., Einleitung.

268 a.a.O., I. 3 und I .5.

269 a.a.O., II. 11: „Transformation is the change from a condition of human existence contrary to God's purpose to one in which people are able to enjoy fullness of life in harmony with God (John 10:10; Col. 3:8–15; Eph. 4:13). This transformation can only take place through the obedience of individuals and communities to the Gospel of Jesus Christ, whose power changes the lives of men and women by releasing them from the guilt, power, and consequences of sin, enabling them to respond with love toward God and toward others (Rom. 5:5), and making them ‚new creatures in Christ' (2Cor. 5:17)."

270 a.a.O., V. 26.

tion umfasse geistliche und gesellschaftliche, aber auch wirtschaftliche und politische Aktionen.[271]

Der Schlussbericht von Track 3 macht deutlich, dass sich unter dem Einfluss namhafter Vertreter radikaler Prägung wie Vinay Samuel und René Padilla eine sozialpolitisch orientierte Missionstheologie durchsetzen konnte. Allerdings – und das war mit Blick auf die parallelen Entwicklungen in der ökumenischen Bewegung wichtig – ohne die Verkündigung des Evangeliums und den Ruf zu Umkehr und Glaube zu vernachlässigen.

Wheaton hatte weitreichende Folgen sowohl für die evangelikale Missionstheologie als auch für die christliche Entwicklungshilfe. Im Urteil von Samuel und Sugden hat der Schlussbericht von Track 3 viele evangelikale Hilfs- und Entwicklungsorganisationen mit einer theologischen Basis für ihr Handeln ausgestattet, sodass fortan nicht nur Entwicklungshilfe geleistet, sondern die Arbeit ganzheitlich ausgerichtet und auf Transformation hin gearbeitet wurde.[272] Spätestens nach Wheaton war die Frage nicht mehr, ob die Evangelikalen sich der sozialen Aktion widmen sollten, sondern nur noch wie.[273] Entwicklungshilfe und Mission, wie sie der evangelikale Mainstream bis Wheaton definiert hatte, vereinten sich zur transformationsorientierten missionarischen Praxis und veränderten so das evangelikale Missionsverständnis nachhaltig.

Radikale Erfolge

Der radikale Evangelikalismus spielte in Wheaton eine wichtige Rolle. Zum ersten Mal gelang es, auf Kongressebene entsprechende Positionen in einem bedeutenden evangelikalen Schlussdokument unterzubringen. Dieses „andere Gesicht" der Evangelikalen zeigt, dass ein beträchtlicher Teil der Bewegung nicht mehr bereit war, den Missionsauftrag nur als Evangelisation und nur in Abgrenzung zu liberalen Positionen zu definieren. Man war bereit, sich eingehend mit den sozialen Nöten einer lei-

271 a.a.O., V. 30.

272 Samuel, Sugden 1999, x.

273 a.a.O., xi.

denden Welt zu befassen und dieses Engagement theologisch zu durchdenken. Diese Tatsache darf als Erfolg für die weltweite evangelikale Bewegung gewertet werden.

Natürlich war die Einführung des Transformationsgedankens in die missionstheologische Diskussion aus radikaler Sicht ebenfalls ein großer Erfolg. Das erweiterte Missionsverständnis der radikalen Vertreter wurde zumindest teilweise in die evangelikale Missionstheorie aufgenommen. Nach Wheaton war es nicht mehr möglich, die Mission der Kirche zu definieren, ohne konkret auf die sozialethischen Implikationen missionarischen Arbeitens und Denkens Bezug zu nehmen. Die Bezeichnung „radikal" spielte in Wheaton hingegen keine Rolle. Und das war gut so. Denn der Begriff kann leicht missverstanden werden und den Eindruck aufkommen lassen, unter dieser Bezeichnung würde an exotischen Positionen gefeilt. Doch gerade in Wheaton zeigte sich, dass sich der radikale Evangelikalismus immer mehr zu einer für viele Teile der evangelikalen Bewegung repräsentativen Position entwickelte. Es war jetzt die Rede von holistischer bzw. ganzheitlicher Mission und diese Bezeichnungen spiegeln die wirklichen Anliegen der Bewegung bestens wider.

Betrachtet man das Ergebnis von Wheaton durch die Linse des vorangegangenen Jahrzehnts, kann gesagt werden: Lausanne hatte den radikalen Evangelikalismus legitimiert, Pattaya hatte versucht, ihn zu ignorieren, und Wheaton hatte ihn rehabilitiert. John Stott schrieb ein Jahr nach Wheaton, dass eines der bemerkenswertesten Kennzeichen der evangelikalen Bewegung in den vergangenen 15 Jahren „das Wiederaufleben unseres vorübergehend in Vergessenheit geratenen sozialen Verantwortungsbewusstseins" sei.[274] René Padilla sah mit Wheaton einen Prozess abschlossen, der ein evangelikales soziales Gewissen formte.[275] Berneburg kommt nicht umhin zu folgern: „Wheaton 1983 ist ein weiterer bedeutsamer Schritt in der Formulierung des soziales Auftrags der Kirche."[276]

274 Stott 1987a, 7.

275 Padilla in Berneburg 1997, 195.

276 a.a.O.

Westliche Besorgnis

In den 1980er-Jahren bewegte sich die evangelikale Bewegung deutlich in Richtung dessen, was heute als missionale Theologie bezeichnet wird. Wheaton war ein starkes Indiz dafür. Erstmals zeichnete sich ab, dass in der evangelikalen Bewegung ein Paradigmenwechsel eingeläutet worden war. Das brachte – besonders im deutschsprachigen Europa – alte Ängste an die Oberfläche:

Erhard Berneburg erhebt den Vorwurf, man habe in Wheaton „mit einer für die evangelikale Bewegung nicht repräsentativen Teilnehmerschaft an der Profilierung einer einzigen Position" gearbeitet.[277] Weitere Diskussionen müssten erweisen, „ob dieser Ansatz der radikalen Evangelikalen von der Mehrheit der evangelikalen Bewegung übernommen werden wird".[278] Berneburg wirft die Frage auf, ob mit der „Parallelisierung von göttlichem ewigen Handeln und menschlichem Engagement (…) nicht letztlich das reformatorische Verständnis der Rechtfertigung allein durch Gottes Gnade aufgegeben wird".[279]

Peter Beyerhaus äußerte sich ähnlich.[280] Er sah im ganzheitlichen Missionsverständnis Wahrheit und Versuchung zugleich und befürchtete, man könnte entgegen der ursprünglichen Absichten bei einem „neuen Social Gospel" landen.[281] Von Seiten der Evangelikalen, die am

277 a.a.O., 197.

278 a.a.O.

279 a.a.O., 199.

280 Beyerhaus 1987, 246.

281 Die Theologie des *Social Gospel* entstand in den 1870er-Jahren in den Vereinigten Staaten und hatte in Walter Rauschenbusch (1861–1918) ihren einflussreichsten theologischen Vertreter. Sein Buch *A Theology for the Social Gospel* (1917) wurde zum Hauptwerk der Social-Gospel-Theologie. Im Social Gospel wird das Evangelium in seiner sozialen Dimension erkannt und zentrale Lehren des Evangeliums radikal neu interpretiert. Sünde ist vor allem struktureller Natur, Erlösung ereignet sich in der Hinwendung zum Nächsten und das Reich Gottes ist die Verwirklichung einer gerechten sozialen Ordnung. Radikale Evangelikale versuchten Erkenntnisse des Social Gospel, die sich mit einer evangelikalen Grundhaltung verbinden lassen, in ihre Theologie zu integrieren. Mit der Theologie des Social Gospel teilen sie das Anliegen, dass sich das Evangelium in der Liebe zum Nächsten und in der Veränderung der Strukturen als Gute Nachricht erweist. Allerdings werden im radikalen Evangelikalismus die Strukturen nicht als Objekte der Erlösung betrachtet wie im Social Gospel (Costas 1974b, 69; Fernando 2000a, 198; Sugden 1975, 4). Ronald Sider ist überzeugt, dass das Social Gospel eine notwendige Korrektur von einem zu individualistisch verstandenen Evangelium brachte (Sider 2001, 9): „In significant ways, Rauschenbusch's famous book (…) offered much needed correctives. He rightly insisted that the church too often has understood both sin and salvation in one-sided individualistic ways, neglected social justice,

traditionellen Missionsverständnis festhalten, war also schon früh deutliche Skepsis zu spüren.

Wie kommt es, dass in der weltweiten evangelikalen Bewegung der Sendungsauftrag der Kirche so unterschiedlich definiert wird? Grundsätzlich liegt das daran, dass sich die Evangelikalen als äußerst vielfältige Bewegung präsentieren.[282] Doch damit allein lassen sich die Unterschiede nicht hinreichend erklären.

An diesem Punkt mag ein Vergleich zwischen Wheaton 1983 und der Hongkonger Konsultation zum Thema *Bekehrung* im Jahr 1988 hilfreich sein. Wir haben gesehen, dass sich Track 3 in Wheaton mit der Antwort der Kirche auf die menschliche Not beschäftigte. Bezeichnenderweise ist im Schlussbericht von Track 3 nicht explizit von Bekehrung als einem Ziel der christlichen Mission die Rede. Der Gehorsam gegenüber dem Evangelium wird aber als notwendige Voraussetzung für die Transformation der Gesellschaft erachtet.[283]

Ein anderes Bild zeigte sich in Hongkong. Als Antwort auf das ökumenische Missionsverständnis, in welchem die Armen im missionarischen Fokus standen, wurde im *Hongkong-Ruf zur Bekehrung* am traditionellen Bekehrungsverständnis festgehalten.[284] Das Ansinnen, die Armen zu den bevorzugten oder gar einzigen Adressaten der Mission

---

and ignored Jesus' ethical teaching." Gleichzeitig kritisiert Sider die einseitige Konzentration auf die sozialethischen Aspekte im Social Gospel (a.a.O., 9). Er klagt, die Einseitigkeiten sowohl der fundamentalistischen Evangelikalen als auch der Theologie Rauschenbuschs hätten zu einer tragischen Trennung in der Christenheit geführt. Das Anliegen, das Sider verfolgt, ist typisch für den radikalen Evangelikalismus: Er möchte die Trennung zwischen persönlicher und sozialer Sünde, zwischen persönlicher Bekehrung und struktureller Veränderung und zwischen Jesus als moralischem Beispiel und Retter von unseren Sünden überwinden und alles in einer ganzheitlichen biblischen Theologie zusammenführen (a.a.O., 9f). Beyerhaus' Befürchtung einer Angleichung an das Social Gospel ist insofern angebracht, als radikale Evangelikale wie Sider Anleihen beim Social Gospel machen. Allerdings wird auch deutlich, dass Sider Aspekte, die nicht mit einer evangelikalen Grundhaltung vereinbar sind, klar benennt und sich davon distanziert.

282 Zur Vielfalt der evangelikalen Bewegung siehe Tidball 1999, 47ff.

283 Transformation, II. 11.

284 Der Bericht über die Konsultation liegt unter den Titel *Keine Scheu vor Bekehrung. Bericht einer gemeinsam von der Weltweiten Evangelischen Allianz und dem Lausanner Komitee für Weltevangelisation in Hongkong durchgeführten theologischen Studientagung über Bekehrung* als idea-Dokumentation vor. Siehe Hongkong-Ruf 1988.

zu erheben („vorrangige Option für die Armen“[285]) wurde zurückgewiesen. Der Hongkong-Ruf zur Bekehrung hält fest, „dass die Armen wie andere Menschen den Ruf zur Bekehrung zu Jesus Christus nötig haben, damit sie von ihren Sünden (nicht nur von dem, was man ihnen antut) errettet werden. ‚Mission‘, die in erster Linie und ausschließlich soziale Gerechtigkeit betont, hat sich als erfolglos erwiesen, denn sie führt nicht zum Glauben an Jesus Christus als Retter und Herrn“.[286]

Zwei Auffassungen unter einem Dach

Die Unterschiede zwischen Wheaton und Hongkong sind deshalb so stark, weil sie aus unterschiedlichen „Zentren“ kommen. Während in Wheaton die Zwei-Drittel-Welt stark vertreten war, waren in Hongkong alle Kontinente mit der Ausnahme Lateinamerikas präsent.[287] Das macht zweierlei deutlich:

Erstens kann spätestens nach Wheaton nicht mehr wie noch in Lausanne von den radikalen Evangelikalen einerseits und dem evangelikalen Mainstream anderseits die Rede sein. Die Kräfteverhältnisse haben sich entscheidend verlagert. Ein ganzheitliches Sendungsverständnis, wie die Radikalen es vertraten, ist keine Randerscheinung mehr.

285 Englisch „preferential option for the poor“. Der Begriff wurde in den 1970er Jahren von der lateinamerikanischen Befreiungstheologie geprägt. „Vorrangig“ zeigt an, dass die Armen die ersten, jedoch nicht die einzigen Adressaten des Evangeliums und unserer Solidarität sind. „Option“ meint, dass wegen der besonderen Liebe Gottes zu den Armen, sich die Kirche freiwillig und verpflichtend zugleich den Armen annimmt. Zur Diskussion des Begriffs siehe Gutiérrez 1992: 29-32. Die Konsultation in Hongkong war geprägt von der Besorgnis „dass der biblische Befehl, Menschen zur Bekehrung zu rufen, heute von großen Teilen der Christenheit in Theorie und Praxis umgangen wird. Sogar Theologen und Kirchenführer stellen ihn grundlegend in Frage oder heben ihn ohne Umschweife auf, um andere Formen des christlichen Engagements in der Welt vorzuziehen. Man betreibt zum Beispiel eine Humanisierung sozialpolitischer Strukturen, welche Massenarmut verursachen, oder engagiert sich in einem Dialog wechselseitigen Nehmens und Gebens mit Angehörigen anderer Religionen und Weltanschauungen (...). Dass die Bekehrung ein echtes christliches Ziel ist, wird angezweifelt; sie wird vielmehr in Verbindung mit Proselytenmacherei gebraucht und als ein Ausdruck geistlicher Arroganz und religiöser Intoleranz verschrieen. In dieser Bewegung erkennen wir die Gefahr für die christliche Kirche, dass sie von einem Geist des Relativismus ergriffen wird. Das könnte dann umschlagen in einen Synkretismus, der in allen Religionen eine Heilsoffenbarung erkennt und sich deshalb nicht mehr um das ewige Heil des Menschen allein durch Christus kümmert“ (Hongkong-Ruf: 1).

286 Hongkong-Ruf, 6.

287 Beyerhaus 1988, 9.

Zweitens bestehen innerhalb der evangelikalen Bewegung zwei nicht völlig vereinbare Auffassungen von Mission unter einem Dach:[288]

Auf der einen Seite stehen die Evangelikalen, die hauptsächlich aus der westlichen Welt stammen. Sie möchten den engeren Missionsbegriff verwenden und legen Wert auf das numerische Wachstum der Kirche. Der Grund dafür liegt auf der Hand: Sie haben erlebt, wie der theologische Liberalismus den Glauben an den Gott der Bibel und damit das, was allgemein als christliches Abendland bezeichnet wird, zersetzte. Und sie haben daran gelitten, dass die ökumenischen Entwicklungen im 20. Jahrhundert den traditionellen Missionsbegriff zugunsten einer humanistisch verstandenen Mission fast völlig auflösten.

Freilich könnte die Skepsis vieler Evangelikaler im deutschen Raum gegenüber dem ganzheitlichen Missionsbegriff noch tiefere Wurzeln haben. Hier wirkt die auf den Reformator Martin Luther zurückgehende Zwei-Reich-Lehre (Reich Gottes, Reich der Welt) kräftig nach, in welcher die Erhaltung der Welt durch staatliche Ordnung vorausgesetzt wird und die Welt prinzipiell als nicht transformierbar im Sinn des Evangeliums gilt. Nach dieser Sicht sollten die Aufgabe des Staates, der die gesellschaftliche Ordnung aufrechterhält, und die Aufgabe der Kirche, welche das Evangelium verkündigt, nicht miteinander vermischt werden.[289] Das dürfte ein wesentlicher Grund dafür sein, dass viele Evangelikale die soziale Verantwortung als der Evangelisation nachgeordnete allgemeine Christenpflicht definieren und nicht dem Missionsbegriff zuordnen wollen.

Auf der anderen Seite stehen die sozial orientierten Evangelikalen der Zwei-Drittel-Welt, die für den erweiterten Missionsbegriff stehen. Sie haben ihre Theologie in der Praxis entwickelt, im Dialog mit anderen Religionen und mit den Fragen der Kontextualisierung, und nicht wie die Evangelikalen in Europa im Kontext akademischer Apologetik.[290] Sie haben erlebt, dass das Evangelium, das mitunter in der Gestalt kolonialistischer Überlegenheit zu ihnen kam, keine ausreichenden Antworten auf die großen sozialen und politischen Nöte ihrer Kontexte zu geben

288 Vorländer 1989, 28f.

289 Vgl. Ott 2005, 141–154.

290 Ott 1999, 132–134.

vermochte. Aus diesem Grund verstehen sie soziale Verantwortung als integrativen Bestandteil der christlichen Mission und einige von ihnen die Teilhabe am politischen Prozess als missionarischen Gehorsam.

Man kann die unterschiedlichen Auffassungen von Mission als Zerrissenheit der Evangelikalen interpretieren und die Gefahren in den Vordergrund stellen. Diese Perspektive hat eine gewisse Berechtigung, aber sie führt dazu, dass andersdenkende Geschwister ausgegrenzt werden, womit sie der Einheit des Leibes Christi abträglich ist.

Man könnte statt einer Zerrissenheit aber auch eine Vielfalt und die sich daraus ergebenden Chancen sehen: Beide „Bewegungen" weisen ihr je eigenes Potenzial auf und brauchen einander. Das Hören auf die Vertreter des engeren Missionsbegriffs stellt sicher, dass das Kreuz zentrale Mitte des Evangeliums evangelikaler Prägung bleibt. Und das Hören auf die Vertreter des weiteren Missionsbegriffs bewahrt die Evangelikalen davor, ein um die soziale Dimension amputiertes Evangelium in die Welt hinauszutragen. Kommen diese Chancen ins Blickfeld, wirkt sich die evangelikale Vielfalt als Stärke aus.

Zwei Missionsverständnisse der Evangelikalen unter einem Dach

Das engere Missionsverständnis der vorwiegend westlichen Evangelikalen: Mission ist Evangelisation	Das weitere Missionsverständnis der Evangelikalen aus der Zwei-Drittel-Welt: Mission ist Evangelisation plus soziale Aktion
Schwerpunkt: Numerisches Wachstum der Kirche	Schwerpunkt: Soziale Verantwortung der Kirche

3.7 Das besorgte Südafrika

Verfolgt man die Entstehung einer missionalen Theologie in der evangelikalen Bewegung, wird man nicht zuletzt auf Südafrika aufmerksam.

Dort war zu Beginn des 20. Jahrhunderts die „Apartheid“ genannte Politik der Rassentrennung entstanden.[291] Sie hatte ihre Hochphase in den 1940er- bis 80er-Jahren und endete 1994, als Nelson Mandela der erste schwarze Präsident Südafrikas wurde.[292] Die Politik der Apartheid verfolgte eine systematische Benachteiligung der nicht weißen Bevölkerung und war dadurch auch für die zahlreichen schwarzen und farbigen Evangelikalen des Landes unhaltbar.

Das evangelikale Zeugnis

Als Antwort auf diese Situation der Unterdrückung entstand in den 1980er-Jahren aus der Feder der *Concerned Evangelicals*[293] die Stellungnahme *Evangelikales Zeugnis in Südafrika* (EWISA).[294] Mit diesem Dokument meldeten sich vorwiegend schwarze Evangelikale zu Wort, die tief besorgt waren über die Zerrissenheit ihres Landes. Ihr Anlie-

291 Apartheid = Getrenntheit.

292 Siehe die eindrückliche Autobiografie von Nelson Mandela *Der lange Weg zur Freiheit* (1997).

293 Der Missionswissenschaftler Detlef Kapteina befasst sich ausführlich mit den *Concerned Evangelicals* und ihrer sozial-politischen Wirkung. Er unterscheidet im Südafrika der 1980er-Jahre drei verschiedene evangelikale Gruppen voneinander (Kapteina 2001, 180f): Erstens die weißen Evangelikalen, welche die Apartheid unterstützten: „Eine große Gruppe überwiegend weißer Evangelikaler lebte mit einer euro-amerikanischen konservativen Theologie, die den Status Quo der Apartheidpolitik akzeptierte, auch wenn er mit christlichen Grundsätzen nicht übereinstimmte, und die Mission und Evangelisation mit sozialpolitischen Implikationen nicht vereinbaren konnte“ (a.a.O., 180). Zweitens die schwarzen Evangelikalen, die gegen die Apartheid waren, aber keinen Widerstand leisteten: „Die andere große Gruppe vornehmlich schwarzer Evangelikaler in Südafrika konnte die Apartheidpolitik der südafrikanischen Regierung nicht akzeptieren, weil diese ihrer Meinung nach gegen biblische Prinzipien handelte. Die Vertreter dieser Gruppe unterschieden sich nur in der Art ihres Widerspruchs und in der Priorität, die sie ihrem Widerspruch gegenüber der Regierung einräumten. Die einen wünschten sich wohl bessere sozialpolitische Verhältnisse, sahen aber kaum andere Möglichkeiten als das Gebet und öffentliche Appelle für eine bessere Gerechtigkeit im Staat. Sie empfanden zudem, dass verstärkte Evangelisation und geistliche Erneuerung ein viel wichtigeres Anliegen der Evangelikalen sein sollten, als sich in politischen Demonstrationen zu verlieren“ (a.a.O., 181). Drittens die Concerned Evangelicals (besorgte Evangelikale), die durch eine sozialkritische Haltung von sich reden machten und sich in die Politik einmischten. Diese „Gruppe von schwarzen Evangelikalen empfand, dass ihr Widerspruch bei einer radikalen Erneuerung evangelikaler Theologie ansetzen müsse und bei einem entsprechenden ganzheitlichen sozialkritischen Zeugnis, das zur Einmischung in die staatlichen Verhältnisse verpflichtet“ (a.a.O.).

294 Kapteina befasst sich eingehend mit der Entstehung von EWISA (*Evangelical Witness in South Africa*). Ich stelle EWISA nur insofern dar, als es relevant für den Aufweis einer radikalen Theologie in Südafrika ist. Zu einer Übersicht über das Verhältnis der Evangelikalen Südafrikas zur Politik siehe Molebatsi, Ngwenya 1994, 15–18.

gen war es, eine biblische Antwort auf die bedrückenden Umstände zu geben und dadurch eine radikale Erneuerung evangelikalen Denkens anzustoßen.

Im Vorwort von EWISA werden die Beweggründe zur Abfassung des Dokuments wie folgt beschrieben:

> Um den September 1985 herum traf sich eine Gruppe ‚besorgter Evangelikaler' (‚Concerned Evangelicals' wurde dann später die offizielle Bezeichnung der Gruppe) zur Diskussion der Krise in Südafrika und deren Auswirkungen auf ihr Leben, ihren Glauben und besonders auf den Auftrag der Evangelisation, normalerweise ihre vorwiegende Aufgabe. Das war während des vorigen Ausnahmezustandes, der etwa acht Monate dauerte (Juli 1985–März 1986). Viele Leute waren in Haft, und die Anzahl der Menschen, die täglich im Lande starben, war alarmierend (...). Wir befanden uns in der tiefen Verlegenheit, dass unsere eigenen Kirchen, Gruppen oder Verbände sich fast nicht mehr zurechtfanden und von ihnen kein prophetisches Licht in dieser Situation ausstrahlte. Schlimmer noch war, dass die meisten von ihnen den Status quo erhalten wollten, anstatt das Gewissen für den Staat zu werden (...). In einer Reihe von Diskussionen, die der ersten Zusammenkunft folgten, mussten wir feststellen, dass unsere Theologie geprägt war von amerikanischen und europäischen Missionaren, deren politische, soziale und Klasseninteressen den geistlichen und sozialen Bedürfnissen unseres Volkes entgegengesetzt, ja feindlich waren. Nachdem wir gemerkt hatten, dass mit der Praxis und der Theologie der Evangelikalen in diesem Lande etwas nicht stimmte, fühlten wir uns von Gott berufen, diese Situation um des Evangeliums unseres Herrn willen zu korrigieren (...). Darum haben wir es unternommen, unsere eigene Theologie und Praxis einer kritischen Prüfung zu unterziehen, nicht um unseren Glauben zu verunglimpfen,

> sondern um ihn umzusetzen in ein kräftiges evangelikales Zeugnis im heutigen Südafrika.[295]

Es gab mehrere Treffen der Concerned Evangelicals, bei denen die aktuellen Probleme Südafrikas diskutiert wurden. Die Ergebnisse wurden gleichgesinnten Evangelikalen in Südafrika zur Stellungnahme vorgelegt, bis im Juni 1986 die Endfassung in Form des Evangelikales Zeugnisses in Südafrika veröffentlicht wurde.

Auslösende Faktoren

Es ist bemerkenswert, dass eine Gruppe evangelikal gesinnter Christen ihr jahrelanges Schweigen brach und sich in sozialen und politischen Belangen zu Wort meldete. Wie war es dazu gekommen? Schon vor der Veröffentlichung von EWISA waren verschiedene Faktoren zusammengekommen, welche die Herausgabe des Dokuments überhaupt möglich machten:

Der erste Faktor war die *South African Christian Leadership Assembly* (SACLA) (Zusammenkunft christlicher Führungskräfte Südafrikas) von 1979. An ihr waren die sozialen Probleme Südafrikas vom Evangelium her neu bedacht worden.[296] SACLA hatte eine Entwicklung angestoßen, welche die offene Auseinandersetzung mit den sozialen und politischen Problemen Südafrikas durch die Evangelikalen möglich machte.

Der zweite Faktor war die *South African Conference on Evangelical Leadership* (SACEL) (Südafrikanische Konferenz evangelikaler Führungskräfte) im Jahr 1985. In der gemeinsamen Erklärung der Konferenz, der *Sacel Charter*, gab es Ansätze zu einem Schuldbekenntnis über den versäumten Protest der Evangelikalen gegen die Unterdrückung im Land. Diese Konferenz war „eine wichtige weitere Vorstufe zu dem theologischen Grundsatzpapier der Concerned Evangelicals. Die erneuten Frustrationen beim Versuch, ihre Sicht gegenüber den weißen Evan-

295 Evangelikales Zeugnis 1988, 123f.

296 Kapteina 2001, 186.

gelikalen einzubringen, mögen sie noch mehr darin bestärkt haben, ein eigenes gründlicheres und radikaleres Papier zu entwerfen".[297]

Der dritte Faktor war die im Juli 1985 gegründete *National Initiative for Reconciliation* (NIR) (Nationale Initiative für Versöhnung). Durch sie versprach man sich einen Beitrag von Seiten der Kirchen zur Überwindung der Zerrissenheit Südafrikas. Im September 1985 trafen sich rund 400 Kirchenvertreter aus 47 Denominationen zur *National Initiative for Reconciliation Conference*. Einige der Concerned Evangelicals waren bei dieser Konferenz vertreten und konnten aus den Schwierigkeiten auf dieser Konferenz lernen.[298]

Der vierte Faktor war das *Kairos-Dokument*, das ökumenisch orientierte Theologen 1985 herausgaben. In ihm grenzten sie sich scharf von der sogenannten Staatstheologie der Holländisch-Reformierten Kirche ab, welche die Politik der Apartheid stützte. Sie forderten eine Theologie, die sich auf die Seite der Unterdrückten stellt. Caesar Molebatsi, eine der radikalen Stimmen Südafrikas, der am Kairos-Dokument mitwirkte, sagte, das Kairos-Dokument sollte „eine prophetische, an die Kirche gerichtete Stimme sein, um ihr zu sagen, dass sie sich wegen ihrer blinden, vielleicht absichtlichen Zustimmung zum Status Quo, in Gefahr gibt, das Evangelium zu verraten".[299] Das Kairos-Dokument inspirierte die südafrikanischen Evangelikalen, ihre eigene Antwort in Form des Evangelikalen Zeugnisses in Südafrika auf die Unglückssituation ihres Landes zu geben.[300]

---

297 a.a.O., 193.

298 a.a.O., 190f.

299 Molebatsi 1988, 85. Im Kairos-Dokument wird die Absicht des Dokuments wie folgt beschrieben (Kairos 1985, 1): „The KAIROS document is a Christian, biblical and theological comment on the political crisis in South Africa today. It is an attempt by concerned Christians in South Africa to reflect on the situation of death in our country. It is a critique of the current theological models that determine the type of activities the Church engages in to try to resolve the problems of our country. It is an attempt to develop, out of this perplexing situation, an alternative biblical and theological model that will in turn lead to forms of activity that will make a real difference to the future of our country."

300 Als das Kairos-Dokument veröffentlicht wurde, wollten einige Evangelikale eine theologische Antwort darauf geben. Vor allem Positionen, die man nicht als biblisch betrachtete, sollten angesprochen werden. Allerdings setzte sich dann die Erkenntnis durch, dass es besser ist, sich mit einem eigenen Dokument an die evangelikale Community zu richten und sich mit den Unzulänglichkeiten der eigenen Theologie zu befassen (Moss Ntlha, Direktor der Evangelischen Allianz von Südafrika in einer persönlichen E-Mail an mich vom 1. Juli 2007).

Eine Antwort auf die Krise

Das Evangelikale Zeugnis in Südafrika besteht in einer prophetischen Antwort auf die Situation Südafrikas. Es entfaltet sich in acht Punkten:

Erstens wird unter dem Titel *Die Krise* das Bekenntnis abgelegt, die Evangelikalen hätten sich dem Status Quo angepasst: „Wir wollen bekennen, dass die Gemeinschaft der Evangelikalen sich weitgehend entschieden hat, der Last der sozio-politischen Krise im Lande aus dem Weg zu gehen. Schlimmer noch: Diese Gemeinschaft, der wir uns so sehr verpflichtet fühlen, hat sich für die Unterstützung des Apartheidsystems entschieden."[301]

Der zweite Punkt mit der Überschrift *Ein Überblick über die theologischen Probleme bei den Evangelikalen* benennt einige evangelikale Auffassungen, die nach Meinung der Verfasser fragwürdig sind.[302] Es wird beklagt, man könne als Evangelikaler in Südafrika ein „geistliches" Leben führen und dennoch andere Menschen „unterdrücken, ausbeuten und entwürdigen."

Drittens wird *Die Theologie des Status Quo* infrage gestellt. In Südafrika operiere man mit einer falschen Auslegung von Römer 13, von wo die Evangelikalen ableiteten, die Regierung dürfe nicht infrage gestellt werden. Diese Theologie wird den „rassistischen Missionaren" des Westens angelastet und ihr eine Theologie des höheren Gehorsams gegenüber Gott entgegengestellt.[303]

Die drei folgenden Punkte fallen knapp aus (*Evangelikale und ihre Anpassung an die Strukturen*, *Evangelikale und Konservatismus*, *Evan-*

301 Evangelikales Zeugnis, 125–127.

302 a.a.O., 127–132.

303 Die Theologie des „höheren Gehorsams" wird wie folgt beschrieben: „Unser Verständnis von Römer 13 ist so, dass Regierungen, auch wenn sie von Gott ‚angeordnet' sind, deshalb nicht unbedingt tun, was Gott angeordnet hat, ja dass sie sich zeitweise in völligem Gegensatz zu Gott befinden. Und wo das der Fall ist, wie beim rassistischen Apartheidstaat Südafrika, können wir nicht anders als Petrus und Johannes bekennen, dass wir ‚Gott mehr gehorchen als den Menschen' (Apg 5,29). Denn es ist Unrecht vor Gott, mehr auf Menschen zu hören als auf ihn (…). Die ganze alttestamentliche Überlieferung widerspricht blindem Gehorsam gegen Systeme der Unterdrückung und der Ungerechtigkeit (…) Römer 13 fordert keineswegs zu blindem Gehorsam gegen alle bösen Systeme auf. Die rassistischen Missionare, Kolonialisten und Theologen des Westens und ihre Kirchen haben diese Tradition aufgebracht, um westliche Vorherrschaft und Imperialismus zu behaupten" (a.a.O., 133).

gelikale und Ökumenismus).[304] Geklagt wird, die westlichen Missionare hätten eine Kultur der Unterdrückung gebracht und Evangelikalen Südafrikas hätten sich an die daraus hervorgegangenen unterdrückerischen Strukturen angepasst. Evangelikale neigten zum politischen Konservatismus und damit zur Unterstützung des Apartheidregimes. Schließlich wird beklagt, die Evangelikalen hätten sich aus der ökumenischen Bewegung zurückgezogen und die sozialen Probleme vernachlässigt. Dem stellen die Herausgeber ein ganzheitliches Heilsverständnis entgegen: „Wir glauben, dass das Heil und gesellschaftlicher Wandel nicht voneinander getrennt werden können."

Siebtens werden unter der Überschrift *Evangelistische Gruppen und Missionstheologie* die Evangelisationsmethoden verschiedener evangelikaler Gruppen scharfer Kritik unterworfen.[305] Die Herausgeber bekennen sich zur Wichtigkeit der Evangelisation. Sie drücken aber ihre Sorge darüber aus, dass westliche Evangelikale in Südafrika mit fragwürdigen Motiven evangelisierten, welche die Evangelikalen Südafrikas dem Apartheidsystem gefügig machten. Die Herausgeber möchten mit ihrer Streitschrift zu einem ganzheitlichen Missionsverständnis in Südafrika beitragen, das die konkreten Nöte nicht übergeht: „Wir glauben, dass wir dem geistlichen Mangel der Menschen nur dort wirksam abhelfen können, wenn es auch für ihre sozialen Nöte von Belang ist und Folgen hat. Die Evangelisation kann deshalb von sozialer Aktion und sozialer Gerechtigkeit nicht getrennt werden."

Schließlich wird unter *Radikalismus und Evangelikalismus* zu einem radikalen Wandel aufgerufen.[306] Sünde in persönlicher, kollektiver und struktureller Form müsse verurteilt werden. Die Evangelikalen müssten radikal mit der Sünde brechen und dürften nicht länger schweigen zur Sünde der Unterdrückung und Ausbeutung.

304 a.a.O., 136–141.

305 a.a.O., 141–145.

306 a.a.O., 145–148.

Die Evangelische Allianz nimmt Stellung

Das Evangelikale Zeugnis in Südafrika ist aus mindestens zwei Gründen ein bemerkenswertes Dokument:

Zum einen rief es unter den weißen Evangelikalen Südafrikas große Betroffenheit hervor. Die Evangelische Allianz in Südafrika, die vorwiegend weiße Evangelikale vertrat, verfasste 1987 einen ausführlichen Kommentar zum Evangelikalen Zeugnis. Hauptpunkte waren eine Auflistung der berechtigten Kritik, welche das Dokument aufführte, sowie die Nennung seiner Schwachpunkte. Das Dokument wird zwar wegen seiner „radikalen Sprache" und seiner „Unausgewogenheit" gerügt.[307] Doch schon vorher heißt es: Die Evangelische Allianz „akzeptiert die von Schwarzen vorgebrachte Kritik".[308] Und weiter: „Alles in allem zeigt jedoch dieser Kommentar (...) dass die ‚Concerned Evangelicals' nicht nur einen wichtigen Beitrag für die Evangelikalen in Südafrika leisten, sondern auch für die Evangelikalen in der ganzen Welt. Denn das Evangelikale Zeugnis hilft zu erkennen, welches unsere Rolle und unser Auftrag in dieser Krisensituation ist, und wie wir unseren Glauben in dieser Situation leben können."[309]

Zum andern erbringt es den Nachweis, dass man zugleich evangelikal denken und sowohl sozial als auch politisch engagiert sein kann. Bis zum Lausanner Kongress war das keinesfalls klar gewesen.[310] Nun

307 Evangelische Allianz Südafrika, 150.

308 a.a.O.

309 a.a.O., 151.

310 Wie weiter oben gezeigt, waren es die radikalen Evangelikalen, welche in Lausanne die weltweite evangelikale Bewegung zur Weltverantwortung anstifteten. Von hier aus kann man eine Linie zu den Concerned Evangelicals ziehen: Zum einen gibt es personelle Verbindungen zwischen den radikalen und den Concerned Evangelicals. Letztere wurden namentlich von René Padilla und Samuel Escobar inspiriert. Diese waren durch ihre Schriften und ihr Auftreten an evangelikalen Konferenzen eine starke Ermutigung für die Concerned Evangelicals Südafrikas, obwohl es erst nach dem Entstehen von EWISA zu persönlichen Kontakten kam (Moss Ntlha in einer persönlichen E-Mail an mich vom 1.6.2007). Zum andern zeigen sich starke theologische Gemeinsamkeiten. EWISA ist eine durch und durch radikale Streitschrift, die sich kaum von den bekannten radikalen Positionen unterscheidet. Es werden Folgerungen vom Leben Jesu für einen radikalen Lebensstil gezogen. Vom Alten Testament her wird das Eintreten für die Verbesserung von Strukturen begründet. Das Bekehrungsverständnis ist radikaler Natur und sozial orientiert. Evangelisation und soziale Aktion gehen Hand in Hand. Das Heilsverständnis ist ganzheitlich. Und es ist eine kritische Distanz zur westlichen Theologie spürbar. All das sind nichts anderes als die seit Lausanne bekannt gewordenen radikalen Positionen.

aber begannen sich in aller Welt evangelikal gesinnte Christen für die Weltverantwortung zu interessieren und sich gegen Unterdrückung auszusprechen. Das besorgte Südafrika ist ein Beweis dafür, dass es möglich ist, eine genuin evangelikale Theologie der Weltverantwortung zu kreieren.

3.8 Manila – Mission im Geist der Inkarnation

Das Jahr 1989 sollte für die weltweite evangelikale Bewegung zu einem missionarischen Meilenstein werden. Das Lausanner Komitee für Weltevangelisation hatte für die Zeit vom 11. bis 20. Juli zum Zweiten Internationalen Weltkongress für Evangelisation nach Manila eingeladen. Lausanne II fand unter dem Thema *Verkündigt Christus, bis er kommt - ein Ruf an die Gemeinde, das ganze Evangelium der ganzen Welt zu bringen* statt. Dieses Thema erwies sich als angemessen, denn die Verhältnisbestimmung von Verkündigung und sozialer Verantwortung war noch nicht befriedigend durchgeführt worden. Der Kongress in Wheaton sechs Jahre zuvor hatte einen Sieg nach Punkten für die Kräfte bedeutet, welche zur Integration der sozialen Verantwortung in den Missionsauftrag drängten. Wheaton war mit 300 Teilnehmern aber eine verhältnismäßig kleine Konferenz gewesen. Mit rund 4.000 Teilnehmern aus über 170 Nationen war die evangelikale Bewegung in Manila repräsentativ vertreten. Man durfte gespannt sein, ob die radikalen Stimmen, die sich in Wheaton Gehör verschafft hatten, in Manila im großen Chor der weltweiten evangelikalen Bewegung ebenfalls auffallen würden.[311]

Soziale Stimmen

Die Stimmen, welche auf die soziale Verantwortung aufmerksam machten, waren in Manila weniger dominant als in Wheaton. Dennoch spielten die radikalen Evangelikalen sowie andere sozial engagierte Per-

311 Der Konferenzbericht von Manila samt Schlussmanifest liegt auf Deutsch unter dem Titel *Evangelisation mit Leidenschaft* vor und wurde von Horst Marquardt und Ulrich Parzany herausgegeben.

sönlichkeiten eine wichtige Rolle. Das lag unter anderem daran, dass 60 Prozent der Teilnehmer aus der Zwei-Drittel-Welt stammten und 25 Prozent Frauen waren.

Besonders hervorzuheben ist das Plenumsreferat von Tom Houston[312] mit dem Titel *Gute Nachricht für die Armen.* Ausgehend von Lukas 4,18ff legte Houston dar, dass das Evangelium insbesondere den Armen gebracht werden muss.[313] Houston plädierte fundiert und ausgewogen für integratives missionarisches Handeln:

> Ich glaube, dass wir die Gute Nachricht von Jesus in einer feindlichen oder ungläubigen Welt überzeugend darstellen können, wenn wir durch Erbarmen das Anliegen der Armen und ihre Bedürfnisse ernst nehmen. Und ich glaube auch, dass wir in der Lage sein werden, den Säkularismus im Westen zu bekämpfen, wenn wir diese Art von Authentizität der Guten Nachricht Jesu wiederherstellen (...). Wir müssen die Gute Nachricht *ganz, mit Wort und Tat und Zeichen* verkündigen.[314]

Es war mehr als eine spontane Gefühlsäußerung, als die Teilnehmer sich nach Houstons Referat von den Sitzen erhoben und lang anhaltenden Beifall spendeten. Die Standing Ovation drückte die innere Zustimmung zu Houstons Ausführungen aus, in dem Bewusstsein „einen entscheidenden, grundlegenden und wegweisenden Vortrag gehört zu haben“.[315]

Eine der Stimmen, die dem sozialen Anliegen Gehör verschafften, war die des jugoslawischen Bibellehrers Peter Kuzmic. Er sprach zum Thema *Die Wahrheit des Evangeliums weitersagen.*[316] Kuzmic strich die Wichtigkeit heraus, die Bedeutung des Sühnetodes Jesu wahrheitsgetreu weiterzusagen.[317] Das christliche Zeugnis sei nur dann glaubwür-

312 Im selben Jahr neu gewählter internationaler Direktor der Lausanner Bewegung und früher Präsident des Hilfswerks World Vision.

313 Houston 1990, 108–113.

314 a.a.O., 115–116 (Hervorhebung im Original).

315 Weth 1990, 100.

316 Kuzmic 1990, 70–78.

317 a.a.O., 71.

dig, wenn es liebevoll und aufopfernd weitergegeben und durch erneuerte Beziehungen in der Kirche unterstrichen werde: „Unsere Botschaft wird glaubwürdig nur durch das, was an verändertem Leben, neuen Beziehungen innerhalb der Gemeinde der Glaubenden und was an liebevoller Fürsorge und aufopferndem Dienst an den Bedürftigen sichtbar wird.“[318] Kuzmic sprach eindringlich über die Ganzheit des Evangeliums, welche die Evangelikalen wiedererlangen müssten. Einprägsam formulierte er: „Das Neue Testament treibt keinen Keil zwischen einem ‚persönlichen Evangelium‘ und einem ‚sozialen Evangelium‘, denn es enthält nur *ein* Evangelium, das von Jesus Christus. Dieses Evangelium ist sowohl persönlich als auch sozial, weil es zwei Brennpunkte hat, und zwar den einzelnen Menschen und das Reich Gottes.“[319]

Am deutlichsten war die Stimme der Radikalen im Referat des Südafrikaners Caesar Molebatsi zum Thema *Schalom für die Unterdrückten* zu vernehmen. Wie Tom Houston ging er von Lk 4,18ff aus und betonte, dass das Reich Gottes „eine sehr gegenwartsbezogene Dimension“ habe.[320] Evangelisation und Mission müssten „inkarnatorisch“ sein, wenn sie authentisch sein wollten.[321] Jede Form von Unterdrückung müsse beim Namen genannt werden.[322] Molebatsi folgert:

> Mission und Evangelisation werden fruchtlos, das Evangelium der Guten Nachricht entledigt, und statt ein Evangelium für die Unterdrückten zu sein, wird es zu einem unterdrückten Evangelium (...). Und deshalb ist es auch Aufgabe der Evangelisten und Missionare, alle Formen der Unterdrückung – geistliche wie strukturelle – beim Namen zu nennen, wenn sie die Ganzheit und Vollständigkeit verhindern, die der Herr uns geben möchte. Wir können zu Strukturen des Bösen nicht

318 a.a.O., 72.

319 a.a.O., 75 (Hervorhebung R. H.). Berneburg (1997, 208) geht mit seiner Kritik zu weit, wenn er sagt, Kuzmic habe das Reich Gottes mit der sozialen Dimension des Evangeliums gleichgesetzt. In seiner Kritik spiegelt sich die anhaltende Sorge der Vertreter des klassischen Missionsbegriffs wider, die Verkündigung könnte in der sozialen Dimension aufgehen.

320 Molebatsi 1990, 148.

321 a.a.O., 149.

322 a.a.O., 147.

> einfach schweigen, wenn unsere Botschaft eine Gute Nachricht für die Armen und die Unterdrückten sein soll.[323]

Eine sehr kritische Stimme war die von Valdir Steuernagel. In seinem Beitrag zum Thema *Die brennenden Fragen der Welt* machte er eine individualistische Ideologie unter den Evangelikalen aus: „Wir Evangelikale haben eine idealistische, individualistische Ideologie produziert, eine schwache Tradition, die keine angemessene und zureichende Antwort gibt auf die dringenden Bedürfnisse, die den Alltag zahlloser Menschen sowohl in der Dritten als auch in der Ersten Welt prägen."[324] Er plädierte dafür, das Thema der Konferenz ernst zu nehmen – das ganze Evangelium der ganzen Welt zu bringen – und sprach eindringlich zu Themen wie Auslandsverschuldung und Ökologie.[325] Steuernagels Einwürfe machten zweierlei deutlich: Die radikalen Kräfte setzten in Manila ein ganzheitliches Missionsverständnis, in welchem Verkündigung und soziale Verantwortung Hand in Hand gehen, voraus. Und sie machten deutlich, dass die radikalen Kräfte weiterhin in einer kritischen Distanz zu den westlich geprägten Teilen der evangelikalen Bewegung standen.

Der Social Concern Track

Spezielle Aufmerksamkeit verdient der *Social Concern Track*, der von Vinay Samuel koordiniert wurde. In den Seminaren des Tracks ging es weniger um eine theologische Auseinandersetzung mit sozialen Fragen als um Erfahrungsberichte und praktische Überlegungen. In der Ausrichtung des Tracks zeigt sich das gestärkte Selbstbewusstsein der Evangelikalen aus der Zwei-Drittel-Welt im Allgemeinen und ihrer radikalen Vertreter im Besonderen. Der erweiterte Missionsbegriff, der fünfzehn Jahre zuvor in Lausanne I in die Diskussion eingebracht worden war, wurde im Social Concern Track von Lausanne II einfach vorausgesetzt.

---

323 a.a.O., 145–147.

324 Steuernagel 1990a, 149.

325 a.a.O., 149f.

Der Abschlussbericht des Tracks entstand unter der Federführung von Vinay Samuel und wurde von etwa 180 Teilnehmern unterzeichnet, auch solchen, die nicht am Track selbst teilgenommen hatten.[326] Das nur gerade zwei Seiten umfassende, aber gehaltvolle Dokument enthält drei Abschnitte:

Im ersten Abschnitt wird das Evangelium als ganzheitliches Geschehen definiert. Im Zentrum stehen das Reich Gottes und die Armen. Es lohnt sich, diesen Abschnitt ungekürzt zu zitieren, denn hier zeigt sich ein ganzheitliches, am Reich Gottes orientiertes Verständnis des Evangeliums:

> Die Gute Nachricht besteht darin, dass Gott sein Königreich der Gerechtigkeit und des Friedens durch die Menschwerdung, den Dienst, den Sühnetod und die Auferstehung seines Sohnes Jesus Christus errichtet hat. Das Reich Gottes erfüllt das Ziel der Schöpfung Gottes, indem es der Menschheit und der ganzen Schöpfung Ganzheit verleiht. Im Reich Gottes erhalten die Menschen allein aus Gnade einen neuen Status vor Gott und den Menschen, eine neue Würde und einen neuen Wert als Töchter und Söhne, und sie werden bevollmächtigt durch seinen Geist, Haushalter der Schöpfung zu sein und sich in einer neuen Gemeinschaft gegenseitig zu dienen. Das Reich Gottes wird in einem neuen Himmel und

326 Berneburg 1997, 221. Vorländer (1999, 139f) weist auf die Gründe hin, warum es zu einem eigenständigen Abschlussbericht des Social Concern Tracks kam: Aus den Reihen der radikalen Kräfte kam es zu Kritik am Tagesprogramm in Manila. „Man hatte den Eindruck, dass der Kongress in Manila insgesamt doch noch zu sehr von der westlichen Sichtweise geprägt sei und dass die Stimme jener Evangelikalen, für die Evangelisation ohne soziale und politische Verantwortung dem Auftrag Jesu nicht gerecht wird, nicht gebührend zur Geltung komme.“ Außerdem nahmen Vertreter aus der Zwei-Drittel-Welt ein Nord-Süd Gefälle wahr. Valdir Steuernagel wies in der abschließenden Plenarveranstaltung darauf hin, dass z.B. nie ein Nordamerikaner oder Europäer von einem Teilnehmer aus der Zwei-Drittel-Welt interviewt worden sei, sondern immer nur umgekehrt. „Dieses Gefälle war auch einer der Gründe, warum der ‚Social Concern Track‘ einen eigenen Abschlussbericht veröffentlichte (…). Außerdem fand während der Konferenz eine Reihe spontaner Diskussionsveranstaltungen statt, wo über die soziale und politische Dimension des Auftrags der Weltevangelisation beraten und nachgedacht wurde. Dieses spontane und inoffizielle Foyer blieb aufgrund organisatorischer Schwierigkeiten vielen Konferenzteilnehmern leider verborgen. Es zeigte jedoch die bewegende Kraft der politisch bewussten und sozial engagierten Evangelikalen sowie ihren Willen, theologisch und strategisch ihr wichtiges Anliegen noch stärker in der Lausanne-Bewegung zu verankern.“

> einer neuen Erde seine Vollendung erst dann erfahren, wenn Jesus wiederkommt. Diejenigen, die materiell arm sind oder ohnmächtig und sich von dieser Guten Nachricht ansprechen lassen und darauf antworten, werden durch den Heiligen Geist bevollmächtigt, und ihnen wird von anderen Gliedern der Gemeinde des Reiches Gottes gedient werden, damit sie ihr ganzes Menschsein als Haushalter der Schöpfung Gottes erfahren und erleben. Die Nicht-Armen, die arm im Geiste werden, empfangen wahre Würde, die ihren falschen Stolz auf ihre Reichtümer ersetzt und sie befreit, wirklich menschlich werden zu können mit einer Leidenschaft für Gerechtigkeit für die Armen. Sie müssen sich auf die Kraft des Geistes Gottes verlassen, der sie befähigt, zu dienen statt zu kontrollieren. Sie kommen in eine neue Familie, die sie annimmt aufgrund dessen, was sie sind und nicht aufgrund irgendwelcher Leistungen, die sie erbracht haben – in materieller Hinsicht oder hinsichtlich ihres Status. Die Aufgabe der Evangelisation unter der Mehrheit der unerreichten Armen wird in erster Linie von denen ausgeführt werden, die selber arm sind, mit angemessener Unterstützung von wirtschaftlich Bessergestellten, die geistlich arm sind.[327]

Im zweiten Abschnitt werden die Wirkung des Evangeliums und die Verantwortung der Christen in einer leidenden Welt beschrieben.[328] Christen müssten sich zusammentun, um das ganze Evangelium zu verkündigen und zu veranschaulichen. Im Bemühen, soziale Verantwortung wahrzunehmen, dürfe die Einladung, Jesus zu folgen, nicht unterschlagen werden. Die Evangelikalen werden aufgefordert, am prophetischen Dienst teilzuhaben, der sich auf eine Sozialanalyse der Zusammenhänge stützt, innerhalb derer das Evangelium verkündigt wird. Dass ein beträchtlicher Teil der Teilnehmer eine kritische Sicht gegenüber dem Westen hatte, kommt darin zum Ausdruck, dass der Vorwurf erhoben wird, „dass die Quelle von einem Großteil des Geldes,

327 Samuel 1990, 151.

328 a.a.O., 151f.

das zur Weltevangelisation eingesetzt wird, dem exzessiven Reichtum der Ersten Welt entspricht, von dem wiederum ein Großteil aus Zinszahlungen der armen Länder stammt".[329] Die Evangelikalen müssten daher auf eine rasche Lösung des Schuldenproblems hinarbeiten.

Im dritten Abschnitt werden Empfehlungen an das Lausanner Komitee ausgesprochen. Das Komitee wird aufgefordert, sich personell und strategisch stärker für soziale Fragen zu engagieren. Insbesondere wird der Forderung Nachdruck verliehen, eine weltweite Konferenz zu sozialen Fragen einzuberufen. Denkt man sieben Jahre zurück, an die Konferenz in Grand Rapids über Verkündigung und soziale Verantwortung, dann wird deutlich, dass mit dem Brückenschlag von damals zwar eine Annäherung stattgefunden hatte. Wie sich jetzt zeigte, konnte von einer Klärung aber keine Rede sein. Vielmehr blieb bei vielen Vertretern aus der Zwei-Drittel-Welt der Eindruck zurück, die Evangelisation sei zu Ungunsten des sozialen Engagements immer noch vorrangig.

Das Manila Manifest

Die abweichenden Ansichten zwischen sozial engagierten und evangelistisch orientierten Evangelikalen werden auch im *Manila Manifest* deutlich, das am Schluss der Konferenz verabschiedet wurde. Das Manifest ist ein Konsenspapier, das die unterschiedlichen Haltungen der Evangelikalen hinsichtlich ihres Missionsverständnisses in einem großen Bogen zu vereinen sucht. Es wurde von der „überwiegenden Mehrheit" der Teilnehmer offiziell angenommen.[330]

Der erste Teil besteht aus 21 Bekräftigungen. Die Lausanner Verpflichtung wird gleich zu Beginn ausdrücklich bestätigt: „Wir bekräftigen, dass die Lausanner Verpflichtung nach wie vor als Grundlage unserer Zusammenarbeit in der Lausanner Bewegung bindend ist."[331] Von den 21 Bekräftigungen äußern sich 9 zu sozialen Fragen. Radikale Forderungen fanden insofern Eingang, als das prophetische Zeugnis, insbesondere die Verurteilung struktureller Ungerechtigkeit, zur mis-

329 a.a.O., 152.

330 Das Manifest von Manila, Einführung zum Manifest in der idea-Dokumentation 18/1989.

331 a.a.O., Teil I. 1. Bekräftigung.

sionarischen Pflicht gerechnet wird: „Wir bekräftigen, dass wir Gottes Liebe sichtbar darstellen müssen, indem wir uns derer annehmen, die von Gerechtigkeit, Würde, Nahrung und Obdach ausgeschlossen sind. Wir bekräftigen, dass wir jede persönliche und strukturelle Ungerechtigkeit und Unterdrückung verurteilen müssen, wenn wir die Gerechtigkeit und den Frieden des Reiches Gottes verkündigen. Wir werden von diesem prophetischen Zeugnis nicht abgehen."[332]

Im zweiten Teil werden die 21 Bekräftigungen in 12 Abschnitten näher erläutert. Dabei werden Spannungen in der sozialen Frage sichtbar. Unter Berufung auf Lk 4,18ff wird betont, dass das Evangelium insbesondere den Armen gilt.[333] Gleichzeitig wird herausgestrichen, dass das Bekenntnis zur sozialen Pflicht nicht einer Verwechslung des Reiches Gottes mit einer christianisierten Gesellschaft entstammt. Kein soziales oder politisches Programm könne Menschen retten.[334] Es wurde darauf verzichtet, soziale Verantwortung als Teil der Mission zu benennen. Lieber sprach man davon, dass das Evangelium „soziale Folgerungen" mit sich bringe, also in die soziale Verantwortung führe.[335] Damit wollte man denen gerecht werden, welche die Evangelisation als prioritäre Aufgabe erachteten. Gleichzeitig wollte man Rücksicht neh-

---

332 Das Manifest von Manila, Teil I. 8. und 9. Bekräftigung.

333 Das Referat von Tom Houston aufnehmend ist von der Verantwortung für die Armen wie folgt die Rede: „Außerdem sind wir daran erinnert worden, was besonders der Evangelist Lukas herausstellt, dass das Evangelium Gute Nachricht für die Armen ist (Lk. 4,18; 6,20; 7,22). Wir haben uns gefragt, was dies für die Mehrheit der Weltbevölkerung bedeutet, die unterhalb der Armutsgrenze lebt, die leidet oder unterdrückt wird. Wir sind daran erinnert worden, dass alle, das Gesetz, die Propheten, die Weisheitsbücher und auch die Lehre und der Dienst Jesu die Sorge Gottes um die materiell Armen betonen, und dass es unsere fortlaufende Pflicht ist, für die Armen einzutreten und zu sorgen. Die Schrift spricht auch von den ‚Geistlich Armen', die sich allein an Gott wenden, um Barmherzigkeit zu erhalten. Das Evangelium kommt als Gute Nachricht zu beiden. Die ‚Geistlich Armen', die sich vor Gott demütigen, empfangen im Glauben das Geschenk der Erlösung, wie auch immer ihre wirtschaftlichen Lebensumstände aussehen. Es gibt für niemanden einen anderen Weg zum Reich Gottes. Die materiell Armen und Machtlosen finden zusätzlich eine neue Würde als Kinder Gottes zusammen mit der Liebe von Brüdern und Schwestern, die mit ihnen um ihre Befreiung ringen von allem, was sie herabsetzt oder unterdrückt. Wir tun Buße über jede Art von Vernachlässigung der in der Schrift geoffenbarten Wahrheit Gottes. Wir sind entschlossen, diese Wahrheit zu verkündigen und verteidigen. Wir tun auch Buße, wo wir dem Elend der Armen gegenüber gleichgültig gewesen sind und wo wir die Reichen bevorzugt haben, und wir sind entschlossen, Jesus zu folgen, indem wir die gute Nachricht allen Menschen durch Wort und Tat verkündigen" (a.a.O., Teil II. 2. Abschnitt).

334 a.a.O., Teil II. 1. Abschnitt.

335 a.a.O., Teil II. 4. Abschnitt.

men auf die, welche eine verstärkte Beachtung der sozialen Verantwortung wünschten. Im Manila Manifest klingt das dann so:

> Die Evangelisation ist vorrangig, weil es uns im Sinn des Evangeliums in erster Linie darum geht, dass alle Menschen Gelegenheit erhalten, Jesus Christus als Herrn und Retter anzunehmen. Aber Jesus hat das Reich Gottes nicht nur verkündigt, sondern er hat die Ankunft des Reiches durch Werke der Barmherzigkeit und durch Vollmacht unter Beweis gestellt. Wir sind heute zu einem ähnlichen Miteinander von Wort und Tat gerufen.[336]

Der Platz des Himmlischen Friedens

Das Manila Manifest äußert sich im Rahmen der sozialen Verantwortung der Kirche auch zur Pflicht der „prophetischen Verwerfung". Mit dieser Formulierung wird die Pflicht beschrieben, sich gegen Ausbeutung und Unterdrückung jeglicher Art auszusprechen:[337]

> Die Proklamation des Reiches Gottes erfordert notwendigerweise die prophetische Verwerfung all dessen, was damit nicht vereinbar ist. Zu den Übeln, die wir beklagen, gehören zerstörerische Gewalt, auch in der Form institutionalisierter Gewalt, politische Korruption, alle Formen der Ausbeutung von Menschen und Erde, Aushöhlung der Familie, Abtreibung auf Verlangen, Drogenhandel und Nichtbeachtung der Menschenrechte.[338]

336 a.a.O., Teil II. 4. Abschnitt.

337 „Prophetische Verwerfung" ist eine neue Formulierung, der Sache nach seit Lausanne I aber vorhanden, denn schon in der Lausanner Verpflichtung in Artikel 5 heißt es: „Die Botschaft des Heils schließt eine Botschaft des Gerichts über jede Form der Entfremdung, Unterdrückung und Diskriminierung ein. Wir sollen uns nicht scheuen, Bosheit und Unrecht anzuprangern, wo immer sie existieren." Es ist mir nicht bekannt, dass dieser Passus in den 15 Jahren zwischen Lausanne I und II eine Wirkung entfaltet hätte. Insofern kann in der Formulierung „prophetische Verwerfung" ein erneuter Versuch gesehen werden, der Lausanner Verpflichtung Artikel 5 treu zu sein und die evangelikale Mission stärker mit der Tagespolitik in Verbindung zu bringen.

338 Das Manifest von Manila, Teil II. 4. Abschnitt.

Was durchaus angriffig klingt, erwies sich in der Praxis als zahnlose Absichtserklärung. Fünf Wochen vor der Konferenz kam es in Peking zu ausgedehnten Protesten auf dem Platz des Himmlischen Friedens. Angefeuert durch das politische Tauwetter in der Sowjetunion fand am 18. April 1989 eine erste Kundgebung auf dem berühmten Platz statt. Die fast täglichen Demonstrationen schwollen in den nächsten Wochen auf Versammlungen von über 100.000 Teilnehmern an. Zu den Kernforderungen der Protestbewegung gehörten die Forderungen nach Meinungsfreiheit, das Recht unabhängige Organisationen zu gründen sowie der Kampf gegen die Korruption. Exakt diese Forderungen wurden an der Konferenz in Manila zu den Übeln gezählt, die prophetisch verworfen werden müssten.

Nachdem sich die Studentenproteste ausgeweitet und sich auch Arbeiter und Firmenchefs daran beteiligt hatten, griff die kommunistische Führung ein und verhängte am 20. Mai den Ausnahmezustand über Peking. Am 3. Juni wurde an verschiedenen Straßenabschnitten erstmals scharf geschossen. In der Nacht zum 4. Juni räumte das Militär gewaltsam den Platz des Himmlischen Friedens. Während der Strafaktion gab es in ganz Peking über 2.000 Tote und rund 7.000 Verletzte. Genau einen Monat vor der Konferenz veröffentlichte die kommunistische Partei eine Liste mit den Namen der meistgesuchten Aktivisten der Studentenbewegung. Arbeiter, die sich an den Protesten beteiligt hatten und kritische Intellektuelle wurden verhaftet. Später wurden mehrere Dutzend hingerichtet.

Alles dies war zu Beginn der Konferenz bestens bekannt, Medien aus aller Welt hatten ausführlich darüber berichtet. Die Unruhen in Peking zeigten direkte Auswirkungen auf Manila. Die kommunistische Führung verhängte eine Ausreisesperre, die den chinesischen Christen die Teilnahme an der Konferenz verunmöglichte. Leighton Ford, Vorsitzender der Lausanner Komitees, bedauerte diesen Umstand in seiner Eröffnungsrede. Er forderte zum Gebet auf, verurteilte das Massaker aber nicht.[339] Am Ende der Konferenz verabschiedete man das

---

339 Wörtlich sagte Leighton Ford: „Bis vor wenigen Wochen hatten wir die Hoffnung, dass ein paar hundert christliche Leiter aus China hier unter uns sein würden, aber die schrecklichen Ereignisse auf dem Platz des himmlischen Friedens haben diese Tür wieder zugeschlagen. Die leeren Plätze, die Sie sehen, sind eine schweigende Erinnerung, für sie und für jene Gläubige aus anderen Na-

Manila Manifest, in welchem es, wie bereits erwähnt, klar und deutlich heißt: „Wir bekräftigen, dass wir jede persönliche und strukturelle Ungerechtigkeit und Unterdrückung verurteilen müssen, wenn wir die Gerechtigkeit und den Frieden des Reiches Gottes verkündigen. Wir werden von diesem prophetischen Zeugnis nicht abgehen."[340] Es ist mir nicht bekannt, ob ein ernsthafter Versuch gemacht wurde, die passenden Worte für eine öffentliche Verurteilung zu finden. Tatsache ist, dass in den Kongressdokumenten nichts Entsprechendes auftaucht. Man schwieg zu den Menschenrechtsverletzungen in China und bedauerte die Sache stillschweigend.

Zwiespalt und Vielfalt

Was die Fähigkeit der evangelikalen Bewegung betrifft, ihre Stimme gegen Ungerechtigkeit zu erheben, war Manila ernüchternd. Das ist nicht weiter erstaunlich. Es war der erste Versuch der Evangelikalen, wenn man von einem solchen überhaupt sprechen kann, sich zur Tagespolitik zu äußern. Dieser Versuch scheiterte, weil man über ehrenhafte Absichten hinaus weder Konsens noch Erfahrung auf diesem Gebiet hatte, und weil es keine theologische Reflektion zum Thema der prophetischen Verwerfung gab, auf die man sich hätte beziehen können.

Was die Einordnung der sozialen Verantwortung in den Sendungsauftrag der Kirche betrifft, hinterlässt Manila einen zwiespältigen Eindruck. Einerseits hieß es, das Evangelium sei „vorrangig", anderseits wollte man das Evangelium „durch Wort und Tat verkündigen" und „inkarnatorisch" handeln. Dennoch darf Manila als Meilenstein in die jüngere Missionsgeschichte eingehen. Es darf nicht vergessen gehen, dass sich die evangelikale Bewegung nie anders als in „großer Vielfalt" darstellte.[341] Evangelikale Christen müssen in allen wesentlichen Fragen eins sein. Dazu gehört an erster Stelle das Bekenntnis zur Bibel als Wort Gottes und zur Erlösung in Jesus Christus, die durch Glauben empfangen wird. „Diese beiden wesentlichen Stücke reichen aus",

tionen, die nicht herkommen konnten, zu beten" (Ford 1990, 303).

340 Das Manifest von Manila, Teil I. 9. Bekräftigung.

341 Tidball 1999, 309.

hält Tidball fest, „um die Bewegung über alle Unterschiede hinweg zusammenzuhalten".[342] Dieser Zusammenhalt war in Manila gegeben.

Zwischen Lausanne I und II hat sich eine evangelikale Vielfalt in der Verhältnisbestimmung von Evangelisation und sozialer Verantwortung gebildet. Erhard Berneburg spricht von drei Strömungen:[343] Erstens von den *Social-Concern-Evangelikalen*. Sie wollen nicht nur individuelle Hilfe für Menschen in Nöte leisten, sondern sich auch aktiv an der Umgestaltung der Gesellschaft beteiligen. In Lausanne I nannte sich diese Vertreter *Radical Discipleship-Group*, heute würde man sie als missionale Theologen oder als Vertreter eines integralen Missionsverständnisses bezeichnen. Zweitens die *evangelistischen Evangelikalen*, die am anderen Ende des Spektrums stehen. Für sie ist Mission gleichbedeutend mit Evangelisation. Soziale Veränderungen sind nicht Teil des Sendungsauftrags der Kirche, sondern Konsequenz der Christusnachfolge. Drittens die in der Mitte zwischen diesen beiden Positionen stehenden *Wort-und-Tat-Evangelikalen*. Wortverkündigung und soziale Tat werden als wichtig erachtet und nebeneinander gestellt. Aus pragmatischen Gründen wird auf eine Verhältnisbestimmung verzichtet. Diese Position hat in Manila „große Zustimmung durch die Mehrheit der Kongressteilnehmer erhalten".[344] Die Strömungen können mit einigen ihrer typischen Vertreter wie folgt dargestellt werden:

Drei Strömungen in der evangelikalen Bewegung		
Social Concern Evangelikale	Wort und Tat Evangelikale	Evangelistische Evangelikale
Vinay Samuel	Tom Houston	Donald McGavran
Caesar Molebatsi	John Stott	Luis Palau

Dieser Einordnungsversuch macht noch einmal das Vordringen eines missionalen Sendungsverständnisses deutlich. Waren die entsprechenden Kräfte in Lausanne I noch eine verhältnismäßig kleine Gruppe, hat ihre Sichtweise sich in den 15 Jahren danach bis in den Mainstream vor-

342 a.a.O., 311.

343 Berneburg 1997, 227–231.

344 a.a.O., 230.

gearbeitet. Sie haben an Einfluss gewonnen und die evangelikale Bewegung im ausgehenden 20. Jahrhundert entscheidend geprägt. Ein Jahr nach Manila hielt Wolfgang Vorländer fest: „Nur eine verengte europäische Sichtweise könnte übersehen, wie stark die Kräfte, die auf ein ganzheitliches Verständnis des Evangelisationsauftrags ausgerichtet sind, in der Lausanne-Bewegung tatsächlich sind.“ [345]

3.9 Beyond Manila – Mission wird integral

Die Zeit zwischen Lausanne I und II war geprägt von der Spannung im Verhältnis zwischen Verkündigung und sozialer Verantwortung. Die damit verbundenen Auseinandersetzungen führten beinahe zum Auseinanderbrechen der evangelikalen Bewegung. Diese Gefahr bestand nach Manila nicht mehr. Sowohl die sozial orientierten als auch die evangelistischen Evangelikalen fragten sich, was man in den vergangenen 15 Jahren erreicht hatte. War das Glas halb voll oder halb leer? Für die evangelistischen Evangelikalen war das Glas halb voll. Mit dem Satz „die Evangelisation ist vorrangig“ im Manila Manifest konnten sie sich durchsetzen. Für die sozial orientierten Evangelikalen – vor allem die radikalen Kräfte der ersten Stunde – war das Glas halb leer. Sie hatten sich eine deutlichere Aufwertung der sozialen Verantwortung gewünscht.[346]

Dennoch brachte Manila die hektischen Diskussionen der vergangenen 15 Jahre zu einem Abschluss. Die nächsten 20 Jahre sollten wesentlich ruhiger verlaufen. Über die Jahre veränderten sich auch die verwen-

345 Vorländer 1990, 140.

346 Bei den radikalen Evangelikalen hielt sich die Freude über das Erreichte nach Manila in Grenzen. In der Zeitschrift *Transformation* von Januar/März 1990 äußerten sich Chris Sugden und Valdir Steuernagel enttäuscht über die aus ihrer Sicht mangelhafte Aufnahme radikaler Positionen in der evangelikalen Bewegung. Sugden zeigte sich beispielsweise über das Resultat von Wheaton 1983 erfreut, räumte aber ein, dass sich das holistische (ganzheitliche) Missionsverständnis in der Lausanner Bewegung noch nicht durchsetzen konnte (Sugden 1990, 9–12). Auch Steuernagel (1990b, 12) fand anerkennende Worte für einzelne Ergebnisse des missionstheologischen Prozesses seit Lausanne I. Doch insgesamt kam er zu einem kritischen Urteil. Er befürchtete, dass die sozialen Anliegen wieder in den Hintergrund treten und die konservative evangelikale Position wieder an Stärke gewinnen würde. Er forderte, dass das sozialpolitische Engagement dem Missionsauftrag zugerechnet, die Sozialwissenschaften als Partner der Theologie akzeptiert und die Rede von der Vorrangigkeit der Verkündigung aufgegeben werde.

deten Begriffe. Hatte man in Lausanne I von der sozialen Verantwortung der Kirche gesprochen und in Wheaton von der Transformation der Gesellschaft, sprach man nun von integraler oder ganzheitlicher Mission.[347] Das Anliegen allerdings blieb dasselbe. Die Evangelikalen wollten ihre Weltverantwortung entdecken und entsprechend handeln, ohne vom evangelistischen Zeugnis abzurücken. Vorausblickend kann gesagt werden, dass diese doppelte Zielführung gelang. Ich sehe für die Zeit zwischen Lausanne II und III einen Konsolidierungsprozess im evangelikalen Sendungsverständnis. Wie dieser Prozess verlief, werde ich anhand einiger Konferenzen und Initiativen nachzeichnen.

Die Oxford Konferenz

Vom 4. bis 9. Januar 1990 trafen sich rund 100 christliche Theologen, Ethiker, Wirtschaftsfachleute und Entwicklungshelfer aus allen Teilen der Welt im englischen Oxford, um das Verhältnis zwischen Glaube und Wirtschaft zu diskutieren. Die Konferenz war langjährig vorbereitet worden. Drei Jahre zuvor hatte am gleichen Ort eine erste Konsultation stattgefunden. Dabei stieß man ein mehrjähriges Projekt an, bei dem in Regionalkonferenzen das Thema ausführlich diskutiert wurde.[348]

Das Ergebnis des dreijährigen Studienprozesses, der mit der Oxford Konferenz abgeschlossen wurde, ist die Erklärung von Oxford zu christlichem Glauben und Wirtschaft.[349] Sie teilt sich in die vier Bereiche Schöpfung und Haushalterschaft, Arbeit und Freizeit, Armut und Gerechtigkeit sowie Freiheit, Staat und Wirtschaft auf. Die Erklärung äußert sich prägnant zu einer breiten Palette von Themen wie Umweltprobleme, Technologie, Schuldenabbau, Rüstungsausgaben und Kapitalismus.

Die Oxford Erklärung ist eine ausgewogene Verlautbarung, die den Versuch widerspiegelt, sozialethische Leitlinien auf der Basis der

347 Im Englischen sprach man von *holistic Mission*, ein Begriff, der eingedeutscht zu „holistischer Mission" wurde und ganzheitliche Mission meint.

348 Trägerin der Konferenz war in Zusammenarbeit mit anderen Organisationen die *International Fellowship of Evangelical Mission Theologians* (INFEMIT).

349 Der vollständige Text findet sich in Sautter, Volf 1992, 7–31. Der englische Text wurde in *Transformation* 7/2, April/Juni 1990, 1–8 veröffentlicht.

biblischen Offenbarung zu formulieren. Sie ist das erste evangelikale Kongressdokument, das ökologischen Fragen einen Hauptteil widmet (Schöpfung und Haushalterschaft). Das Bemühen, sich gründlich mit dem Verhältnis von Schöpfung und Glauben auseinanderzusetzen kommt in den Artikeln 6 und 7 gut zum Ausdruck. Gleichzeitig wird sichtbar, dass man sich durchweg um einen engen Bezug zur Bibel bemühte:

> 6. Die Herrschaft, die Gott den Menschen über die Schöpfung gab (1Mo 1,28), ist kein Freibrief für den Missbrauch der Schöpfung. Erstens sind sie Gott, nach dessen Bild sie erschaffen wurden, dafür verantwortlich, dass sie die Schöpfung nicht schänden, sondern sie erhalten, so wie Gott sie in göttlicher Fürsorge erhält. Zweitens sind die Menschen zur Gemeinschaft und nicht einfach als isolierte Individuen (1Mo 1,28) geschaffen und deshalb sollen sie die Herrschaft in Verantwortung gegenüber den Bedürfnissen der gesamten Menschheitsfamilie, einschließlich zukünftiger Generationen, ausüben.
>
> 7. Die Menschen sind sowohl Teil der Schöpfung als auch einzigartig. Nur sie sind nach dem Bilde Gottes geschaffen. Gott gewährt den Menschen daher die Herrschaft über die ganze Schöpfung (1Mo 1,28–30). Diese Herrschaft ist jedoch keine Willkürherrschaft. Nach 1Mo 2,15 besteht sie in der Doppelaufgabe des „Bebauens und Bewahrens" des Gartens. Alle Arbeit muss daher nicht nur einen produktiven, sondern auch einen schützenden Aspekt haben. Wirtschaftssysteme müssen so gestaltet sein, dass auf Dauer ein gesundes ökologisches System erhalten wird. Jede verantwortungsbewusste menschliche Arbeit der Haushalter Gottes, des Erhalters, muss daher in engem Zusammenhang mit der Umwelt stehen.

Miroslav Volf hält mit Blick auf die Oxford Erklärung fest: „In Bezug auf die ökologische Problematik hat sie das alte auf die Beherrschung der Natur ausgerichtete Denken und Handeln zugunsten eines auf ihre

Bewahrung ausgerichteten Denkens und Handelns korrigiert."[350] Er räumt ein, dass mit der Oxford Erklärung die evangelikale Stimme zur Ökologieproblematik sehr spät zu hören ist, hält diesen „ersten Versuch" aber für „verheißungsvoll".[351] Es bleibt zu hoffen, dass dies nicht „the end of the road" ist, sondern der Anfang einer Reise, auf der die Evangelikalen eine sorgfältig reflektierte Theologie der Ökologie entwickeln.

Die Weltweite Evangelische Allianz

Wenn man von Manila sowohl zurück als auch voraus blickt, stellt man fest, dass die Weltweite Evangelische Allianz eine entscheidende Rolle in der Festigung eines sozial orientierten Sendungsverständnisses spielte. Sie hatte 1983 in Absprache mit dem Lausanner Komitee zur Konferenz in Wheaton eingeladen, und diese Konferenz war stark vom Transformationsgedanken geprägt. Dem gegenüber war die Lausanner Bewegung stärker vom evangelistischen Anliegen getragen.

1999 fand die von der Weltweiten Evangelischen Allianz organisierte *International Missiological Consultation* in Iguassu, Brasilien, statt. Es ging um eine missiologische Standortbestimmung an der Schwelle zum 21. Jahrhundert. Zu den Zielen der Konferenz gehörte die Identifizierung und Einordnung der gegenwärtigen kulturellen und globalen Veränderungen.[352] Von den 160 Teilnehmern stammte je die Hälfte aus der Zwei-Drittel-Welt und aus dem Westen. Aus entsprechend unterschiedlichen Perspektiven wurde die missionarische Herausforderung diskutiert. William Taylor, Exekutivdirektor der *Missions Commission* der Weltweiten Evangelischen Allianz, berichtet, wie die Teilnehmer realisierten, dass in den letzten Jahrzehnten des 20. Jahrhunderts „eine unglückliche Betonung des pragmatischen Denkens" die evangelikale Mission bestimmt habe.[353] Taylor bemängelte am evangelikalen Kurs vor allem die Reduzierung des Missionsauftrags auf die Verkündigung,

350 Volf 1992, 34.

351 a.a.O., 48.

352 Taylor 2000, 4.

353 a.a.O., 4.

die Überbetonung von Strategien und Statistiken und ein Mangel in der Reich-Gottes-Theologie.[354]

Das Resultat der Konsultation ist die *Iguassu Erklärung*.[355] Sie setzt die missionarische Aufgabe in den Kontext der Probleme der Gegenwart. In der Einführung heißt es: „Wir verkündigen den lebendigen Christus in einer Welt, die durch ethnische Konflikte und enorme wirtschaftliche Ungleichheit zerrissen sowie durch Naturkatastrophen und ökologische Krisen erschüttert wird.“[356] Die Iguassu Erklärung besteht aus 9 Erklärungen und 14 Verpflichtungen. In den Erklärungen wird „die ganzheitliche Natur des Evangeliums von Jesus Christus“ unterstrichen. Man will sich für Menschenrechte und für religiöse Freiheit einsetzen und Antworten auf strukturelle Probleme finden, denn „die Ausbreitung von Gottes Reich wird durch wirtschaftliche und politische Systeme stark beeinflusst“.[357] Die Erklärung bringt die Freude darüber zum Ausdruck, dass die weltweite evangelikale Gemeinschaft zunehmend die Herausforderungen der Gegenwart angeht. In den Verpflichtungen findet sich der Wille, sich für Versöhnung einzusetzen. Außerdem will man einen Weg finden, um wissenschaftliche Erkenntnisse im Rahmen des evangelikalen Schriftverständnisses fruchtbar zu machen, was in den Worten ausgedrückt wird: „Wir sind dankbar für viele hilfreiche Einblicke aus dem Bereich der Sozialwissenschaften. Wir sind darauf bedacht, dass diese der Autorität der Schrift unterstellt werden.“[358]

2001 fand in Kuala Lumpur die 11. Generalversammlung der Weltweiten Evangelischen Allianz statt. Zentrale Themen waren das Flüchtlingsproblem, die Schulden der armen Länder und der Missbrauch von Frauen. Laut dem an dieser Versammlung abgetretenen internationalen Direktor, Agustin Vencer, wollen immer mehr Evangelikale aus der Zwei-Drittel-Welt ihre Gesellschaft zugunsten der Armen verändern.[359] „Die Gefahr, die Kirche – wie etwa in der Genfer ökumenischen Bewe-

354 a.a.O., 4f.

355 Englisch Iguassu Affirmation.

356 Iguassu Erklärung, Einleitung.

357 a.a.O., Erklärungen 4, 6 und 7.

358 a.a.O., Verpflichtungen 5 und 7.

359 idea Spektrum 10/2001, 14.

gung – auf eine rein politische Anwaltschaft festzulegen, sehe man zwar, man dürfe sich davon aber nicht lähmen lassen.“[360] Die Reaktion deutschsprachiger Teilnehmer auf die Versammlung macht deutlich, dass die Evangelikalen in Europa über die zunehmend gesellschaftspolitische Ausrichtung der Allianz irritiert sind. Rudolf Westerheide mahnte die Evangelikalen, nicht in das Fahrwasser der Ökumene zu geraten.[361] Hansjörg Leutwyler „würdigte das Plädoyer für einen ‚ganzheitlichen‘ Lebensstil der Christen. Gleichzeitig müsse man aber darauf achten, dass man sich nicht zu sehr auf politische Themen konzentriere“.[362] Und Wolfgang Polzer fragte: „Wie lange können die Evangelikalen den Spagat zwischen geistlichem und politischem Einsatz aushalten?“[363]

Die Iguassu Konsultation und die 11. Generalversammlung zeigen, dass sich die Weltweite Evangelische Allianz ganz für die sozialethischen Herausforderungen geöffnet hat. Die kritischen Stimmen – zum Teil aus den eigenen Reihen – machen deutlich, dass die Weltzugewandtheit der Evangelikalen die kritische Begleitung der Theologie braucht.

Das Micah Network

Als Beispiel dafür, dass das evangelikale Missionsverständnis zunehmend integral wird, darf das 1999 gegründete *Micah Network* gelten, das von René Padilla präsidiert wird. Es umfasst rund 500 Entwicklungsorganisationen in über 80 Ländern. In Deutschland ist das Netzwerk seit 2006 unter dem Namen *Micha-Initiative* aktiv und wird von der Deutschen Evangelischen Allianz getragen.[364] Man möchte christlichen Organisationen, Kirchen und Personen helfen, eine biblische Antwort auf die Nöte der Welt zu finden, vor allem auf das Problem der Armut. Das Micah Network versteht sich als evangelikales Hilfswerk, das praktisch und prophetisch in die Gesellschaft hineinwirkt. Dabei bedient man sich auch des politischen Lobbying, um den Armen eine Stimme

360 a.a.O.

361 a.a.O., 15.

362 a.a.O., 15.

363 Polzer 2001, 16f.

364 www.micha-initiative.de. In der Schweiz StopArmut (www.stoparmut.ch).

zu geben. All dies ist durch die jüngere evangelikale Missionsgeschichte, wie wir gesehen haben, legitimiert. Darauf weist die Micha-Initiative auf ihrer Homepage ausdrücklich hin, wenn es heißt: „Spätestens seit dem Kongress für Weltevangelisation in Lausanne 1974 wächst in der weltweiten evangelikalen Bewegung aber die Überzeugung, dass sowohl die Einladung zum Glauben als auch der Einsatz für Gerechtigkeit Gottes Anliegen sind und Mission ganzheitlich zu verstehen ist."[365]

2001 hielt das Micah Network seine erste internationale Konferenz in Oxford ab, an welcher die *Micah Declaration on Integral Mission* verabschiedet wurde. Die Micha Erklärung, wie sie auf Deutsch genannt wird, liest sich durchgängig wie ein missionales Manifest. Einführend wird definiert, was unter integraler Mission verstanden wird:

> Integrale Mission oder ganzheitliche Veränderung meint die Verkündigung und die gesellschaftliche Umsetzung des Evangeliums. Das heißt nicht nur, dass Evangelisation und soziales Engagement beide gleichermaßen zu geschehen haben. Vielmehr heißt das im Verständnis Ganzheitlicher Mission, dass aus unserer Verkündigung soziale Konsequenzen folgen, weil wir die Menschen zur Liebe und zur Buße in allen Bereichen des Lebens ermutigen. Und unser soziales Engagement hat evangelistische Auswirkungen, da wir Zeugnis geben von der verwandelnden Kraft Jesu Christi. Wenn wir die Welt vernachlässigen, verraten wir das Wort Gottes, das uns doch aussendet, der Welt zu dienen. Wenn wir jedoch Gottes Wort ignorieren, haben wir dieser Welt nichts zu bringen.[366]

Die Erklärung begründet integrale Mission christologisch, ganz so wie das die radikalen Kräfte seit Lausanne I durchweg gemacht haben. Jesus ist das Vorbild ganzheitlichen Handelns:

> Gerechtigkeit und die Rechtfertigung aus Glauben, Anbetung und politische Aktion, geistliche und materielle, persönliche

365 www.micha-initiative.de vom 25.6.2014.

366 a.a.O.

> und strukturelle Veränderung gehören zusammen. Wie wir es im Leben Jesu sehen können, ist die Verknüpfung von Sein, Tun und Reden das Herz ganzheitlicher Mission. Jesus Christus ist die Mitte, darauf verpflichten wir uns gegenseitig neu. Sein opferbereiter Dienst ist das Muster einer jeden christlichen Nachfolge. Durch sein Leben und durch seinen Tod gab Jesus uns ein Beispiel der Identifizierung mit den Armen und der Achtsamkeit gegen andere. Am Kreuz zeigt uns Gott, wie ernst er Gerechtigkeit nimmt, denn er versöhnt beide mit sich, Reiche und Arme, indem er selbst die Forderungen seiner Gerechtigkeit erfüllte. Unser Dienst an den Armen geschieht in der Kraft dieses auferstandenen Herrn durch den Heiligen Geist. Unsere Hoffnung gründet sich darin, dass wir Christus und seinem endgültigen Sieg über das Böse alles unterstellen.[367]

Auffallend ist im Weiteren die Verknüpfung von Hilfeleistungen mit der Kirche. Man möchte lokale Gemeinden gründen und in ihnen die Werte des Königreiches Gottes „verkörpern", denn integrale Mission „ist in dem Maße glaubwürdig, in dem Leben und Botschaft bei uns zur Übereinstimmung kommen".[368] Gemeinde leben und integral handeln gehören hier also eng zusammen.

Transformation in Pattaya

Für die Zeit vom 29. September bis 5. Oktober 2004 lud die Lausanner Bewegung zum Forum für Weltevangelisation in Pattaya ein. Unter dem Thema „Eine neue Vision, ein neues Herz und eine erneute Berufung" versammelten sich 1.530 Teilnehmer aus 130 Ländern. Unter ihnen waren vor allem jüngere evangelikale Leiter, davon viele aus der Zwei-Drittel-Welt, wo die Kirchen starkes Wachstum verzeichneten.[369] Aufgrund eines vorgängig durchgeführten weltweiten Researchs wur-

367 a.a.O.

368 a.a.O.

369 Vision 2004a, ix.

den 31 Themen ermittelt, die von besonderer Relevanz für die Mission sind. Entsprechend dieser Themen wurde in Pattaya in 31 sogenannten *Issue Groups* von je 30 bis 100 Personen getagt. Die behandelten Themen reichten von Globalisierung, holistischer Mission, Transformation von Städten bis zu Immigration, ethnische Konflikte und Bioethik.[370]

Aus dem Forum ging das Schlussdokument *Pattaya II – Erklärung des Lausanner Forums 2004* hervor, das die Ergebnisse des Treffens in knapper Form bündelt. Die Erklärung macht deutlich, dass theologische Fragen nicht vertieft erörtert wurden und mehr strategische Überlegungen im Vordergrund standen. So heißt es, dass die Issue Groups große Fortschritte erzielten „bei der Suche nach Antworten auf diese Hauptherausforderungen der Weltevangelisation. Bei der Erarbeitung von Empfehlungen rückten einige übergreifende strategische Anliegen in den Vordergrund.“[371] Der nach Wheaton etwas in Vergessenheit geratene Transformationsbegriff wurde in Pattaya wieder verwendet. Der Bericht hält fest, dass der Transformationsgedanke in vielen Gruppen präsent war:

> Veränderung (Transformation) war ein Thema, das in den Arbeitsgruppen immer wieder in den Vordergrund trat. Wir erkennen an, dass wir immer wieder neu Umkehr und Umwandlung brauchen. Wir müssen uns immer weiter öffnen für die Führung durch den Heiligen Geist und für die Herausforderung durch Gottes Wort. Es ist nötig, dass wir zusammen mit anderen Christen in Christus wachsen. All dies soll in einer Weise geschehen, die zu sozialer und wirtschaftlicher (gesellschaftlicher) Veränderung führt. Wir erkennen an, dass die Breite des Evangeliums und der Bau des Reiches Gottes Leib und Seele sowie Verstand und Geist brauchen. Deshalb rufen wir zu einer zunehmenden Verbindung von Dienst an der Gesellschaft und Verkündigung des Evangeliums auf.[372]

370 Der ausführliche Konferenzband liegt in 3 Bänden unter dem Titel *A New Vision, A New Heart, A Renewed Call* vor und ist nur in Englisch verfügbar.

371 www.lausannerbewegung.de

372 Pattaya II – Erklärung des Lausanner Forums 2004. Autorisierte deutsche Übersetzung von Christof Sauer auf www.lausannerbewegung.de

In Pattaya war es nicht mehr nötig, Transformation als ein Ziel der Mission zu fordern, sie wurde vorausgesetzt und brauchte nur noch strategisch erläutert zu werden. Das war ein deutliches Zeichen dafür, dass die Transformationsorientierung in der evangelikalen Bewegung breite Akzeptanz gefunden hatte, obschon ein der Lausanner Verpflichtung entsprechendes Dokument, welches transformatorische Mission legitimiert, weiterhin fehlt.

Holistic Mission

Wenn man fragt, welchen Stellenwert die soziale Verantwortung in der evangelikalen Bewegung 30 Jahre nach Lausanne I hatte, wird man in der *Holistic Mission Issue Group* von Pattaya fündig. Sie machte es sich zur Aufgabe, die Errungenschaften der sozialen Aktion seit Lausanne I zu reflektieren und in Bezug zu den drängenden Problemen der Gegenwart zu setzen:

> Das heiß debattierte theologische Thema von Lausanne 1974 war das Verhältnis von Evangelisation und sozialer Aktion. Die Unzulänglichkeit eines westlichen ‚kulturellen Christentums', das im Laufe der Geschichte die sozialen Implikationen des Evangeliums vernachlässigte, wurde anerkannt und die Lausanner Konferenz erwies sich als ein Wendepunkt im evangelikalen Denken zu diesem Thema. Dreißig Jahre später, in einer radikal veränderten Welt, hatten die neunundsiebzig Teilnehmer der Holistic Mission Issue Group die Verantwortung, das Wesen und den Einfluss von holistischen Initiativen in diesen vergangenen drei Jahrzehnten zu bestimmen, die Rolle der Kirche und christlicher Hilfsorganisationen in der holistischen Mission zu klären und zu artikulieren, gegenwärtige Modelle des Dienstes zu reflektieren und Strategien und Schritte für die zukünftige Rolle der Kirche in Sachen holistischer Mission vorzuschlagen.[373]

373 Campbell 2004a, 1.

Die Holistic Mission Issue Group teilte sich in vier Gruppen zu den Themen wirtschaftliche Gerechtigkeit, Gesundheit, Landwirtschaft und Hunger sowie Katastrophenhilfe auf, die je einen eigenen Bericht verfassten.[374] Jeder enthält eine biblische Reflexion des behandelten Themas sowie praktische Anregungen, die in die weltweiten Evangelisationsbemühungen integriert werden können. Eine eigentliche theologische Diskussion fand nicht statt. Vielmehr geht aus den Berichten hervor, dass der Transformationsgedanke ausreichend präsent war, sodass nur noch nach dessen praktischer Umsetzung gefragt wurde.

Den vier Berichten ist der theologische Aufsatz *Holistic Mission* von René Padilla vorangestellt. In diesem umreißt er einführend die Entwicklungen seit Lausanne I, die zu Mission als Transformation geführt haben.[375] Der Hauptteil bildet eine theologische Abhandlung über Grund und Wesen holistischer Mission, was Padilla von der Schöpfung, vom Menschen und von Jesus ausgehend erarbeitet.[376]

---

374 Die Berichte wurden zum *Lausanne Occasional Paper* (LOP) No. 33 zusammengefasst. www.lausanne.org

375 Padilla streicht im Zusammenhang mit Lausanne I zwei Dinge besonders hervor: Zum einen die Rolle von John Stott, der von seiner ursprünglichen Meinung, Mission erschöpfe sich in der Verkündigung, abrückte und Mission als umfassendes Geschehen definierte, in welches auch die soziale Verantwortung hineingehöre. Zum andern die Rolle der radikalen Evangelikalen in Lausanne, zu denen Padilla selbst gehörte. Ihre Sondererklärung in Lausanne könne als „das erste weltweite evangelikale Dokument über holistische Mission“ betrachtet werden, was zweifellos zutreffend ist.

376 Der erste Ansatz geht von der Schöpfung aus. Erlösung könne nicht losgelöst von der Schöpfung gedacht werden: „Das Ziel der Erlösung ist nicht einfach nur ewiges Leben von individuellen Seelen im Himmel, sondern die Umwandlung der gesamten Schöpfung, einschließlich der Menschheit, zur Ehre Gottes.“ Die Bekehrung eines Menschen bedeute das Hereinbrechen der neuen Schöpfung in diese Welt, um den Menschen umzuwandeln. Das Ziel der Verkündigung dürfe deshalb nicht das Produzieren von religiösen Individuen sein. Sie müsse darauf ausgerichtet werden, dass ganze Gemeinschaften Christus als Herr bekennen und Gottes Liebe in konkreten Situationen demonstrieren. Gott wolle nicht bloß Seelen retten, er wolle alle Dinge im Himmel und auf Erden mit sich versöhnen. Der zweite Ansatz geht vom Menschen als Einheit von Leib, Seele und Geist aus. Es sei unmöglich, einem Menschen zu helfen, wenn man sich nur um einen Teil seiner Existenz kümmere. Holistische Mission müsse alle menschlichen Bedürfnisse ansprechen. Der dritte Ansatz geht von Jesus Christus aus, seinem Leben und Dienst, seinem Tod am Kreuz, seiner Auferstehung und seiner Erhöhung. Padilla klagt, der Tod Jesu sei häufig von seinem irdischen Leben losgelöst betrachtet und vorrangig behandelt worden. Das habe dazu geführt, dass man dem Leben und dem Dienst Jesu zu wenig Beachtung für die Mission geschenkt habe. Padilla kann sich Mission nicht anders als inkarnatorisch denken: „Wenn das der Fall ist, werden die Proklamation guter Nachricht für die Armen, die Verkündigung von Freiheit für Gefangene, das Schenken des Augenlichts für die Blinden und die Befreiung von Unterdrückten zu grundlegenden Kriterien, mit denen wir beurteilen können, in welchem Maß die Mission der heutigen Kirche in Tat und Wahrheit die Weiterführung der Mission von Jesus von Nazaret ist.“

Vergleicht man Pattaya mit Manila, zeigt sich, dass die Integration von Evangelisation und sozialer Aktion immer deutlicher hervortrat: „Aus einem Nebeneinander mit Priorität für die Wortverkündigung wird in Pattaya ein Ineinander ohne besondere Prioritäten."[377]

Integrale Mission ist nur eines von vielen missionarischen Schlagwörtern, welche in den letzten 40 Jahren in der evangelikalen Missionstheologie auftauchten. Allerdings wurden dieses und andere Wörter mit Bedacht gewählt und oft wurde darum gerungen. Ob integrale, holistische oder ganzheitliche Mission, ob Transformation oder soziale Aktion – alle diese Begriffe lassen sich in der Sache auf einen Nenner bringen: Die Kirche soll der Welt in Wort und Tat mit dem Evangelium dienen. Genau dies war der Herzschlag des dritten Lausanner Kongresses für Weltevangelisation in Kapstadt.

3.10 Kapstadt – Gott lieben und der Welt dienen

Vom 16. bis 25. Oktober 2010 fand im südafrikanischen Kapstadt der Dritte Internationale Kongress für Weltevangelisation (Lausanne III) statt. 4.200 Delegierte aus 197 Nationen trafen sich erstmals auf afrikanischem Boden, dem Kontinent, der in den vergangenen 100 Jahren eine phänomenale Ausbreitung des christlichen Glaubens gesehen hatte. Dank Internet war Kapstadt der größte je durchgeführte evangelikale Missionskongress. Rund 100.000 User aus aller Welt schalteten sich zu.

Das Motto des Kongresses war das Bibelwort „Gott war in Christus und versöhnte die Welt mit sich selber" (2Kor 5,17). Im Vordergrund stand die Aufgabe der Kirche in der Welt des 21. Jahrhunderts: „In Bibelarbeiten, Vorträgen, Seminaren, Multiplexes, Dialog Sessions und Gottesdiensten ging es um die alte und immer wieder neue Frage,

Das Kreuz lege der Kirche die Verpflichtung des Dienstes der Versöhnung an der Welt auf und forderte von ihr, „Kirche für die anderen" zu sein. Der Bericht hat auf www.lausanne.org keine Seitenangaben.

377 Herbst 2012, 26.

wie das ganze Evangelium durch die ganze Kirche der ganzen Welt im 21. Jahrhundert verkündigt werden kann."[378]

Kapstadt wurde als interaktiver Kongress konzipiert. In bunt zusammengesetzten Tischgruppen von je sechs Teilnehmern fand ein intensiver Austausch statt. Es gab keine Grundsatzreferate wie in Lausanne I und II, stattdessen prägten Bibelarbeiten aus dem Epheserbrief das Geschehen. Viel Raum wurde für Kunst, Musik und persönliche Berichte geschaffen, hingegen wenig oder keiner für theologische Debatten eingeräumt.[379]

Edinburgh und der Wandel

Das Datum von Lausanne III war nicht zufällig gewählt. 100 Jahre zuvor hatte im schottischen Edinburgh die erste protestantische Weltmissionskonferenz stattgefunden. Die Organisatoren von Kapstadt wollten den Kongress bewusst in die Tradition von Edinburgh stellen. Das zeigte sich am Eröffnungsabend als „betont an Edinburgh 1910 erinnert" wurde.[380]

Was verband Kapstadt mit Edinburgh? Edinburgh – das erinnerte an die Zeit als der theologische Liberalismus noch keine offenen Einfallsstraßen in die protestantische Mission gefunden hatte. Entsprechend groß war damals der evangelistische Eifer, der sich im Konferenzmotto „die Evangelisierung der Welt in dieser Generation" ausdrückte.[381] Der glühende evangelistische Eifer verband sich mit einem ebenso großen Glauben an den Erfolg der Mission: „Man befand sich in der Hochblüte des Kolonialismus und des aufstrebenden Industriezeitalters. Die Technik machte Quantensprünge. Der Kirche standen durch Eisenbahnen, Dampfschiffe und Printmedien neue Mittel für die Verbreitung des Evangeliums zur Verfügung. Die westlichen Staaten beherrschten

378 Gäckle 2012, 9.

379 Herbst 2012, 29.

380 Gäckle 2012, 11.

381 John Mott sagte in Edinburgh: „Unsere Hoffnung ist, dass, bevor wir unsere Augen im Tod schließen, alle Völker der Erde Gelegenheit gefunden haben, den lebendigen Herrn Christus zu kennen und zu erwarten" (zitiert in Wrogemann 2013, 44).

weite Teile der Erde. Das koloniale Weltgefüge verschaffte den Missionaren Zugang zu zahlreichen Ländern, in denen das Evangelium noch kaum Fuß gefasst hatte. Durch die wirtschaftliche Vormachtstellung des Westens standen den protestantischen Missionen enorme Geldbeträge zur Verfügung. Die Spendeneingänge für die Mission waren seit Jahren im Steigen begriffen. Die Zukunft war in den Händen der Kirche, die Werkzeuge, um sie zu gestalten, lagen bereit. Zum ersten Mal in der Geschichte setzte die Kirche dazu an, den gesamten Globus innerhalb von nur einer Generation mit dem Evangelium zu durchdringen.“ [382] Die augenscheinliche Machbarkeit des missionarischen Auftrags ging mit einem hohen Selbstbewusstsein einher. Walter Freytag sprach von „einem unreflektierten und unangefochtenem Überlegenheitsbewusstsein“ der in Edinburgh versammelten westlichen Missionen.[383]

Doch was auf Edinburgh folgte, war nicht der Siegeszug der protestantischen Mission in aller Welt, sondern zwei Weltkriege, das Erstarken der Religionen und die Ausbreitung des Kommunismus. Das Zeitalter des Kolonialismus kam zu seinem Ende und der Niedergang des christlichen Abendlandes setzte ein. Alles das veränderte die protestantische Mission innerhalb weniger Jahrzehnte grundlegend.

Die Zeit nach Edinburgh war nicht eine der ungebrochenen missionarischen Eroberungen, sondern der globalen Erschütterungen. Durch die beiden Weltkriege und den immer dominanter auftretenden Säkularismus zerbrach der Zusammenhang zwischen westlicher Zivilisation und Evangelium. Man konnte jetzt, wie es Walter Freytag einmal sagte, modern sein, ohne Christ zu werden.[384] Nach seinem Marsch durch die Universitäten fand der theologische Liberalismus seinen Weg auch in das Zentrum der protestantischen Mission. Beginnend mit der zweiten ökumenischen Weltmissionskonferenz in Jerusalem 1925 befand sich das historische Erbe der protestantischen Mission im Prozess der Selbst-

382 Hardmeier 2009, 2f.

383 Zitiert in Wrogemann 2013, 45.

384 Egelkraut 2005, XXXIII.

auflösung. In den 1960er-Jahren war die Mission zu einem humanistischen Unternehmen umfunktioniert worden.[385]

Wir haben in Teil 1 gesehen, dass die evangelikalen Kräfte sich in den 1960er-Jahren aufmachten, um ihren eigenen Weg unter die Füße zu nehmen. Es ging darum, das historische Erbe der protestantischen Mission zu retten und in neue Schläuche zu füllen. Lausanne I war in dieser Hinsicht von entscheidender Bedeutung. Mit dem Motto „Alle Welt soll sein Wort hören" knüpfte man an die Vision von Edinburgh an. Der Optimismus von damals war zwar nicht wieder zu beleben, zu stark hatte sich das Weltgefüge zu Ungunsten der christlichen Mission verändert. Dennoch lag der Fokus mit dem Schlagwort „*to reach the unrechead*" auf der Evangelisierung der Welt. Man wollte die letzten unerreichten Volksgruppen mit dem Evangelium erreichen. In den folgenden Jahrzehnten veränderte sich die missionarische Landkarte dann aber nochmals dramatisch. Während im Süden die Kirche starkes Wachstum verzeichnete, leerten sich im Westen die Volkskirchen ebenso rasch. Das Resultat ist ein postmodernes Neuheidentum in Europa, sodass ernüchternd festgestellt werden muss, dass wir in den christlichen Stammlanden „eher wieder an einem Beginn der Weltmission stehen denn an ihrem Abschluss".[386]

Nach einem wechselvollen Missionsjahrhundert stellt sich die Frage, wo die evangelikale Mission 100 Jahre nach Edinburgh steht. Die wohl beste Antwort darauf gibt das Schlussdokument von Lausanne III, die *Kapstadt Verpflichtung.*

Die Kapstadt Verpflichtung

Die Kapstadt Verpflichtung entstand unter der Federführung des irischen Alttestamentlers und Missionstheologen Chris Wright. Das umfangreiche Dokument hat eine längere und nicht unumstrittene Ent-

385 Für eine knappe, aber gehaltvolle Darstellung dieses Prozesses, die den theologischen Gründen besondere Aufmerksamkeit widmet, siehe Egelkraut 2005.

386 Gäckle 2012, 14.

stehungsgeschichte hinter sich.[387] Achtete man in früheren Dokumenten auf möglichst prägnante Formulierungen, wollte man in der Kapstadt Verpflichtung die Vielfalt evangelikalen Denkens widerspiegeln. Das Dokument besteht aus zwei Teilen:

Der erste Teil ist das Kapstadt-Bekenntnis des Glaubens unter dem Titel *Für den Herrn, den wir lieben*. In 10 Artikeln wird festgehalten, dass evangelikale Christen den dreieinigen Gott, Gottes Wort, Gottes Welt, Gottes Volk, das Evangelium und die Mission lieben. Dieser Teil ist ausgehend vom biblischen Doppelgebot der Liebe ganz in die Sprache der Liebe gefasst und stark von einem biblischen Sprachduktus geprägt.

Der zweite Teil ist der Kapstadt-Aufruf zum Handeln unter dem Titel *Für die Welt, der wir dienen*. Jeder der sechs vollen Kongresstage war einem bestimmten Thema gewidmet.[388] Entsprechend wird in sechs

387 Chris Wright beschreibt in dem Internetartikel *The Cape Town Commitment: The Inside Story* die Entstehungsgeschichte der Kapstadt Verpflichtung ausführlich: Zu Beginn des Jahres 2009 schlug Lindsay Brown, Internationaler Direktor der Lausanner Bewegung vor, dass Kapstadt ein Kongressdokument hervorbringen sollte. Auf Dezember 2009 wurde in Minneapolis ein erstes Treffen unter der Leitung von Sinclair Ferguson einberufen, bei dem 18 ausgewählte evangelikale Theologen und Leiter aus allen Kontinenten teilnahmen (deren Namen nicht bekannt gegeben wurden). Zur Vorbereitung des Treffens gehörte das intensive Studium der einschlägigen Missionsdokumente seit den 1960er-Jahren. Im Januar 2010 erstellte Chris Wright als Resultat des Treffens das Draft der Kapstadt Verpflichtung und ließ es von der Minneapolisgruppe überprüfen. Im Mai 2010 wurden zwei strategische Entscheidungen gefällt: Die erste bestand darin, dass die Kapstadt Verpflichtung aus zwei Teilen bestehen sollte: Zunächst aus dem Kapstadt-Bekenntnis des Glaubens. Dieses hatte die Minneapolisgruppe unterdessen weitgehend fertiggestellt. Dann aus dem Kapstadt-Aufruf zum Handeln, der während des Kongresses entstehen und möglichst viele der dargebotenen Inhalte aus den Referaten und Sessions aufnehmen sollte. Die zweite Entscheidung bestand darin, dass keine formelle Annahme der Kapstadt Verpflichtung durch den Kongress erfolgen sollte. Es war lediglich vorgesehen, dass die Teilnehmer während des Kongresses ein Draft von Teil 1 erhalten, was erst am sechsten von acht Konferenztagen geschah. Beide Teile wurden nach dem Kongress überarbeitet und im englischen Original im Januar 2011 veröffentlicht (Wright 2011, 1–5; www.lausanneworldpulse.com). Padilla (2012, 194) beklagt, dass keine Zeit eingeräumt wurde, „um den reichen theologischen Inhalt" des Dokuments zu diskutieren. Gäckle (2012, 209f) meint, dass der Umstand, dass der erste Teil der Kapstadt Verpflichtung nichts mit der inhaltlichen Arbeit des Kongresses zu tun hatte, nicht dazu beitrage, diesem Dokument ein besonderes Gewicht zu geben. Durch die „merkwürdige", ja „unwürdige" Entstehungsgeschichte stelle sich die Frage nach der Legitimation der Kapstadt Verpflichtung. Dennoch ist sie eine gute Widerspiegelung des gegenwärtigen missionarischen Denkens der weltweiten evangelikalen Bewegung. Denn schon im Vorfeld der Konferenz lud Chris Wright die Referenten sowie die Leiter der Multiplexes ein, ihm so viel Material wie möglich zukommen zu lassen, das sie als relevant für die Konferenz erachteten, was eine Fülle von Rückmeldungen zur Folge hatte (Wright 2011, 3).

388 Die Tagesschwerpunkte waren: Montag – Wahrheit: Die Wahrheit Christi bezeugen in einer pluralistischen, globalisierten Welt. Dienstag – Versöhnung: Den Frieden Christi aufbauen in unserer geteilten und zerbrochenen Welt. Mittwoch – Religionen: Menschen anderer Religionen Zeugnis geben von der Liebe Christi. Freitag – Prioritäten: Den Willen Christi für die Evangeli-

Artikeln ausgeführt, wie evangelikale Christen der Welt mit dem Evangelium dienen möchten. Sie beschreiben die Herausforderungen, „welchen die weltweite Gemeinde Christi gegenübersteht, sowie unsere Prioritäten für die Zukunft."[389]

Die Kapstadt Verpflichtung ist wegen ihrer Ausführlichkeit weniger markant als frühere Kongressdokumente, erlaubt aber gerade deswegen einen guten Einblick in das gegenwärtige evangelikale Sendungsverständnis. Worin dieses besteht, lässt sich am besten aus den Themen Ethik, Evangelisation und Mission ersehen.

Dominante Ethik

Im Vergleich mit der Lausanner Verpflichtung von 1974 und dem Manila Manifest von 1989 hat die Kapstadt Verpflichtung stark ethischen Charakter. Dieser zeigt sich bereits in der Struktur des Dokuments. Mit dem ersten Teil, dem Bekenntnis, wird eine theologische Grundlage gelegt. Mit dem zweiten Teil, dem Aufruf zum Handeln, der immerhin zwei Drittel des Dokuments ausmacht, wird zum Handeln angestiftet. Mehrfach wird betont, dass es nicht nur um den Glauben geht, sondern auch darum, dem Evangelium praktischen Gehorsam zu leisten und verantwortlich zu handeln. Sehr deutlich wird dieser Umstand in Teil 1 im Artikel über die Liebe zu Gottes Wort:

> Wir bekennen, dass wir leichtfertig behaupten, die Bibel zu lieben, ohne aber das Leben zu lieben, das sie lehrt – das Leben eines kostspieligen, praktischen Gehorsams gegenüber Gott durch Christus (...) Um des Evangeliums willen verpflichten wir uns daher neu, unsere Liebe zu Gottes Wort dadurch zu beweisen, dass wir es glauben und ihm gehorchen. Es gibt

sation im 21. Jahrhundert erkennen. Samstag – Integrität: Ein Aufruf an die Gemeinde Christi, wieder zu Demut, Integrität und Einfachheit zurückzukehren. Sonntag – Partnerschaft: Partnerschaften formen im Leib Christi für ein neues globales Gleichgewicht Am Donnerstag bestand kein volles Programm.

389 Kapstadt Verpflichtung, Teil II, Einführung.

> keine biblische Mission ohne ein an der Bibel ausgerichtetes Leben.[390]

In Teil 2 wird dargelegt, wie ein an der Bibel orientiertes Handeln praktisch auszusehen hat, sei es im Umgang mit Menschen anderen Glaubens, am Arbeitsplatz, im öffentlichen Leben, in ethnischen Konflikten oder wenn es um die Versuchung der Macht geht, um nur einige Themen zu nennen. Diese Handlungsanweisungen wollen als „Fahrplan" für die nächsten zehn Jahre der Lausanner Bewegung verstanden werden.[391] Man merkt hier deutlich, dass die Evangelikalen die Verantwortung spüren, dem Evangelium nicht nur zu glauben und es nicht nur zu verkündigen, sondern es auch zu leben, nicht zuletzt in der Verantwortung gegenüber einer leidenden Welt.[392] Entsprechend häufig und eindringlich finden sich Worte des Bedauerns und Aufrufe zur Buße. Allein im ersten Teil wird in den Artikeln 1, 2, 3, 6, 7 und 9 zur Buße aufgerufen.

Bestätigte Evangelisation

Die Verkündigung des Evangeliums und der Ruf zum Glauben gehören zu den Kernpunkten evangelikaler Theologie. In der Lausanner Verpflichtung ist davon die Rede, dass die unvollendete Aufgabe der Evangelisation die Kirche herausfordere.[393] Die Evangelisation stehe beim aufopfernden Dienst der Kirche für die Welt an erster Stelle.[394] Das Manila Manifest bleibt ganz auf dieser Linie, wenn es festhält, dass die Evangelisation die vorrangige Aufgabe der Kirche ist.[395] Wie steht es, fast ein halbes Jahrhundert später, um das evangelikale Verständnis von Evangelisation?

390 a.a.O., Teil I, Artikel 6.

391 a.a.O., Vorwort.

392 Am deutlichsten wird dies in Teil I, Artikel 7.

393 Lausanner Verpflichtung, Einführung.

394 a.a.O., Artikel 6.

395 Das Manifest von Manila, Teil II. 4. Abschnitt.

War die Lausanner Verpflichtung ganz von der unerledigten Aufgabe der Evangelisation geprägt, findet sich dieselbe Dringlichkeit in der Kapstadt Verpflichtung nicht mehr. An klaren Aussagen über die Wichtigkeit der Evangelisation fehlt es dennoch nicht. Mehrfach wird gesagt, dass Jesus der einzige Retter ist. Die Kirche wird aufgerufen, „unerschütterlich daran festzuhalten, dass er allein Retter, Herr und Gott ist".[396] Es wird häufig herausgestrichen, wie wichtig es ist, allen Menschen an allen Orten das Evangelium bekannt zu machen. Der Artikel über das Evangelium eröffnet mit den Worten: „Als Jünger Jesu sind wir Menschen des Evangeliums. Kern unserer Identität ist unsere Leidenschaft für die biblische gute Nachricht vom Erlösungswerk Gottes durch Jesus Christus. Wir sind vereinigt durch das Erleben der Gnade Gottes im Evangelium und durch unsere Motivation, dieses Evangelium der Gnade mit allen verfügbaren Mitteln bis an die Enden der Erde bekannt zu machen."[397]

Die Kapstadt Verpflichtung befindet sich damit auf der Linie früherer Dokumente. Im Vergleich mit der Lausanner Verpflichtung sind die Aussagen aber nicht von derselben Dringlichkeit. Der Grund für den Wechsel in der Tonart liegt nicht darin, dass man die Evangelisation schwächen will, sondern daran, dass in Kapstadt ein ganzheitliches Lebenszeugnis im Vordergrund stand. Verkündigung des Evangeliums, persönlicher Gehorsam, Dienst an den Leidenden, Engagement in der Gesellschaft – das alles gehört gemäß der Kapstadt Verpflichtung zur Aufgabe der Christen in der Welt. Wenn man das christliche Leben so umfassend denkt, hat man viele Prioritäten, und die Evangelisation ist nur noch eine – wenn auch sehr wichtige – Aufgabe von vielen. Man wird hier nicht von einem Paradigmenwechsel in der Evangelisation reden dürfen, wohl aber von einer Akzentverschiebung.

396 Kapstadt Verpflichtung, Teil I, Artikel 4.

397 a.a.O., Teil I, Artikel 8.

Umfassende Mission

Wie umfassend die Aufgabe der Kirche in Kapstadt gedacht wurde, zeigt sich am Missionsverständnis der Kapstadt Verpflichtung. Vergleicht man das Missionsverständnis der Kapstadt Verpflichtung mit der Lausanner Verpflichtung und dem Manila Manifest, stellt man fest, dass Erstere über Letztere hinausgeht.

Wegweisend für das Missionsverständnis von Kapstadt ist, dass die Sendung der Kirche erstmals und an prominenter Stelle in der Missio Dei verankert wird. Der erste Abschnitt des ersten Artikels beginnt mit der Feststellung, dass alle Mission der Liebe Gottes entspringt. Unter dem Titel *Wir lieben, weil Gott uns zuerst geliebt hat*, heißt es:

> Die Mission Gottes für die Welt entspringt aus Gottes Liebe. Die Mission des Volkes Gottes entspringt aus unserer Liebe zu Gott und zu allem, was Gott liebt. Weltevangelisation ist die Frucht der Liebe Gottes zu uns und durch uns. Wir bestätigen das Primat der Gnade Gottes und antworten daraufhin auf diese Gnade durch Glauben, der sich im Gehorsam der Liebe zeigt. Wir lieben, weil Gott uns zuerst geliebt und seinen Sohn gesandt hat als Versöhnung für unsere Sünde.[398]

Von der Liebe Gottes ausgehend wird im selben Artikel die Mission umfassend gedacht: „Weil Gott Liebe ist, durchdringt die Liebe sein gesamtes Sein, all sein Handeln, seine Gerechtigkeit sowie auch seine Barmherzigkeit. Gottes Liebe umfasst seine gesamte Schöpfung. Uns ist geboten zu lieben, auf eine Art und Weise, die die Liebe Gottes in all diesen selben Dimensionen widerspiegelt."[399] Damit ist zu Beginn des Dokuments der Weg gebahnt, um Mission als ganzheitliches Geschehen zu begreifen. In Artikel 10 wird die Mission der Kirche dann ausdrücklich als „Teilhabe an Gottes Mission" definiert. Damit ist erstmals in einem repräsentativen evangelikalen Missionsdokument die christli-

398 a.a.O., Teil I, Artikel 1.

399 a.a.O.

che Mission in der Missio Dei verankert – ein halbes Jahrhundert nach Willingen.

Dass die Mission in der Kapstadt Verpflichtung umfassend gedacht wird, zeigt sich nicht zuletzt an den verwendeten Begriffen. Der Sendungsauftrag der Kirche wird wie selbstverständlich als „integral" und „missional" bezeichnet. Das Attribut „missional" wird zum ersten Mal in der Präambel verwendet, wo davon die Rede ist, dass die von früheren Generationen erkannten biblischen Wahrheiten, die Grundlage „für unser missionales Engagement" bilden.[400] In Artikel 7 will man die Christen unterstützen, die eine „besondere missionale Berufung im Eintreten und aktiven Handeln für die Umwelt" haben.[401] Im selben Zusammenhang wird das Attribut „integral" verwendet, um die Mission als Auftrag an der Gesellschaft und der Schöpfung zu bezeichnen.[402] Etwas undeutlich wird später davon gesprochen, Paulus habe ein „missionales Ziel" vor Augen gehabt und das Gebet Jesu um Einheit sei „missional".[403] Im zweiten Teil ist vom „missionalen Ruf von Christen" die Rede, die sich für das Wohlergehen der Menschen einsetzten, und dass die Einheit der Kirche eine „missionale Kraft" sei.[404]

Ein entscheidender Artikel

Das Missionsverständnis von Kapstadt kommt in Artikel 10 prägnant und umfassend zum Ausdruck. Es ist der entscheidende Artikel des Dokuments, zum einen, weil sich in ihm die Theologie von Kapstadt in verdichteter Form zeigt, zum andern, weil hier Aussagen über den Sendungsauftrag der Kirche gemacht werden, die über bisherige Statements hinausgehen.

Zuerst wird in narrativer Form ein Überblick über biblische Mission gegeben. Dabei wird deutlich, dass man Mission nicht nur von Kreuz

400 a.a.O., Präambel.

401 a.a.O., Teil I, Artikel 7.

402 a.a.O., Teil I, Artikel 7.

403 a.a.O., Teil I, Artikel 8 und 9.

404 a.a.O., Teil II, Abschnitt B und F.

und Auferstehung her definieren will, sondern dass sie im Kontext der gesamten biblischen Heilsgeschichte verstanden werden muss:

> Wir sind der Weltmission verpflichtet, weil sie für unser Verständnis von Gott, der Bibel, der Gemeinde, der Geschichte der Menschheit und der endgültigen Zukunft von zentraler Bedeutung ist. Die ganze Bibel offenbart die Mission Gottes: Alle Dinge im Himmel und auf Erden in Einheit unter Christus zu bringen, indem er sie versöhnt durch das Blut seines Kreuzes zum Lob der Herrlichkeit und Gnade Gottes. In der Erfüllung seiner Mission wird Gott die unter der Sünde und dem Bösen zerbrochene Schöpfung in die neue Schöpfung verwandeln, in der es keine Sünde und keinen Fluch mehr gibt. Gott wird die Verheißung erfüllen, die er Abraham gegeben hat, dass alle Völker auf der Erde gesegnet werden durch das Evangelium von Jesus, dem Messias, dem Nachkommen Abrahams. Gott wird die zerbrochene Welt der Völker, die unter dem Gericht Gottes zerstreut sind, in die neue Menschheit verwandeln, die durch das Blut Christi erlöst ist, aus allen Stämmen, Nationen, Völkern und Sprachen, und die versammelt werden wird, unseren Gott und Heiland anzubeten. Gott wird die Herrschaft des Todes, der Vergänglichkeit und der Gewalt zerstören, wenn Christus wiederkommt, um sein ewiges Reich voll von Leben, Gerechtigkeit und Frieden zu errichten. Dann wird Gott, der Immanuel, bei uns wohnen, und das Reich der Welt wird zum Reich unseres Herrn und seines Christus werden, und er wird in alle Ewigkeit herrschen.

Dann wird die Sendung der Kirche als Teilhabe an der Missio Dei charakterisiert. Der Inhalt der Mission wird sowohl vom Alten als auch vom Neuen Testament her definiert:

> Gott beruft sein Volk, an seiner Mission teilzuhaben. Die Gemeinde aus allen Völkern steht durch den Messias Jesus in der Kontinuität mit Gottes Volk im Alten Testament. Zusammen mit ihnen sind wir durch Abraham berufen und beauftragt, Segen und Licht für die Völker zu sein. Zusammen

> mit ihnen sollen wir durch das Gesetz und die Propheten geformt und gelehrt werden, eine Gemeinschaft, geprägt von Heiligkeit, Barmherzigkeit und Gerechtigkeit zu sein in einer Welt von Sünde und Leiden. Durch das Kreuz und die Auferstehung Jesu Christi sind wir erlöst worden; durch den Heiligen Geist sind wir ermächtigt, Zeugnis zu geben von dem, was Gott in Christus getan hat. Die Gemeinde besteht, um Gott in alle Ewigkeit anzubeten und zu verherrlichen und teilzuhaben an der Veränderung bewirkenden Mission in der Geschichte. Unsere Mission ist ganz und gar von Gottes Mission abgeleitet, richtet sich an Gottes gesamte Schöpfung und ist in ihrem Zentrum gegründet im Erlösung bringenden Sieg des Kreuzes. Dies ist das Volk, zu dem wir gehören, dessen Glauben wir bekennen und an dessen Mission wir Anteil haben.

Unter dem Begriff „Integrität der Mission" wird die Mission sodann beschrieben als die Aufgabe, in der ganzen Welt zu evangelisieren und den Menschen mit ihren vielfältigen Nöten zu dienen:

> All unser Einsatz für diese Mission hat seinen Ursprung in dem, was Gott in Christus für die Errettung der ganzen Welt getan hat, so wie es in der Bibel offenbart wird. Unsere evangelistische Aufgabe ist es, diese gute Nachricht allen Völkern bekannt zu machen. Der Kontext unserer ganzen Mission ist die Welt, in der wir leben, die Welt voll Sünde, Leid, Ungerechtigkeit und mit einer durcheinandergebrachten Schöpfung, in die Gott uns sendet, zu lieben und zu dienen um Christi willen. Unsere ganze Mission muss deshalb die Integration von Evangelisation und verbindlichem Engagement in der Welt widerspiegeln, die beide geordnet und angetrieben werden durch die ganze biblische Offenbarung des Evangeliums Gottes.

Zur Bekräftigung der evangelistischen Aufgabe wird anschließend aus dem 4. und 5. Artikel der Lausanner Verpflichtung zitiert, und um den Dienst an der Welt zu legitimieren aus der Micha Erklärung. Dass Letztere in einem Atemzug mit der Lausanner Verpflichtung belangt wird, zeigt fast nebenbei, dass integrale Mission zum evangelikalen Selbstverständnis geworden ist. Wie diese integrale Mission auszusehen hat, wird anschließend expliziert:

> Wir verpflichten uns zur integralen und dynamischen Ausübung aller *Dimensionen* von Mission, zu denen Gott seine Gemeinde beruft. Gott ruft uns auf, die Wahrheit der Offenbarung Gottes und das Evangelium seiner rettenden Gnade durch Jesus Christus allen Völkern bekannt zu machen, alle Menschen zu Umkehr, Glauben, Taufe und gehorsamer Nachfolge zu rufen. Gott ruft uns auf, sein Wesen durch barmherzige Fürsorge für die Bedürftigen zu spiegeln sowie die Werte und die Macht des Reiches Gottes deutlich zu machen durch Streben nach Gerechtigkeit, Frieden und in der Fürsorge für Gottes Schöpfung.[405]

Zweifellos ist dieser Abschnitt der bemerkenswerteste der ganzen Verpflichtung. Denn hier werden Verkündigung und soziale Aktion erstmals gleichwertig nebeneinandergestellt. Das war in früheren Dokumenten so nicht der Fall. In der Lausanner Verpflichtung wird gesagt, Evangelisation und soziale Aktion gehörten zu unserer Pflicht als Christen, die Evangelisation jedoch stehe dabei an erster Stelle.[406] Im Manila Manifest wird die Mission mit dem Attribut „inkarnatorisch" belegt, die Evangelisation jedoch wiederum als „vorrangig" bezeichnet.[407] Erst mit Artikel 10 der Kapstadt Verpflichtung werden Verkündigung und soziale Aktion gleichwertig nebeneinander gestellt. Und erst hier wird die soziale Aktion nicht als dem Sendungsauftrag nachgeordnete Pflicht bezeichnet, der man mehr oder weniger nachkommen kann. Sie wird – und das ist qualitativ neu – als Dimension der Mission bezeichnet und mit derselben Dringlichkeit angemahnt wie die Verkündigung. Ebenso bemerkenswert ist die Tatsache, dass die „Fürsorge für Gottes Schöpfung" als Dimension der Mission bezeichnet wird. Mission ist hier, ganz

405 Hervorhebung R. H.

406 Lausanner Verpflichtung, Artikel 5 und 6.

407 Das Manifest von Manila, Teil II. 4. Abschnitt.

im Sinn missionaler Theologie, ein Sendungsbegriff, der alles umfasst, was die Kirche in der Welt zu tun berufen ist. Abschließend wird die Mission noch einmal in der Liebe Gottes verankert und als Antwort auf diese beschrieben:

> Als Antwort auf Gottes grenzenlose Liebe für uns in Christus und aus unserer überfließenden Liebe zu ihm heraus weihen wir uns neu, mit Hilfe des Heiligen Geistes, all dem, was Gott gebietet, ganz zu gehorchen mit sich selbst verleugnender Demut, Freude und Mut. Wir erneuern diesen Bund mit dem Herrn – dem Herrn, den wir lieben, weil er uns zuerst geliebt hat.

Bilanz nach 100 Jahren

Wo steht die evangelikale Mission 100 Jahre nach Edinburgh? Wir werden in Teil 5 ausführlich Bilanz ziehen. Doch schon jetzt kann gesagt werden, dass sich die evangelikale Mission zur Ganzheitlichkeit gewandelt hat. Die Evangelikalen sind offen geworden, von anderen Traditionen zu lernen und sich neue Erkenntnisse zu eigen zu machen, wo sie die eigene Sicht bereichern. Die Evangelisation erhält immer noch am meisten Aufmerksamkeit als wichtigste Aufgabe der Kirche. Aber die soziale Aktion gehört jetzt ebenso zum Sendungsauftrag der Kirche. Die evangelikale Mission ist breiter geworden, ihren eigenen Grundsätzen aber treu geblieben.

4. Die Vision einer Missional Church und die Entstehung des Gospel and Our Culture Networks in den 1980er-Jahren

Als im Jahr 2009 das Buch *Die Welt umarmen* des deutschen Missionswissenschaftlers und Gemeindegründers Johannes Reimer erschien, wirkte das wie ein Fanfarenstoß. Das Buch liefert eine theologische Begründung des gesellschaftsrelevanten Gemeindebaus für den Kontext der Postmoderne. Wer Reimers Buch zur Hand nimmt, stellt fest: Hier wird die Kirche konsequent von ihrem Sendungsauftrag her gedacht. Reimer ist überzeugt, dass die Gemeinde um der Welt willen existiert: „Die Gemeinde ist Gottes missionarisches Instrument. Es geht Gott um die Welt, und um seine geliebte Welt zu gewinnen, bedient er sich der Gemeinde. Sie ist daher Gottes Missionsinstrument und von ihrem Wesen her missionarisch."[408] Kirche nicht um ihrer selbst, sondern um der Welt willen – das war in der evangelikalen Welt in dieser Eindeutigkeit neu.

Die Reaktionen auf Reimers Werk fielen gegensätzlich aus. Von weiten Teilen der evangelikalen Bewegung wurde Reimers Vision einer missionalen Kirche zustimmend aufgenommen. Viele zeigten sich dankbar, dass ein verdienter Gemeindegründer den Versuch unter-

408 Reimer 2009, 140.

nahm, den Auftrag der Kirche angesichts der gegenwärtigen Herausforderungen neu zu denken. Eine Minderheit reagierte ablehnend. Sie erblickte in Reimers Gemeindetheologie den Versuch, das Reich Gottes durch menschliche Anstrengung zu errichten und bezichtigte ihn der Preisgabe des Evangeliums.

Damit war die Diskussion um die missionale Kirche auch im deutschsprachigen Raum angekommen. In der angelsächsischen Welt war der Diskurs um die *Missional Church* zu diesem Zeitpunkt bereits seit einigen Jahrzehnten im Gange. In den 1980er-Jahren war unter Anregung des Missionswissenschaftlers Lesslie Newbigin das *Gospel and Our Culture Network* entstanden. Dieses hatte es sich zur Aufgabe gemacht, neu über Auftrag und Gestalt der Kirche im nachchristlichen Westen nachzudenken und eine für diesen Kontext relevante Gemeindetheologie zu entwickeln. In der Folge wurde der Begriff *Missional Church* zum Leitbegriff der Diskussion über ein neues Missions- und Kirchenverständnis, nach dem beide zusammengedacht werden müssen.[409]

Ich werde mich in diesem Teil darauf beschränken, die Entwicklungen im angelsächsischen Raum darzustellen, die Vorbedingung dafür waren, dass sich im deutschen Sprachraum missionales Denken ausbreiten konnte. Wie die Entwicklung im deutschen Raum im Einzelnen verlief, müsste Gegenstand einer eigenen Untersuchung sein.

4.1 Lesslie Newbigin – Spiritus Rector der Missional Church

Wer sich mit der missionalen Theologie beschäftigt, stößt früher oder später auf James Edward Lesslie Newbigin (1909–1998). Obwohl er den Begriff „missional" nie gebrauchte, gilt er als Wegbereiter der Diskussion um die Missional Church. Die häufige Bezugnahme auf Newbigins Schriften sowohl von Ökumenikern als auch Evangelikalen zeigt, dass er auf beiden Seiten große Anerkennung gefunden hat.[410] Nicht wenige

409 Reppenhagen 2011, 115.

410 a.a.O., 394.

sehen in Newbigin den Spiritus Rector der Missional Church und auch viele Vertreter der Emerging Church berufen sich auf ihn.[411]

Nach Indien und zurück

Lesslie Newbigin wurde 1909 in Northumberland, im Norden Englands, geboren.[412] 1928 immatrikulierte er am Queen's College in Cambridge, wo er dem *Student Christian Movement* beitrat. Er kam in Berührung mit so wichtigen ökumenischen Persönlichkeiten wie William Temple und John R. Mott. Vor seiner Graduierung kam er zum Glauben an Christus und erlebte seine persönliche Berufung: „Während eines evangelistischen Einsatzes mit dem SCM [Student Christian Movement] hatte er eine Vision, die sich prägend auf sein Leben auswirkte. Er sah das Kreuz Christi als den einen zentralen Ort menschlicher Geschichte und Mitte der Zeit. Diese Vision wurde ihm zum tragenden Grund seines christlichen Dienstes."[413]

1936 wurde Newbigin von der Church of Scotland ordiniert und nach Indien in den missionarischen Dienst ausgesandt. Dort wurde er 1947 zum Bischof der Church of South India berufen, wo ihm die Selbstständigkeit der Gemeinden in ökumenischer Verbundenheit ein wichtiges Anliegen war.[414]

In den frühen 1960er-Jahren unterbrach er seine Tätigkeit in Indien für fünf Jahre, um als Generalsekretär des Internationalen Missionsrates zu wirken.[415] Während dieser Jahre, in denen er in London und Genf wohnte, warb er tatkräftig für die Integration des Internationalen Missionsrates in den Ökumenischen Rat der Kirchen, der 1961 an der dritten Vollversammlung in Neu Delhi vollzogen wurde. Newbigin war der Überzeugung, dass Kirche und Mission zusammengehörten und hoffte, die ökumenische Bewegung würde sich durch den Zusammenschluss

411 a.a.O., 151.

412 Siehe Newbigins Autobiografie *Unfinished Agenda* 1993.

413 Reppenhagen 1999, 395; Newbigin 1993, 10–12.

414 Reppenhagen 2011, 104.

415 Newbigin 1993, 183–201.

stärker auf ihre unerledigte missionarische Aufgabe konzentrieren.[416] „Was allerdings von Newbigin als missionarischer Aufbruch verstanden wurde, erwies sich für ihn durch die Entwicklungen der 1960er-Jahre als eine ‚fateful decade', in der das von Christus her bestimmte Missionsverständnis durch ein auf die Welt bezogenes säkularisiertes abgelöst wurde."[417]

1965 kehrte Newbigin nach Indien zurück, wo er bis 1974 als Bischof der Diözese von Madras wirkte. Nach seiner Pensionierung kehrte er nach England zurück – und blieb seiner missionarischen Berufung treu. Er nahm eine Teilzeitstelle als Dozent für Missionsstudien am Selly Oak College in Birmingham an, die er von 1974–1979 versah. Gleichzeitig intensivierte er seine literarische Tätigkeit, die er 1937 begonnen hatte. Mehr als die Hälfte seiner Veröffentlichungen entstanden nach seiner Rückkehr in die Heimat. Von 1980–1988 besetzte er eine unbezahlte Pfarrstelle in einer kleinen städtischen Gemeinde der United Reformed Church in einem Armenviertel von Birmingham. 1988 trat er endgültig in den Ruhestand, blieb aber als Prediger und Autor bis kurz vor seinem Tod im Jahr 1998 aktiv.

Den Griechen eine Torheit

Als Newbigin 1974 nach Europa zurückkehrte, fand er sich in einer Kultur wieder, die sich ihrer christlichen Wurzeln entledigt hatte. Schon früh beschäftigte sich Newbigin mit der Frage, was zu einer missionarischen Begegnung zwischen dem Evangelium und der westlichen Kultur gehörte. Nun setzte er sich literarisch verstärkt mit ihr auseinander. Das zeigt sich in seinem 1986 (Deutsch 1989) erschienen Werk *Den Griechen eine Torheit. Das Evangelium und unsere westliche Kultur*, in dem er sich mit den Spätfolgen der Aufklärung auf die westliche Kultur befasst. Newbigin stellt fest, dass die westliche Kultur Gott aus ihrem Erkenntnishorizont vertrieben hat. In der aufklärerischen Kultur des Westens wird unterschieden zwischen „wissenschaftlichen Tatsachen" und „pri-

416 a.a.O., 194–195.

417 Reppenhagen 2011, 107. Siehe 2.2 für eine Skizzierung dieser Entwicklung.

vaten Werten".[418] Glaubensfragen gehörten gemäß diesem Weltbild in den Bereich der privaten Werte, und die Kirche habe das akzeptiert: „Die Trennung des Wertes von der Tatsache spiegelt sich wider in der Trennung des privaten vom öffentlichen Leben, und das ist bezeichnend für unsere Kultur. Die Reaktion der christlichen Kirchen – oder wenigstens der protestantischen Kirchen – auf die Herausforderung der Aufklärung war, so werde ich zeigen, die Annahme dieser Unterscheidung und der Rückzug in den privaten Sektor."[419] Das Ergebnis dieses Rückzugs sei „eine heidnische Gesellschaft, und ihr Heidentum, erwachsen aus der Ablehnung des Christentums, ist gegenüber dem Evangelium weitaus resistenter als das vorchristliche Heidentum, mit dem die kulturüberschreitenden Missionen zu tun haben. Hier verläuft mit Sicherheit die missionarische Grenzlinie unserer Zeit, die uns am stärksten herausfordert".[420] Newbigin erkannte das, was er „die Moderne" nannte und wir heute allgemein als Postmoderne bezeichnen, mit großer Klarheit als missionarische Herausforderung.[421] In dieser Erkenntnis wurzelt gewissermaßen die Diskussion um die missionale Kirche.

Der Riss im Abendland

Newbigin erkannte früh, dass das christliche Abendland sich zu einer atheistischen Kultur entwickelte. Das Grundproblem einer solchen Gesellschaft erblickte Newbigin darin, dass sie jede Art von Ziel, Zweck

418 Newbigin 1989, 20–22.

419 a.a.O., 22.

420 a.a.O., 23. Newbigin bemerkt in diesem Zusammenhang, dass die Missionswissenschaft sich im 20. Jahrhundert stark mit der Kontextualisierung befasst, es aber unterlassen hätte, die westliche Kultur in diesen Prozess einzuschließen: „Dennoch offenbart sich in der ganzen Fülle dieser missionarischen Literatur eine deutliche Schwäche. Sie versucht, die Probleme der Kontextualisierung in allen menschlichen Kulturen von China bis Peru aufzuzeigen und lässt dabei weitgehend die Kultur außer acht, die die am weitesten verbreitete, stärkste und eindringlichste aller derzeitigen Kulturen ist – nämlich die westliche Kultur. Dieses Versäumnis ist auch deshalb besonders schwerwiegend, weil es sich um eine Kultur handelt, die sich wie keine andere als immun gegen das Evangelium erweist (…) Deshalb sollte es für die Forschungsarbeit von Missionswissenschaftlern keine höhere Priorität geben als die Fragestellung, was denn zu einem wahrhaft missionarischen Zugang des Evangeliums zu dieser modernen westlichen Kultur gehören müsse" (a.a.O., 8f).

421 Diese Erkenntnis reifte bei Newbigin bereits in den 1940er-Jahren heran und hatte in Karl Barth einen prominenten Vordenker. Vgl. Reppenhagen, Guder 2012, 528f.

oder Bestimmung ausschließt.[422] Durch diesen Ausschluss entsteht ein „Riss" in der Kultur: „So können wir nun deutlich den Riss erkennen, der durch unsere Kultur geht. Wir beschäftigen uns zwar mit zielgerichteten Tätigkeiten, und wir beurteilen uns und andere nach dem Erfolg, mit dem wir die selbstgesteckten Ziele erreichen. Und doch lassen wir als Endprodukt unseres zielgerichteten Handelns ein Weltbild zu, aus dem jegliche Bestimmung (purpose) eliminiert ist."[423] Diesen Riss, diese Bestimmungslosigkeit, darf die Kirche nicht hinnehmen: „Wie bereits betont, können wir es nicht hinnehmen, dass christlicher Glaube allenfalls eine mögliche Entscheidung für den privaten Sektor sein darf. Wir können es nicht bei einer friedlichen Koexistenz zwischen Wissenschaft und Religion auf Grund einer Zuweisung ihrer Einflussbereiche jeweils in den öffentlichen und den privaten Sektor bewenden lassen."[424]

Was ist angesichts dieser missionarisch herausfordernden Situation zu tun? Dieser Frage geht Newbigin gegen Ende seiner Ausführungen nach.[425] Entscheidend ist, dass die Kirche niemals die Einschrän-

422 Newbigin gebraucht dafür das englische Wort *purpose*.

423 Newbigin 1989, 71f.

424 a.a.O., 72.

425 Es geht Newbigin bei dieser Frage hauptsächlich um die gesellschafts-politische Verantwortung der Kirche: „Missionarische Aktivität trifft ja nicht nur auf Gedanken und Überzeugungen der Menschen, sondern auch auf ihr Verhalten. Und das zeigt sich natürlich nicht nur im privaten und familiären, sondern auch im öffentlichen und politischen Bereich. Es ist unmöglich, die beiden säuberlich voneinander zu trennen, denn es ist doch die gleiche Person, die in beiden Bereichen aktiv ist. Folgerichtig haben Missionare in ihrer Begegnung mit fremden Kulturen niemals gezögert, privates oder öffentliches Verhalten anzugreifen, wenn sie es für unvereinbar hielten mit dem in Christus offenbarten Willen Gottes. So haben Missionare in der indischen Gesellschaft, die ich kenne, so tief verwurzelte Elemente öffentlichen Lebens wie Kasten, Brautpreis, Kinderehe und Witwenverbrennung angeprangert. Ähnlich haben sie sich in Afrika gegen Polygamie und Sklavenhandel stark gemacht" (a.a.O., 86). Diese Einstellung gilt es auch auf die westliche Kultur anzuwenden: „Wo müsste die Begegnung des Evangeliums mit unserer Kultur der Nachaufklärung im öffentlichen Bereich ansetzen, mit den politischen, wirtschaftlichen und gesellschaftlichen Aspekten unseres Lebens?" (a.a.O., 86). Diesen gesellschaftlichen Auftrag begründet Newbigin ganz so wie es heute missionale Theologen auch vom Alten Testament ausgehend tun: „Die Thora Jahwes, seine liebevolle Führung und Weisung für sein Volk trifft ihr ganzes Leben als Menschen, als Familien und als Volk. Glaube, Gehorsam, Buße und Liebe werden nicht als religiöser Bereich ausgeklammert; sie sind im Gegenteil eingebettet in die Lebensbereiche, die wir heute als Rechtsprechung, Gesundheitswesen, Bildungswesen, Sozialfürsorge und Wirtschaftspolitik bezeichnen würden. Alle Bibelleser wissen sehr wohl, dass wir den größten Teil des Alten Testamentes streichen müssten, wollten wir nur die biblischen Abschnitte gelten lassen, die sich ausschließlich mit dem geistlichen Leben befassen" (a.a.O., 88). Die gesellschaftliche Verantwortung wird von Newbigin auch ekklesiologisch begründet. Die frühe Kirche lehnte es ab, sich als

kung ihrer Rolle auf den privaten Sektor hinnimmt[426] und öffentlich das Evangelium bezeugt: „Die Kirche lebt für das Zeugnis, dass es jemand gibt, dass er gesprochen hat, und dass wir beginnen können, seinen Willen (purpose) zu erkennen und unser persönliches und öffentliches Leben danach zu richten.“[427] Dieser Gotteswille ist für Newbigin in der Bibel gegeben.[428] Er zählt sechs Punkte auf, die für das missionarische Zeugnis entscheidend sind:

Erstens muss die Kirche eine Lehre von den letzten Dingen wiedergewinnen und daran festhalten.[429] Newbigin erteilt dem aufgeklärten Fortschrittsoptimismus eine Absage und sieht im gesellschafts-politischen Handeln der Kirche ein Zeichen der kommenden Herrschaft Gottes.

Zweitens sollte die Kirche auf einen Staat hinwirken, „der den christlichen Glauben als wahr anerkennt, aber Menschen mit anderen Weltanschauungen bewusst einen geschützten Freiraum gewährt“.[430]

Drittens muss der Kirche daran gelegen sein, eine entklerikalisierte Theologie zu fördern, in welcher alle Mitglieder ihren Beitrag zu einer öffentlichen Theologie einbringen können.[431]

privaten Kult zu verstehen, der bloßes geistliches Heil für seine Mitglieder anstrebte. Sie verstand sich als die öffentliche Volksversammlung Gottes und zahlte für ihr Zeugnis einen blutigen Preis (a.a.O., 90–92).

426 a.a.O., 105.

427 a.a.O., 85.

428 „Als Mitglied der christlichen Kirche und ihrer Gemeinschaft glaube und bezeuge ich (…), dass in dem literarischen Werk, das wir die Bibel nennen, Wesen und Wille des Schöpfers und Erhalters aller Natur getreu wiedergegeben ist, beständig neu interpretiert in den aktuellen missionarischen Erfahrungen der Kirche durch die Jahrhunderte und inmitten der Völker, und dass es dieses Wesen und dieser Wille sind, die bestimmen, was gut ist“ (a.a.O., 80).

429 a.a.O., 119–122.

430 a.a.O., 124. Newbigin ist sich bewusst, dass diese Vision politisch kaum realisierbar ist. Er bemerkt selbstkritisch: „Zu den größten Gaben, die wir der Aufklärung verdanken, gehört sicher die Anerkennung der Gedanken- und Gewissensfreiheit als allgemeines Menschenrecht. Auf diese Errungenschaften können wir niemals mehr verzichten. Und wir müssen zugeben, dass sie gegen eine entschlossene Opposition seitens der Kirche errungen wurde. Wenn wir ehrlich sind, müssen wir auch eingestehen, dass die gleichen Kirchen, die als Minderheit die Freiheit des Gewissens forderten, diese für sich selbst geforderte Freiheit anderen verweigerten, wenn sie zur Mehrheit wurden“ (a.a.O., 122). Daraus ergibt sich die Frage: „Wie also können wir beim Gedanken an eine christliche Gesellschaft sicherstellen, dass die gleichen Sünden sich nicht wiederholen, wenn Christen anderen ihre Ansichten aufzwingen könnten?“ (a.a.O.).

431 a.a.O., 125–127.

Viertens ist die Überwindung des Denominationalismus mit Geduld anzustreben, sodass zurück zur Einheit der einen allgemeinen Kirche gefunden werden kann.[432]

Fünftens hat die Kirche die eigene Kultur mit den Augen von Christen aus anderen Kulturen zu sehen. Denn nur durch das Zeugnis der ganzen ökumenischen Familie ist authentisches Zeugnis für unsere Kultur möglich.[433]

Sechstens braucht es für die missionarische Begegnung mit unserer Kultur „den Mut, einen Glauben festzuhalten und zu verkündigen, der nach den Maßstäben unserer Gesellschaft nicht als wahr bewiesen werden kann“.[434]

Newbigin und die Evangelikalen

Lesslie Newbigin gilt als einer der einflussreichsten Missionstheologen des 20. Jahrhunderts. Es war keine Übertreibung, als *The Times* Newbigin in einem Nachruf als einen der herausragendsten Missionstheologen der Gegenwart bezeichnete. Für Newbigin war über jeden Zweifel klar, dass Jesus nicht ein Buch und auch kein Glaubensbekenntnis hinterlassen hatte, sondern eine sichtbare Gemeinschaft, und dass diese Gemeinschaft – die Kirche – die Aufgabe hat, in der Welt klarzumachen, wer Jesus war und was er tat.[435] Die Einheit der Kirche war dem umsichtigen Bischof ein zentrales Anliegen, sie musste unbedingt gelebte Praxis sein. Aus dieser Überzeugung heraus war er der ökumenischen Bewegung stets verbunden. Das änderte sich auch nicht als die

432 a.a.O., 127–129.

433 a.a.O., 129–131.

434 a.a.O., 131.

435 Bereits 1953 schrieb Newbigin: „Es ist von unermesslicher Bedeutung, dass unser Herr nicht ein Buch hinterließ, kein Glaubensbekenntnis, kein Gedankengebäude und keine Lebensregel, sondern eine sichtbare Gemeinschaft (community) (...) Er übergab das ganze Werk der Erlösung dieser Gemeinschaft. Es war nicht so, dass eine Gemeinschaft sich um eine Idee bildete, so dass die Idee zuerst und die Gemeinschaft nachgeordnet war. Es war so, dass eine Gemeinschaft, zusammengerufen durch den Herrn selbst und neu geschaffen in ihm, allmählich verständlich zu machen suchte, wer er ist und was er tut – und dies immer noch sucht“ (Newbigin 1953, 20 – Übersetzung R. H.).

Ökumene in den 1960er-Jahren einen humanistischen Kurs einschlug, der ihn schwer enttäuschte und den er mit fundierter Kritik bedachte.[436]

Newbigin erkannte früh die missionarische Bedeutung der Evangelikalen und der Pfingstkirchen. Er war nie bereit, die in den 1960er- und 70er-Jahren entstandene Trennung zwischen der evangelikalen und der ökumenischen Bewegung hinzunehmen. Er verstand sich als Brückenbauer zwischen den beiden Lagern und war stets um einen Dialog bemüht. Die in der evangelikalen Bewegung behauptete Priorität der Verkündigung über das soziale Handeln konnte er zwar nicht mitgehen. Aber er teilte das christuszentrierte Missionsverständnis und die zunehmende evangelikale Bereitschaft, eine ganzheitliche Antwort auf die geistlichen und materiellen Bedürfnisse einer leidenden Welt zu geben.[437] Doch auch hier hielt der streitbare Theologe nicht mit Kritik zurück. Er beklagte insbesondere den Umstand, dass sich Teile der evangelikalen Bewegung ihrer gesellschaftlichen Verantwortung entzogen hatten und bezeichnete ihre auf geistliche Belange reduzierte Theologie als verwerflich und falsch.[438]

---

436 „Newbigin konnte die Kirche nur als missionarische Kirche verstehen und musste mit Entsetzen erkennen, dass mit den Entwicklungen der 1960er-Jahre ein anderes Verständnis von der Sendung der Kirche den Ökumenischen Rat der Kirchen bestimmte. Er wurde als Ökumeniker zu einem der schärfsten Kritiker der Entwicklung im ÖRK. Dabei hielt er an einem trinitarisch verorteten christozentrischen Missionsverständnis ‚mit Blick auf das Ende' fest" (Reppenhagen 2011, 151).

437 a.a.O., 111.151.

438 Wie sehr Newbigin den Rückzug auf ein die geistlichen Bedürfnisse bedienendes Evangelium ablehnte, zeigt das folgende längere Zitat: „Der südafrikanische Missionstheologe David Bosch hat darauf hingewiesen, wieviel Schaden durch die Übersetzung des griechischen Begriffes ‚dikaiosyne' als ‚Rechtfertigung' angerichtet wurde, weil damit die Vorstellung einer inneren und geistlichen Rechtfertigung abgetrennt wurde von der äußeren und sichtbaren Gerechtigkeit in sozialen Beziehungen (…) Man kann leicht erkennen, wie der Gebrauch der beiden Worte ‚gerechtfertigt' und ‚gerecht' für das eine biblische Wort ‚dikaios' und die entsprechende Übersetzung von ‚dikaiosyne' im Neuen Testament als ‚Rechtfertigung', wo der entsprechende hebräische Begriff ‚zedeq' gleichzeitig Gerechtigkeit und Rechtfertigung meint, evangelikale Christen dazu verleitet hat, eine mentale Trennung vorzunehmen zwischen Rechtfertigung als einem inneren und geistlichen Zustand und Gerechtigkeit als einem äußeren und politischen Programm. Eine solche Trennung aber ist die Preisgabe des Evangeliums und die Kapitulation vor dem Druck unserer heidnischen Kultur. Wie wir in dieser Studie immer wieder betont haben, ist diese Trennung zwischen dem privaten und dem öffentlichen Bereich der zentrale Schlüssel zur Ideologie, die unsere Kultur beherrscht. Wer sich darauf einlässt, vollzieht die Kapitulation, auf die sich die frühe Kirche nicht einlassen wollte, was sie das Blut zahlloser Märtyrer kostete. Eine private Religion des persönlichen Heils, das die öffentliche Ideologie nicht in Frage stellte, war unter römischem Gesetz vollkommen sicher, so sicher wie unter unseren Gesetzen. Unter diesen Bedingungen hätte die Kirche der ersten drei Jahrhunderte unter der Herrschaft des römischen Kaisers

In seiner Kritik sowohl an der Ökumene als auch am Evangelikalismus zeigt sich, dass Newbigin konsequent ganzheitlich dachte. Das Evangelium ist sowohl ein persönliches, inneres Ereignis als auch eine Botschaft mit konkreter gesellschaftlicher und politischer Relevanz. Das Evangelium macht gerecht aus Glauben und stiftet zu gerechten Taten an. Es besteht in Wort und Tat. Nur in dieser Ganzheitlichkeit kann die Kirche die Kirche von Jesus Christus sein.

4.2 The Gospel and Our Culture – Entstehung eines Netzwerks

Die Vision einer missionalen Kirche ist seit der Mitte der 1990er-Jahre fest mit dem *Gospel and Our Culture Netzwerk* in Nordamerika verbunden, einer Interessenvereinigung von Kirchenleuten und Theologen, die es sich zur Aufgabe gemacht haben, Kirche für die Postmoderne neu zu denken. Die Anfänge des Netzwerks reichen zurück in die späten 1980er-Jahre und dem langjährigen theologischen Engagement von Lesslie Newbigin.[439]

Der Fehdehandschuh Newbigins

Als Lesslie Newbigin in den 1970er-Jahren von Indien nach Europa zurückkehrte, begann er sich intensiv mit der europäischen Kultur und der damit verbundenen missionarischen Herausforderung auseinanderzusetzen.[440] In dieser Zeit unterstützte das British Council of Churches ein Programm „for the Study of Christianity and Society". Eine

genau die gleiche Blüte erlebt wie diese Art Evangelikalismus heute unter dem Schutz unserer Gesellschaft. Aber das wirkliche Evangelium kann diese Art Verbannung nicht hinnehmen. Die souveräne Herrschaft Gottes verlangt es, dass der Staat sich dafür verantwortlich weiß, dass er die Gerechtigkeit Gottes für seine Gesellschaftsordnung beachtet – eine Gerechtigkeit, die sich vor allen in verpflichtenden Beziehungen gegenseitiger Verantwortlichkeit ausdrückt. Wer Menschen zu Jüngern macht, beruft sie und rüstet sie aus, Zeichen und Werkzeuge von Gottes Gerechtigkeit unter den Menschen zu sein. Eine Evangelisierung, die Menschen zwar einlädt, den Namen Christi anzunehmen, aber sie nicht gleichzeitig in diese wirkliche Begegnung ruft, muss als falsch verworfen werden" (Newbigin 1989, 118).

439 Guder 1998, 3–5; Reppenhagen 2011, 99.

440 Das Folgende nach Newbigin 1993, 251–256.

erste Konferenz sollte 1984 in Nottingham stattfinden, als deren zentrales Thema das Verhältnis von Kirche und Gesellschaft vorgesehen war. Als Mitglied des vorbereitenden Komitees schrieb Newbigin einen ausführlichen Beitrag, der schnelle Verbreitung fand.[441]

Das Komitee hatte zu diesem Zeitpunkt entschieden, die Konferenz zu verschieben, um mehr Zeit für eine gründliche Vorbereitung zu gewinnen. In den folgenden Jahren wurde intensiv an den Grundsatzbeiträgen der Konferenz gearbeitet und das Programm bekam einen Namen. Newbigin erinnert sich: „Bis zu diesem Zeitpunkt hatte das Unternehmen unter dem Titel ‚British Council of Churches 1984 Project' gestanden. Als das Jahr 1984 kam und verging, wurde es offensichtlich, dass wir einen anderen Namen finden mussten. Nach Beendigung eines Vorbereitungstreffens diskutierten zwei oder drei von uns diesen Punkt und ich schlug vor (ohne vorher darüber nachzudenken), wir könnten es ‚The Gospel and Our Culture' nennen. Ich bin nicht sicher, ob es ein sehr guter Vorschlag war, aber die Bezeichnung wurde übernommen und setzte sich durch."[442]

Die zur Vorbereitung der Konferenz in Umlauf gebrachten Beiträge fanden weithin Beachtung. Das galt insbesondere für Newbigins Aufsatz. Man entschloss sich, einen Newsletter unter dem neu gefundenen Namen herauszugeben, um die Diskussion zu vertiefen.[443] Die Beiträge flossen zu Beginn in der Hauptsache aus Newbigins Feder.[444]

Mit acht Jahren Verspätung fand 1992 im englischen Swanwick die geplante Konferenz mit 400 Teilnehmern statt. Während des Vorbereitungsprozesses war es in Neuseeland und in den Vereinigten Staaten zur Bildung von lokalen *Gospel and Our Culture-Netzwerken* gekommen, „die den ‚Fehdehandschuh Lesslie Newbigins' aufnahmen und in ihren jeweiligen Kontexten und Kulturen das Verhältnis von Evangelium und Kultur diskutierten".[445] Angeregt durch die Swanwick Konferenz entwi-

441 Newbigins Beitrag mit dem Titel *The Other Side of 1984. Questions to the Churches* verkaufte sich in kurzer Zeit über 20.000 Mal (a.a.O., 252). Ein Jahr später gab der Aussaat Verlag Neukirchen-Vluyn eine Übersetzung unter dem Titel *Salz der Erde. Fragen an die Kirche heute* heraus.

442 a.a.O., 254.

443 a.a.O.

444 Reppenhagen 2011, 113.

445 a.a.O., 113f.

ckelte das nordamerikanische Netzwerk eine besondere Dynamik und begann mit öffentlichen Veranstaltungen und der Herausgabe einer Buchreihe. Diese fand weltweite Beachtung, sodass sich mit ihr die Vision einer missionalen Kirche auf breiter Ebene durchsetzte.[446]

Das nordamerikanische Netzwerk

Wenn man die Homepage des nordamerikanischen Gospel and Our Culture Netzwerks besucht, erhält man einen guten Überblick über seine Anliegen und seine Arbeitsweise.[447]

Das Netzwerk ist ein ökumenisches Projekt, das unterschiedliche christliche Leiter und Theologen von den Mennoniten bis zu den Katholiken, von den Anglikanern bis zu den südlichen Baptisten zusammenbringt. Absicht ist es, eine Austauschplattform zu bieten, sodass effektive Strategien und fundierte Theologie zu einem fruchtbaren Miteinander verbunden werden können. Partnerschaften werden geschmiedet und Ressourcen bereitgestellt, um ein missionales Gemeindeleben zu fördern. Und es wird nach Gemeindemodellen gesucht, die für das missionarische Zeugnis in der Postmoderne taugen, obschon die vordringlichste Aufgabe nicht in Modelldiskussionen gesehen wird, sondern in der theologischen Grundlagenarbeit.

Das nordamerikanische Netzwerk versteht sich als Antwort auf die veränderte Situation der Kirche in Nordamerika. Damit ist es repräsentativ für eine Vielzahl weiterer Netzwerke, die sich einer missionalen Aufgabe verpflichtet wissen. Insbesondere ist das Bewusstsein vorhanden, dass die Kirche ihren zentralen Platz in der Gesellschaft verloren

446 Es scheint, dass Newbigin seine Aufgabe mit der Swanwick Konferenz als erledigt betrachtete und nicht daran dachte, die Konferenz könnte zu einem weitergehenden Programm werden. Ein Jahr nach der Konferenz schrieb er: „Was die Struktur betraf, waren wir ein bloßes kleines Komitee, das vom British Council of Churches ins Leben gerufen wurde, um eine Konferenz zu organisieren. In meinen Gedanken zog ich an diesem Punkt einen Schlussstrich unter das Projekt. Ich sagte mir, falls es in Bezug auf die von ihm vorgebrachten Anliegen irgendeine Bedeutung haben sollte, würde es ein Teil der öffentlichen Debatte der Kirche werden und keines Programms bedürfen, um es zu fördern. Andere dachten an diesem Punkt anders und haben nach der Swanwick Konferenz begonnen, Pläne für ein weitergehendes Programm zu machen" (Newbigin 1993, 256).

447 Das Folgende nach www.gocn.org, April 2013. Eine ausführliche Darstellung über Entstehung, Zweck und Arbeitsweise des Gospel and Our Culture-Netzwerks findet sich in Reppenhagen 2011, 97–154.

hat. Man sieht sich inmitten eines epochalen Umbruchs, der theologisch begleitet werden will. Das Netzwerk will herausfinden, was der Übergang zur Postmoderne im Lichte des Evangeliums für das Leben und das Zeugnis der Kirche bedeutet. Dazu ist es nötig, sich einer sozialen und kulturellen Analyse des Kontexts zu stellen. Es geht um die Frage, in welchem Umfeld sich die Kirche befindet und wie dieses im Licht der Mission Gottes in der Welt verstanden werden muss. Die kulturelle Analyse braucht die Ergänzung durch die theologische Reflektion. Hier geht es um die Frage, inwiefern das Ernstnehmen des Kontexts, in dem die Kirche gebaut wird, neue Bedeutungen des Evangeliums ans Licht bringt. Kulturelle Analyse und theologische Reflektion sollen schließlich zur Vision einer missionalen Kirche führen. Dabei stellt man sich der Frage, wie Kirche heute aussehen muss, um das Evangelium glaubhaft und wirkungsvoll zu bezeugen. Dies alles dient dem Ziel, die missionale Identität der Kirche wieder zu gewinnen: „Das Gospel and Our Culture Netzwerk existiert, um sorgsam auf die Interaktion zwischen Kultur, Evangelium und Kirche zu achten. Es gründet auf die Überzeugung, dass echte Erneuerung im Leben und im Zeugnis der Kirche nur durch eine neue Begegnung (fresh encounter) des Evangeliums in unserer Kultur möglich wird. Das Netzwerk fokussiert seine Aktivitäten deshalb auf kulturelle Nachforschungen, theologische Reflektion und Gemeindeerneuerung, die nötig für die Wiederherstellung der missionarischen Identität der Kirche sind“.[448]

Der Durchbruch des Konzepts

Die Herausgabe des Buches *Missional Church. A Vision for the Sending of the Church in North America* im Jahr 1998 durch das nordamerikanische Gospel and Our Culture Netzwerk bedeutete den Durchbruch für den Begriff „missional“.[449] Das Buch entfaltet in 9 Kapiteln eine missionale Gemeindetheologie für den nordamerikanischen Kontext. Dabei ist manches auf den europäischen Kontext übertragbar. Ausgehend vom

448 www.gocn.org/network/about vom 15.4.2013 (Übersetzung R. H.).

449 Reppenhagen 2011, 156.

Bewusstsein, dass Nordamerika ein Missionsland geworden ist, in dem sich die Kirche am Rande der Gesellschaft wiederfindet, werden Wesen und Aufgabe der Kirche vom Evangelium her neu bedacht. Das Buch ist das Resultat eines drei Jahre dauernden Studienprozesses, an dem gegen ein Dutzend Theologen aus unterschiedlichen konfessionellen Hintergründen mitarbeiteten.[450] Die im Buch entfaltete missionale Gemeindetheologie fußt auf den folgenden Denkvoraussetzungen:[451]

Erstens muss eine missionale Gemeindetheologie *biblisch* sein. Was immer man über die Kirche glaubt – es muss in der Bibel gefunden und mit der Bibel begründet werden können.

Zweitens ist eine missionale Gemeindetheologie *historisch*. Weil die Kirche in einer bestimmten Kultur Gestalt annimmt, muss die historische Entwicklung verschiedener Gemeindetheologien mit berücksichtigt werden.

Drittens ist eine missionale Gemeindetheologie *kontextuell*. Weil die Art und Weise, wie Kirche gedacht und gebaut wird, vom Kontext mitbestimmt wird, muss dieser umfassend berücksichtigt werden.

Viertens ist eine missionale Gemeindetheologie *eschatologisch*. Die Kirche muss entwicklungsfähig und dynamisch sein, weil sie auf die Vollendung aller Dinge zugeht.[452]

---

450 Guder 1998, 8. Nebst Darrell Guder (Presbyterianer), der als Herausgeber fungiert, wirkten als Autoren Lois Barrett (Mennonitin), Inagrace T. Dietterich (Methodistin), George R. Hunsberger (Presbyterianer), Alan J. Roxburgh (Baptist) und Craig van Gelder (Reformierter) (Guder 1998, 14–16). Weitere Theologen wurden in den Studienprozess einbezogen (Justo Gonzales, Douglas John Hall, Stanley Hauerwas und John Howard Yoder) (Guder 1998, 8).

451 a.a.O., 11–12.

452 In diesem Punkt geht es den Autoren um die Flexibilität der Kirche. Weil im missionalen Prozess neue biblische Einsichten entstünden und durch den sich verändernden Kontext neue Fragen aufkämen, müsse die Kirche flexibel (*developmental and dynamic*) in ihrer Art sein (Guder 1998, 11f). Für Evangelikale besonders attraktiv ist die Tatsache, dass die Vertreter des GOCN die Eschatologie nicht in einer innerweltlichen Utopie auflösen. Die Kirche hat die Aufgabe, das Evangelium zu verkündigen und Gottes Schalom aufzurichten, doch damit will keinem säkularisierten Missionsverständnis das Wort geredet sein, wie es in der ökumenischen Missionstheologie in den 1960er- und 70er-Jahren der Fall war. Reppenhagen (2011, 161f) bemerkt: „Für die Vertreter des GOCN bleibt das Reich Gottes trotz des Fokus auf einen innerweltlichen Schalom eine eschatologische Gottesgabe in und durch Jesus Christus. Jede innerweltliche Utopie wird hier gebrochen. So wird auch Evangelisation nicht im Sinne einer Schalomatisierung der Welt verstanden (…) sondern gerade als in die Gemeinschaft der Gläubigen einladendes Handeln der Gemeinde. Der deutlichen Zuwendung zur Welt in der Sendung Gottes folgt eben keine Auflösung der Kirche zugunsten einer auf die Welt ausgerichteten Missio Dei.“

Fünftens muss eine missionale Gemeindetheologie eine Theologie für die *Praxis* sein. Jegliche Theologie muss das Ziel haben, die Kirche für ihre missionarische Berufung auszurüsten.

Die Absicht des Buches besteht darin, theologische und praktische Anregungen für eine missionale Erneuerung der Kirche zu geben.[453] Dadurch, dass das Gemeinschaftswerk einen zusammenfassenden Überblick über die missionale Kirche und ihre theologischen Grundanliegen gibt, ist es mit Recht zu einem Standardwerk geworden.

Der Weg in die Postmoderne

Als Lesslie Newbigin nach der Swanwick Konferenz seine Aufgabe als erfüllt betrachtete, äußerte er den Wunsch, die Weiterführung des Gospel and Our Culture Programms möge keine Zäune errichten, welche andere Christen ausschließen.[454] Diese Hoffnung erfüllte sich. Das nordamerikanische Netzwerk entfaltete eine beachtliche Breitenwirkung und wird auch im deutschsprachigen Europa von missionalen Theologen mit evangelikalem Hintergrund wahrgenommen. Dieses Überschreiten konfessioneller Grenzen ist ganz im Sinne Newbigins, dem die Einheit der Kirche sehr am Herzen lag.

Die konfessionsüberschreitende Diskussion über die missionale Kirche ist eine willkommene Bereicherung, zumal im deutschsprachigen Raum eine missionale Theologie evangelikalen Zuschnitts entsteht. Dies scheint umso wichtiger, als die Zeit nicht stehen bleibt. Bei Newbigin dringt noch die Hoffnung durch, die Kirche könne die Gesellschaft mit christlichen Werten so durchdringen, dass unter Umständen ein Staat entsteht, „der den christlichen Glauben als wahr anerkennt".[455] Diese Hoffnung findet sich heute unter missionalen Theologen auf beiden Sei-

453 Guder 1998, 12.

454 Im Blick auf das Programm schrieb Newbigin: „Ich hoffe aufrichtig, dass es in der Lage sein wird, der Kirche in diesem Teil der Welt den Mut zu verleihen, die Wahrheit des Evangeliums im Kontext der ‚modernen' Gesellschaft noch zuversichtlicher zu bekräftigen, ohne zu irgendwelcher Art von Interessensgruppe zu werden, die Zäune errichtet, um andere Christen auszuschließen" (Newbigin 1993, 256).

455 Newbigin 1984, 124.

ten des Atlantiks nicht mehr.[456] Denn die Vorstellung von Wahrheit, wie es sie in der Moderne noch gab, findet sich in der Postmoderne so nicht mehr. Es gibt nur noch die postmoderne Pluralität und diese ist so dominant, dass sie zur Grundverfassung werden muss.[457] In dieser Pluralität, in welcher jede Wahrheit relativ ist, verfangen Argumente allein nicht mehr. Die Kirche im sich auflösenden christlichen Abendland vermag ihre missionarische Verantwortung nur noch wahrzunehmen, wenn sie zu einer gesellschaftsrelevanten Gestalt findet und als Gemeinschaft eine authentische Abbildung des Evangeliums ist. Es ist der Verdienst von Lesslie Newbigin und dem Gospel and Our Culture Netzwerk, den Weg in diese Richtung gewiesen zu haben.

4.3 David Bosch – Paradigmenwechsel in der Mission

Als Südafrika Mitte der 1980er-Jahre von schweren Rassenunruhen erschüttert wurde, bekam der Missionswissenschaftler David Bosch eine Stelle als Professor für Weltmission am renommierten Princeton Theological Seminary angeboten. Bei einem Besuch in den Vereinigten Staaten erörterte er während eines langen Spaziergangs am Strand von New Jersey mit einem Freund die Möglichkeit, Südafrika zu verlassen. Dieser ermutigte ihn, die Einladung anzunehmen, die es ihm ermöglichen würde, sich intensiver dem Lehren und dem Schreiben zu widmen. Am Ende des langen Gesprächs sagte David Bosch: „Nein, ich glaube nicht, dass ich meine Kollegen und die Unruhen in Südafrika verlassen kann. Das ist jetzt ein kritischer Moment dort und in den hat Gott mich gestellt.“[458] Diese Begebenheit zeigt, wie hoch David Bosch als Theologe geschätzt war und wie sehr er sich der Kirche und seinem Land verpflichtet fühlte. Es war diese Art „kühner Demut“, die Bosch auszeichnete und ihm auch in der evangelikalen Bewegung Anerkennung einbrachte.

456 Vgl. Reppenhagen 2011, 152f.

457 Welsch 1999, 40.

458 Anderson 2012, xxii; vgl. Livingstone 2013, 5.

Missionar, Schriftsteller, Professor

David Jacobus Bosch wurde 1929 in Südafrika in eine traditionelle Afrikaaner-Familie hineingeboren. Er wuchs in bescheidenen Verhältnissen auf der Farm seiner Eltern auf, die loyale Mitglieder der Holländisch-Reformierten Kirche waren. Bosch erhielt nach eigenen Angaben von frühester Kindheit an eine „christlich nationalistische" Erziehung.[459] Er wurde gelehrt, die Engländer als seine Feinde zu betrachten und die schwarzen Landarbeiter der Farm waren weniger Menschen als Gebrauchsgegenstände.

1948 begann Bosch sein Studium in Pretoria. Er wurde in der *Student Christian Association* aktiv, wo er im Gedanken, Missionar zu werden, bestärkt wurde. Durch einen seiner Professoren wurde Bosch mit den Schriften des Neutestamentlers Oscar Cullmann bekannt. Nach seinem Abschluss in Pretoria in Sprachen (Afrikaans, Holländisch, Deutsch) und in Theologie, zog es ihn nach Basel, wo er 1956 bei Oscar Cullmann mit der in Deutsch geschriebenen Arbeit *Die Heidenmission in der Zukunftsschau Jesu* promovierte. In Europa kam Bosch unter den Einfluss von Karl Barth und es entstand eine Freundschaft mit John Howard Yoder, die sein theologisches Schaffen nachhaltig prägen sollte.[460]

1957 kehrte Bosch nach Südafrika zurück. Er ließ sich von der Holländisch-Reformierten Kirche in eine Missionsarbeit unter den Xhosa in der Transkei aussenden, wo er fast ein Jahrzehnt wirkte. Kevin Livingstone hält fest, dass die Zeit als Missionar für Bosch in zweifacher Hinsicht richtungsweisend war: Er entwickelte durch die vielen persönlichen Begegnungen eine aufgeschlossenere Haltung gegenüber den Schwarzen. Und er begann, Theorie und Praxis miteinander zu verbinden. Am Tag war er bei den Leuten unterwegs, in der Nacht trieb er seine missionarischen Studien voran und begann mit seiner ausgedehnten schriftstellerischen Tätigkeit.[461] In dieser Zeit setzte sich in Bosch

459 Livingstone 2013, 1.

460 Reppenhagen, Guder 2012, 617.

461 Livingstone 2013, 2. Bosch sagte von dieser Zeit: „Ich begann mit einem sehr konservativen theologischen Denkrahmen und erst gegen Ende der 1960er-Jahre bewegte ich mich auf einen umfassender Standpunkt zu" (a.a.O., 3).

die Überzeugung durch, dass die Kirche nur in einer Haltung des Dienens ihre missionarische Aufgabe wahrnehmen kann. Eine Rückenverletzung verunmöglichte es ihm, seinen missionarischen Dienst fortzusetzen. Für die nächsten Jahre war er als Dozent an einem kleinen theologischen College in der Transkei tätig, das schwarze Pastoren und Evangelisten ausbildete.[462]

1972 wurde Bosch nach Pretoria an die Universität von Südafrika berufen. Dort diente er als Professor für Mission, bis er 1992 durch einen Verkehrsunfall mitten aus seinem missiologischen Schaffen gerissen wurde.

Bosch und die Apartheid

Als Bosch 1948 sein Studium an der Universität von Pretoria begann, kam die Nationale Partei an die Macht, die bis 1994 für die rassistische Politik von Südafrika verantwortlich war. Viele Jahre später bemerkte Bosch in einem Interview, für ihn und seine Gesinnungsgenossen sei damals ein Traum wahr geworden. Sie hätten keinerlei Bedenken gehabt.[463] Es dauerte Jahre, bis Bosch den Schwarzen auf Augenhöhe begegnen konnte, aber er bewegte sich stetig auf diesen Punkt zu.[464] Ein auslösender Faktor war ein Gottesdienst für die schwarzen Landarbeiter, welchen Bosch während einer Semesterpause auf der Farm seiner Eltern hielt. Die Schwarzen kamen nach vorne und schüttelten dem jungen Bosch herzhaft die Hand. Als dieser zögerlich reagierte, versicherten sie ihm, dass es völlig in Ordnung sei, wenn Christen sich die Hand gäben! Erst jetzt realisierte der weiße Student, dass viele der Schwarzen Christen waren. Sie kamen von den Methodisten, den Anglikanern und unabhängigen afrikanischen Kirchen. Mit entwaffnender Offenheit gestand Bosch später:

> Zuvor hatte ich sie [die Schwarzen] als Heiden und als Halbwilde betrachtet. Wenn ich an diesen Tag vor dreißig Jahren

462 a.a.O., 2f.

463 Livingstone 2013, 1.

464 Das Folgende nach Livingstone 2013, 1.

> zurückdenke, dann glaube ich sagen zu können, dass dies der Anfang eines Wendepunktes in meinem Leben war. Es war zwar nicht so, dass ich von diesem Tag an die Schwarzen uneingeschränkt als Menschen akzeptierte. Weit davon entfernt! Aber etwas begann sich an diesem Tag in mir zu regen, und alles, was ich sagen kann ist, dass es durch Gottes Gnade seither stetig gewachsen ist. Sehr langsam, Jahr um Jahr, weitete sich mein Horizont und ich begann die Menschen, die anders als ich waren, immer klarer mit neuen Augen zu sehen. Ich entdeckte allmählich die einfache, offenkundige Tatsache, dass die Dinge, die wir gemeinsam haben, viel mehr sind als die Dinge, die uns trennen.[465]

Noch vor seinem Studienabschluss war dem jungen Bosch klar geworden, dass er die Rassendiskriminierung Südafrikas nicht gutheißen konnte. Während seiner Doktoralstudien in Basel distanzierte er sich weiter von der Apartheid, sah sich aber vor das Problem gestellt, noch kein „alternatives Paradigma" gefunden zu haben, das an die Stelle des verworfenen hätte treten können.[466] Im Laufe der Zeit festigte sich Boschs Überzeugung, dass die Kirche Gottes Instrument der Versöhnung für die Welt sein muss. Dies galt ganz besonders für sein Südafrika. Er engagierte sich für die Versöhnung zwischen Schwarzen und Weißen und fand allmählich zu einem neuen, gereiften Standpunkt. Er sprach sich gegen die Apartheid aus und scheute sich nicht, die rassistische Theologie der Holländisch-Reformierten Kirche, der er Zeit seines Lebens als Mitglied treu blieb, öffentlich als Häresie zu bezeichnen.[467]

465 Bosch machte diese Aussage 1979. Zitiert in Livingstone 2013, 1.

466 a.a.O., 1f.

467 Saayman, Kritzinger 1996, 4f. In diesem Zusammenhang erstaunt es, dass Bosch sich nicht für das Evangelikale Zeugnis in Südafrika (EWISA) erwärmen konnte (siehe 3.7). Sugden (1996, 147) erwähnt, dass er zusammen mit einer Delegation um Caesar Molebatsi im Jahr 1989 mit David Bosch und einigen aus seiner Fakultät zusammentraf, um die Situation in Südafrika zu diskutieren. Sugden zeigte sich nach dem Treffen über die „einigermaßen abweisende Bekundung" Boschs bezüglich der Arbeit von schwarzen Evangelikalen und dem von ihnen verfassten EWISA enttäuscht.

Ein Standardwerk

Bosch entwickelte eine umfassende Schreibtätigkeit, die praktisch alle Aspekte der Missionstheologie berücksichtigte.[468] Rund zweihundert Artikel, Essays und Bücher flossen aus seiner Feder.[469]

Sein theologisches Vermächtnis, das kurz vor seinem Tod erschien, liegt mit dem Titel *Mission im Wandel. Paradigmenwechsel in der Missionstheologie* rund zwanzig Jahre nach dem Erscheinen des englischen Originals auch auf Deutsch vor.[470] Das englische Original avancierte in kürzester Zeit zu einem missiologischen Standardwerk. Der katholische Theologe Robert Schreiter bezeichnete es als einen Meilenstein des missionswissenschaftlichen Denkens.[471] Lesslie Newbigin zeigte sich überzeugt, Boschs Werk werde für viele Jahre eine unentbehrliche Grundlage in der theologischen Ausbildung darstellen, und lag richtig damit.[472] Die Zeitschrift Christianity Today zählte es zu den hundert besten religiösen Büchern des zwanzigsten Jahrhunderts.[473]

Bosch gibt in seinem Standardwerk seiner Überzeugung Ausdruck, dass sich das Verständnis von Kirche und Mission periodisch verändert und dass diese Veränderungen bereits in der Bibel vorhanden sind. Die heutige Mission sehe sich mit „harten Realitäten" konfrontiert, zu denen der Säkularismus, der Verlust der westlichen Dominanz und das Erstarken der Religionen zu rechnen sei, um nur einige zu nennen. Bosch dazu:

468 Sugden (a.a.O., 148f) bemängelt, Bosch habe die Arbeit der radikalen Evangelikalen aus der Zwei-Drittel-Welt kaum berücksichtigt, obwohl es gerade die radikalen Vertreter Lateinamerikas gewesen seien, die schon früh auf das Zusammengehen von Evangelisation und sozialer Verantwortung gedrängt hätten. Das ist tatsächlich erstaunlich, zumal Bosch und die radikalen Evangelikalen ein ganzheitliches Missionsverständnis teilten. Boschs Dialog fand allerdings stärker mit den Missionstheologen der westlichen Tradition statt und kaum mit Theologen der Zwei-Drittel-Welt (Verstraelen 1996, 11–14.36f).

469 Eine Auswahl von Boschs Veröffentlichungen listen Saayman, Kritzinger 1996, 167–170 auf.

470 Das englische Original *Transforming Mission. Paradigm Shifts in Theology of Mission* erschien 1991 bei Orbis Books.

471 Reppenhagen, Guder 2012, 615.

472 Newbigin auf der Rückseite der englischen Originalausgabe.

473 Reppenhagen, Guder 2012, 615.

> Die harten Realitäten unserer Zeit zwingen uns, die Mission der Kirche zu überdenken und neu zu formulieren, mutig und fantasievoll und dennoch in Kontinuität mit dem Besten dessen, was Mission in den vergangenen Jahrzehnten und Jahrhunderten gewesen ist. Die These dieses Buches lautet, dass es weder möglich noch sinnvoll ist, eine erneuerte Definition der Mission anzustreben, ohne einen gründlichen Blick auf die Wechselfälle der Missionen und der missionarischen Idee während der letzten zwanzig Jahrhunderte der christlichen Kirchengeschichte zu werfen.[474]

Bosch arbeitet die Wechselfälle der Mission geschichtlich und theologisch auf. Dabei bedient er sich der Paradigmentheorie in Anlehnung an Hans Küng.[475] Diese geht davon aus, dass es in Gesellschaft und Kirche periodisch zu epochalen Umbrüchen – Paradigmenwechseln – kommt. Mit jedem Umbruch ergeben sich ein neues gesellschaftliches und kulturelles Selbstverständnis und als Folge davon neue missionarische Herausforderungen und ein neues Verständnis von der missionarischen Aufgabe der Kirche.[476] Seit der Mitte des 20. Jahrhunderts befinden wir uns nach Küng und Bosch in einem solchen Wechsel:

> In der Tat ist es die These dieses Buches, dass die Ereignisse, die wir seit dem Zweiten Weltkrieg erlebt haben, und die andauernde Krise in der Mission nicht nur als zufällig und umkehrbar betrachtet werden dürfen. Was sich in den letzten Jahrzehnten in theologischen und missionarischen Kreisen entwickelt hat, ist das Ergebnis eines fundamentalen Paradigmenwechsels, und das nicht nur in der Mission und der Theologie, sondern in den Erfahrungen und dem Denken der ganzen Welt (...) Es wird deutlich werden, dass das, was in unserer Zeit geschieht, nicht der erste Paradigmenwechsel ist, den die Welt (oder die Kirche) erlebt. Es gab bereits vorher

474 Bosch 2012, 9.

475 a.a.O., 213–223.

476 Für eine grafische Übersicht zur Paradigmentheorie siehe Küng 1999 auf der vorderen Innenseite.

tief greifende Krisen und große Paradigmenwechsel. Beides begründete jeweils das Ende einer Welt und die Geburt einer neuen, in der Vieles von dem, was die Menschen für gewöhnlich dachten und taten, neu definiert werden musste.[477]

Missionsparadigmen

Bosch entwickelt in seinem Standardwerk sein am Paradigmenwechsel orientiertes Missionsverständnis in drei aufeinander bezogenen Teilen:

Im ersten Teil untersucht Bosch verschiedene Modelle von Mission im Neuen Testament. Entscheidende Bedeutung kommt dabei dem Kontext zu. Weil sich die ersten Christen in ganz unterschiedlichen Kontexten befanden, entwickelten sie für diese Kontexte relevante und dadurch unterschiedliche Missionsparadigmen. Bosch unterscheidet zwischen Mission als Jüngerschaft bei Matthäus, Mission als Solidarität mit den Armen bei Lukas und Mission als Einladung in die endzeitliche Gemeinschaft bei Paulus. Diese je unterschiedlichen Verständnisse von Mission bilden zusammen das urchristlich-apokalyptische Missionsparadigma.[478]

Im zweiten Teil beschreibt Bosch die Missionsparadigmen von der Urkirche bis zur Gegenwart. Er unterscheidet verschiedene Paradigmen voneinander: Auf das urchristlich-apokalyptische Paradigma, welches die Zeit des Neuen Testamentes und die nachapostolische Zeit umfasste, folgte das altkirchlich-hellenistische Paradigma der frühen Kirche, das sich bis in das Frühmittelalter erstreckte. Danach folgte das römisch-katholische Paradigma des Mittelalters, das bis zum Anbruch der Reformation galt und durch die Prachtentfaltung der katholischen Kirche geprägt war. Mit der Reformation setzte sich das reformatorisch-protestantische Paradigma in Widerspruch zum römisch-katholischen

---

477 Bosch 2012, 4f.

478 Nach Bosch 2012, 17 findet mit dem Kommen Jesu ein Paradigmenwechsel gegenüber dem Alten Testament statt. Bosch möchte deutlich machen „dass das Neue Testament (…) Zeugnis von einem fundamentalen Wechsel gegenüber dem Alten Testament gibt. Durch einen Überblick über die Paradigmenveränderungen im missionarischen Denken werde ich deutlich machen, dass der erste und wichtigste Paradigmenwechsel sich mit der Ankunft des Jesus von Nazareth und den darauf folgenden Ereignissen vollzog."

Paradigma. Beide wurden schließlich durch das neuzeitlich-aufgeklärte Paradigma abgelöst, das durch Vernunftdenken und Fortschrittsglaube gekennzeichnet war.[479]

Jedes dieser Paradigmen weist nach Küng und Bosch ein eigenes Verständnis des christlichen Glaubens auf und besitzt dadurch ein unterschiedliches Verständnis von Mission. Hilfreich ist diese Geschichtsschau, weil sie eine Darstellung von theologischen Entwicklungen ermöglicht, ohne bereits Urteile über die Richtigkeit einer Entwicklung zu fällen.[480] Die grundlegenden Konstanten und die entscheidenden Variablen können herausgearbeitet werden und so der Blick für die missionarische Aufgabe auch in der Gegenwart geschärft werden.[481]

Im dritten Teil befasst sich Bosch eingehend mit dem sich abzeichnenden ökumenischen Paradigma der Postmoderne. Bosch möchte den Dienst Jesu und die Mission der Urkirche in „kreativer Weise in unsere Zeit hinein verlängern".[482] Anhand von dreizehn Dimensionen beschreibt Bosch, wie die Mission in der Gegenwart auszusehen hat, wenn sie dem Jesus-Ereignis treu und gleichzeitig für die heutigen Herausforderungen relevant sein will.[483] Mission umfasst nach Bosch die ganze Bandbreite biblischer Sendung und ist ganzheitlich zu verstehen. Es handelt sich um ein umfassendes Geschehen, das nicht nur

479 a.a.O., 213–214.

480 Nachteilig an dieser Schau ist, dass sie offen für eine relativistische Geschichtsschau ist in dem Sinn, dass jedes der beschriebenen Paradigmen als eine bloße Widerspiegelung der jeweiligen Zeit und Kultur betrachtet und so auf Werturteile hinsichtlich des Wahrheitsgehalts verzichtet werden könnte.

481 Küng 1999, 90.

482 Bosch beschreibt dieses Vorgehen so: „Es ist notwendig, über die Bedeutung der Mission für unsere Zeit zu schreiben, wobei wir im Auge behalten müssen, dass sich die gegenwärtige Epoche fundamental von jener unterscheidet, in der Matthäus, Lukas und Paulus ihre Evangelien und Briefe für die erste und zweite Generation von Christen geschrieben haben. Die tief greifenden Unterschiede zwischen damals und heute implizieren, dass es nicht genügt, sich direkt auf die Worte der biblischen Autoren zu berufen und dann das, was sie gesagt haben, direkt als Grundlage für unsere Situation zu übernehmen. Vielmehr sollten wir in kreativer aber verantworteter Freiheit die Logik des Dienstes Jesu und der ersten Kirche in einer fantasievollen und kreativen Weise in unsere Zeit und unseren Kontext hinein verlängern" (Bosch 2012, 213).

483 Trotz seiner umfangreichen Darstellung befasst sich Bosch nicht näher mit der postmodernen Kultur des Westens. Shenk (1995b, ix) weist darauf hin, dass Bosch unmittelbar nach Fertigstellung seines Hauptwerkes (1991) realisierte, dass er sich noch nicht ausreichend mit der Kultur des Westens als missionarischer Herausforderung befasst hatte. Im Januar 1992, wenige Monate vor seinem plötzlichen Tod, präsentierte Bosch in Paris ein Essay, das sich diesem Thema widmete. Es liegt unter dem Titel *Believing in the Future. Toward a Missiology of Western Culture* (1995) vor.

Zeugnis und Heilsvermittlung umfasst, sondern auch Befreiung und Dienst. Seine dreizehn Dimensionen von Mission gehören zum Umfassendsten und biblisch Ausgewogensten, das in der Missionsliteratur zu finden ist.

Bosch, der Brückenbauer

Als Mensch und als Theologe war Bosch ein Brückenbauer, sowohl in Afrika[484] als auch weltweit. Timothy Yates bezeichnet ihn als Missionswissenschaftler und Missionar und als ökumenische Führungspersönlichkeit, die gleichzeitig ein Evangelikaler war.[485] Mit seinem ganzheitlichen Sendungsverständnis, das ökumenische und evangelikale Elemente umfasst, erstaunt es nicht, dass Bosch die Überwindung der Polarisierung zwischen Ökumenikern und Evangelikalen am Herzen lag.

Einerseits zeigt sich dieses Anliegen an Boschs aktiver Teilnahme an ökumenischen und evangelikalen Kongressen. Er war am historischen Weltevangelisationskongress in Lausanne 1974 dabei und er nahm in Pattaya 1980 teil, als die evangelikale Bewegung an der sozialen Frage auseinanderzubrechen drohte. An der Konsultation über das Verhältnis von Verkündigung und sozialer Verantwortung in Grand Rapids war Bosch einer der Hauptredner. In Wheaton 1983, wo sich die Evangelikalen erstmals zur Mission als Transformation bekannten, steuerte Bosch einen Aufsatz bei,[486] und er gehörte zu denen, die den einflussreichen Schlussbericht aufsetzten.[487] Bosch war überzeugt, dass die ökumenische und die evangelikale Bewegung einander brauchten, um die Fülle des Evangeliums adäquat zu erfassen.

484 Verstraelen 1996, 39; Livingstone 2013, 5f. Zur Bedeutung von David Bosch für Südafrika siehe Saayman, Kritzinger 1996, 7.

485 Yates 2009, 6.

486 Boschs Beitrag trägt den Titel *Toward an Evangelism in Context*. Er stellt den Versuch dar, die Themen Transformation, Heil und Evangelisation aufeinander zu beziehen. Bosch argumentiert dafür, dass ein biblisches Heilsverständnis „persönliche geistliche“ und „konkrete soziale“ Aspekte beinhalten muss (Bosch 1987, 184).

487 Livingston 2013, 5. Zum Schlussbericht siehe Transformation 1983.

Anderseits tritt Boschs Anliegen, theologische Einseitigkeiten zu überwinden, in seinen Schriften zu Tage. Ein gutes Beispiel bietet das 2011 in deutscher Übersetzung erschienene Buch *Ganzheitliche Mission.*[488] Bosch schrieb es in der Hoffnung, einen Brückenschlag zwischen der evangelikalen und der ökumenischen Missionstheologie zu erreichen.[489] Beide Seiten werden mit fundamentaler Kritik bedacht:

Im Kapitel mit der Überschrift *Ein abgespecktes Evangelium*, richtet Bosch den Blick auf die Mängel in der evangelikalen Missionstheologie.[490] Er beklagt den Umstand, dass sich viele Evangelikale von der Welt abschotteten, Teile der Bewegung sich dem ökumenischen Dialog verschlössen und die soziale Frage trotz der Bemühungen, die in der Lausanner Verpflichtung sichtbar werden, vernachlässigten. Bosch macht bei den Evangelikalen eine „unbiblische Einseitigkeit" in den genannten Themen aus und spricht von einem „zweifelhaften Christentum", das hier zum Ausdruck komme.[491]

Im darauffolgenden Kapitel mit der Überschrift *Ein verwässertes Evangelium* befasst sich Bosch mit den Einseitigkeiten der ökumenischen Missionstheologie.[492] Er fürchtet, dass hier die Bekehrung als eine Entscheidung, „die der Mensch vor Gottes Angesicht trifft", über Bord

488 Das englische Original erschien 1980 unter dem Titel *Witness to the World.*

489 Bosch schrieb das Buch 1978, wenige Jahre also nachdem die evangelikale Bewegung definitiv ihren eigenen missionstheologischen Weg unter die Füße genommen hatte. Er bemerkte 1986 in einem Interview dazu: „Als ich *Witness to the World* schrieb, war mir die Auseinandersetzung zwischen den Evangelikalen und der Ökumene sehr stark im Bewusstsein (...) Was mich betraf, war sie existenziell. Diese Auseinandersetzung fand auch in meinem theologischen Denken und in meinem Herzen statt. Es handelte sich nicht bloß um einen Versuch, die beiden in ein Gleichgewicht zu bringen. Ich war auf der Suche nach einem Weg vorwärts, der über beide hinausgehen könnte" (Livingstone 2013, 7).

490 Bosch 2011, 263–274.

491 Mit Blick auf die evangelikale Theologie sagt Bosch: „Wenn sich die persönliche Frömmigkeit eines Menschen zwischen ihn und seine Mitmenschen schiebt, wenn seine religiösen Verpflichtungen sein Herz gegenüber seinem Nächsten verschließen, wenn das Wirken des Heiligen Geistes auf das Gebiet der persönlichen Ethik beschränkt wird, wenn das Christentum einzig im Sinne von sakralen Handlungen zu bestimmten Zeiten definiert wird, wenn biblische Aussagen über die konkreten Bedürfnisse von Menschen spiritualisiert werden, wenn Erlösung auf die persönliche Beziehung eines Menschen zu Gott eingeschränkt wird, wenn jemand gerettet wird, diese Rettung aber keinerlei Einfluss auf seine Beziehungen hat, wenn strukturelle und institutionalisierte Sünden nicht aufgedeckt werden, dann haben wir es mit einer unbiblischen Einseitigkeit und einem zweifelhaften Christentum zu tun" (a.a.O., 272).

492 a.a.O., 275–285.

geworfen wird.[493] Die Grenzen zwischen der Kirche und der Welt würden verwischt, sodass das Evangelium verwässert und die Kirche bedeutungslos werde. Insgesamt offenbare die ökumenische Missionstheologie eine „ernste Reduktion des Evangeliums".[494]

Das Buch ist ein leidenschaftlicher Versuch, Brücken zwischen zwei Lagern zu schlagen, die Mühe haben einander zu verstehen. Bosch möchte die evangelikale Kirche als „Ghettogemeinschaft", für die politische und soziale Fragen tabu sind, und die „säkulare Kirche" der Ökumene, die ihre christliche Identität aufgibt, überwinden und zu etwas Neuem beitragen, das die Stärken beider Seiten in sich vereint.[495] Denn: „Die Kirche kann nur als eine Gemeinschaft missionarisch sein, die gleichzeitig von der Welt unterscheidbar und mit der Welt solidarisch ist."[496]

Ein lebendiges Erbe

David Bosch hinterlässt ein äußerst lebendiges Erbe. Sein bedeutendster Beitrag liegt zweifelsfrei im Bereich der Missionstheologie.[497] Auch wenn Evangelikale ihm nicht in allen Punkten folgen können,[498] bietet Bosch Grundlagen, die auch für eine missionale Theologie evangelikalen Zuschnittes wertvoll sind. Zusammenfassend kann von vier entscheidenden Anstößen die Rede sein:

Erstens hat Bosch überzeugende Argumente für den missionarischen Charakter der Kirche vorgebracht. Bosch hat beharrlich darauf hingewiesen, dass Mission „die fundamentale und wesentliche Herausforderung

493 a.a.O., 279.

494 „In der ökumenischen Missionstheologie begegnet uns eine ernste *Reduktion des Evangeliums.* Sie entbehrt oft einer kraftvollen biblischen Betonung der Wirklichkeit der Sünde in jedem Menschen. Daraus folgt, dass sie auch eines resoluten Aufrufs zur Buße und Bekehrung entbehrt, zu jener radikalen Revolution im Zentrum des Lebens, die das dynamische Christentum immer betont hat" (a.a.O., 281 – Hervorhebung im Original).

495 a.a.O., 290.

496 a.a.O., 288.

497 Reppenhagen, Guder 2012, 621.

498 So etwa der Standpunkt, dass wir Jesus nur durch die Selbstdefinition der frühen Kirche kennen würden (Bosch 2012, 27) und darum Aussagen *von* Jesus schon oft Aussagen *über* Jesus seien (a.a.O., 214).

der Kirche sei".[499] Mit seinem Gesamtwerk hat Bosch prägenden Einfluss auf die Entstehung der missionalen Theologie. Mit der Herausgabe seines Hauptwerkes in Deutsch dürfte sich dieser Einfluss in Europa noch verstärken. Es ist eine Fundgrube für alle, die nach der missionarischen Verantwortung der Kirche in der Postmoderne fragen und dabei auf eine biblische Grundlegung nicht verzichten wollen.

Zweitens hat Bosch die Bedeutung von Paradigmenwechsel in das Bewusstsein der Missionstheologen gebracht. Seine historische Darstellung von Paradigmenwechsel in der Kirchengeschichte hat das Bewusstsein dafür geschärft, dass wir uns aktuell in einem Paradigmenwechsel befinden. Dieser stellt uns vor die theologische Aufgabe, unseren missionarischen Auftrag in Rückbindung an Jesus und die Urkirche neu zu definieren. Bosch spricht in diesem Zusammenhang von einer experimentellen Theologie: „Wir benötigen eine experimentelle Theologie, in der ein andauernder Dialog zwischen dem Text und dem Kontext stattfindet, eine Theologie, die – gemäß ihrem Wesen – provisorisch und hypothetisch bleibt."[500] Es gibt nur *eine* Mission, aber diese nimmt zu unterschiedlichen Zeiten und an unterschiedlichen Orten viele verschiedene Formen an.[501] Ein solches Bewusstsein für die Wechselfälle der Mission stößt die Tür auf zu einer wahrhaft missionalen Kirche – einer Kirche, die nicht nur einmal erkannte Wahrheiten repetiert, sondern ebenso bestrebt ist, die Welt, in der sie sich befindet, mit dem Evangelium zu gestalten.

Drittens hat Bosch verständliche Grundlagen für einen missionalen Zugang zum Neuen Testament gelegt. Bosch möchte nicht bloße Prinzipien aus dem Neuen Testament ableiten und sich auch nicht darauf beschränken, einzelne Bibelverse auf die Gegenwart zu übertragen. Vielmehr sucht er zu verstehen, auf welche Weise Jesus das Reich Gottes unter den Juden verkündete und wie die Schreiber des Neuen Testamentes versuchten, in ihrem Kontext Jesus treu zu sein: „Wir können die Worte und den Dienst Jesu zwar weder direkt auf eine sich grundlegend unterscheidende Welt übertragen, noch lassen sich einfach ‚Prinzipien'

499 Reppenhagen Guder 2012, 629.

500 Bosch 2012, 503.

501 a.a.O., 12.

aus seinem Dienst ableiten." Bosch sieht vielmehr die Herausforderung, „uns von Jesus so inspirieren zu lassen, dass wir die Logik seines Dienstes auf eine fantasievolle und kreative Weise in veränderte historische Bedingungen hineinverlängern".[502] Auf diese Weise entsteht ein missionaler Zugang zum Neuen Testament, der auf den Nenner gebracht werden kann: So wie die Apostel in ihrem Kontext das Evangelium von Jesus von Nazaret verständlich machten, so ist es unsere Aufgabe, in der Rückbindung an Jesus und die Urkirche, das Evangelium in unsere Zeit zu übersetzen.

Viertens hat Bosch eine Lanze für ein ganzheitliches Missionsverständnis gebrochen. Einer Engführung des Missionsauftrags auf geistliche Belange oder bloßen sozialen Dienst erteilt Bosch eine klare Absage. Seine dreizehn Dimensionen von Mission, die er in seinem Hauptwerk entfaltet, zeichnen ein beeindruckend vielfältiges Verständnis von Mission. So ist es nicht verwunderlich, dass seit einigen Jahren missionale Theologen mit evangelikalem Hintergrund sich zustimmend auf Bosch beziehen. Besonders geschätzt werden sein Streben nach missionarischer Relevanz angesichts der heutigen Herausforderungen, seine ökumenische Weite und seine Dialogbereitschaft mit unterschiedlichen theologischen Strömungen und seine Bindung an das Neue Testament als die entscheidende Kontrollinstanz der Missionstheologie.

502 a.a.O., 40.

5. Paradigmenwechsel – Evangelikale auf dem Weg zur Weltverantwortung

Wir haben diese Untersuchung mit der Frage nach Inhalt und Berechtigung der missionalen Theologie begonnen. Ist „missional" ein Modewort, das kommen und gehen wird, wie andere Begriffe und Konzepte, die einen Platz in der Geschichte beanspruchten und dann wieder verschwanden? Oder zeichnet sich ein Paradigmenwechsel ab, der die Theologie nachhaltig verändert? Nachdem wir die Quellen untersucht haben, die zur missionalen Theologie führten, ist es an der Zeit, die Ergebnisse unserer Untersuchung auf einen Nenner zu bringen und diese Fragen zu beantworten.

5.1 Radikale Anstiftungen

Spätestens seit David Boschs epochalem Werk über paradigmatische Umbrüche in der Missionstheologie ist klar, dass der Wandel ein wesentliches Moment der Mission ist. Wandel ist nötig, um mit dem Evangelium angemessen auf die Herausforderungen einer sich ständig verändernden Welt zu reagieren. Wie wahr diese Feststellung ist, zeigt sich an dem in den Teilen 1 und 2 untersuchten Zeitraum mit besonderem Fokus auf die evangelikale Mission. *Überblickt man diesen Zeitraum, kann man feststellen, dass sich die Evangelikalen aus der fundamentalistischen Enge der ersten Hälfte des 20. Jahrhunderts lösten und einen Weg des Wandels beschritten, auf dem sie Erkenntnisse von anderen Traditionen in die eigene Sicht zu integrieren begannen.* Dieser Prozess war Grundvoraussetzung dafür, dass eine missionale Theologie evangelikaler Prägung entstehen konnte und soll deshalb an dieser Stelle gewürdigt werden.

Historisch fassbar wird der Wandel evangelikaler Theologie am Ersten Weltevangelisationskongress in Lausanne 1974. Wir haben gesehen, dass radikale Vertreter aus Lateinamerika wie René Padilla und Samuel Escobar ihre evangelikalen Geschwister zur Weltverantwortung anstifteten, indem sie Erkenntnisse der Befreiungstheologie und der ökumenischen Missionstheologie in eine evangelikale Grundkonzeption integrierten. Insbesondere von Vertretern aus dem Westen ist das als Bedrohung empfunden worden. Entsprechend schwierig gestaltete sich der missionstheologische Prozess.

Die Armen und Gottes Mission

Als eines der bemerkenswertesten Ergebnisse dieses Wandels kann die Tatsache gelten, dass die Evangelikalen die Bedeutung der Armen neu entdeckten. Waren die Bedürftigen eine wichtige Zielgruppe des frühen Evangelikalismus – man denke an die Errichtung von Schulen, Waisenhäusern und Spitälern im 18. und 19. Jahrhundert –, geriet der sozialdiakonische Auftrag in der ersten Hälfte des 20. Jahrhunderts vorübergehend in Vergessenheit. Es waren die lateinamerikanischen Theologen der Befreiung, die der weltweiten Christenheit ihre Verantwortung für die Armen in Erinnerung gerufen haben. Die Evangelikalen im Süden haben dieses Thema aufgenommen und die Forderung nach einem Evangelium für die Armen in das evangelikale Lager getragen. Teile der evangelikalen Bewegung haben sich mit dieser Forderung nur widerwillig auseinandergesetzt, hauptsächlich weil eine Überbetonung des sozialen Anliegens befürchtet wurde. Die Bewegung als Ganzes hingegen hat die Herausforderung angenommen und sich damit auf einen Weg des Wandels begeben.

Dass dieser Weg zunächst zögerlich, dann mit Engagement und wachsender Überzeugung beschritten wurde, zeigen die großen Missionserklärungen. In der Lausanner Verpflichtung ist in Artikel 9 über die Dringlichkeit der evangelistischen Aufgabe von neuen Anstrengungen zur Weltevangelisation die Rede. Gegen Ende des Artikels finden sich – verbunden mit der Forderung nach einem einfachen Lebensstil – zwei Sätze über die Armen: „Die Armut von Millionen erschüttert uns alle. Wir sind verstört über die Ungerechtigkeit, die diese Armut verursacht." Die knappe Formulierung wirkt in dem leidenschaftlichen Artikel über Evangelisation einigermaßen verloren. Einen eigenen Artikel über die missionarische Herausforderung der Armut sucht man in der Lausanner Verpflichtung vergeblich. Das ist nicht erstaunlich, hatten die Evangelikalen zu jenem Zeitpunkt doch noch keine Theologie der Armen entwickelt. Entsprechend gab es keinen Konsens, der ein Statement ermöglicht hätte, in dem sich alle hätten wiederfinden können. Doch das änderte sich in geraumer Zeit. Am Zweiten Lausanner Kongress in Manila spielten die Armen eine prominente Rolle, sowohl in den Referaten als auch im Schlussdokument.[503] Nachdem man sich auf die Armut als missionarischer Herausforderung eingelassen hatte, ließ sich der Zug nicht mehr aufhalten. In der Kapstadt Verpflichtung ist der Armut ein eigener Abschnitt gewidmet.[504] Von der gegenwärtigen missionarischen Herausforderung zur reden, ohne das Problem der Armut zu erwähnen, ist heute in der weltweiten evangelikalen Bewegung nicht mehr denkbar.

Die Öffnung der Evangelikalen für alternative Sichtweisen zeigt sich auch an der Diskussion um die Missio Dei. Mit der Kapstadt Verpflichtung hat das gegenwärtig bedeutendste Losungswort der missionalen Theologie seinen Weg in die evangelikale Missionstheorie gefunden. Der programmatische Satz „die Mission Gottes für die Welt entspringt aus Gottes Liebe" verankert die Sendung der Kirche an prominenter Stelle in der Mission Gottes.[505] Es ist bemerkenswert, dass sich der gesamte erste Artikel des Kapstadt-Bekenntnis des Glaubens der Missio Dei widmet. Damit ist die Diskussion um die Missio Dei fünfzig Jahre nach Willingen auch in der evangelikalen Missionstheorie angekommen und wird sich dort aller Voraussicht nach behaupten können.

503 Das Manifest von Manila, Teil II. 2. Abschnitt.

504 Kapstadt Verpflichtung, Teil II. B. 3.

505 a.a.O., Teil I. Artikel 1.

Dieser Umstand zeugt sowohl von einer Öffnung für alternative Sichtweisen als auch von einer Neuorientierung in der Begründung der Mission.

Kontextuelle Theologie

Um den Wandel evangelikaler Theologie angemessen zu würdigen, muss man sich vor Augen halten, dass die Evangelikalen ihre Theologie lange Zeit in Abgrenzung von anderen Auffassungen entwickelt haben. Diese Haltung hat ihren Ursprung darin, dass die evangelikale Theologie bis in die Mitte des 20. Jahrhunderts vom Westen geprägt war. In diesem Kontext mussten die historischen Wahrheiten des Christentums gegen das Eindringen liberaler Ideologien wie der Bibelkritik und dem Darwinismus verteidigt werden.[506] Je heftiger die Auseinandersetzung wurde, desto mehr ging man in Abwehrstellung und begann, sich über das zu definieren, was man bekämpfte.

Mit Lausanne I setzte ein zögerlicher Wandel ein. Die Evangelikalen aus dem Westen begannen, auf ihre Brüder und Schwestern aus dem Süden zu hören, vor allem auf die Stimmen der Radikalen, die sich unüberhörbar zu Wort meldeten. Dieses Segment der weltweiten evangelikalen Bewegung beschäftigte sich hauptsächlich mit der Relevanz des Evangeliums in einer leidenden Welt. Ihnen stand weniger nach Abgrenzung von der Welt als nach einer Durchdringung der Welt mit dem Evangelium und der Transformation der Gesellschaft. Wie aber verhilft man Menschen aus der Armut? Wie bekämpft man ihre Ursachen? Was lehrt das Evangelium über die Transformation der Strukturen? In diesem Nachdenken über die Relevanz des Evangeliums zeigte sich: Auf die Fragen, welche die vielfältigen Kontexte von Armut und Ungerechtigkeit aufwarfen, hatte die westliche Theologie, die mit dem Anspruch auftrat, eine Theologie mit universaler Bedeutung zu sein, keine zutreffenden Antworten. Diesen Umstand haben die radikalen Kräfte bis in die 1980er-Jahre scharfzüngig moniert. So schwierig sich aufgrund ihrer harschen Kritik der missionstheologische Prozess gestal-

506 Genaueres dazu in Hardmeier 2009, 64-68.

tete, so wichtig war die daraus resultierende Auseinandersetzung. *Die radikalen Evangelikalen haben durch ihren kritischen Blick von der Peripherie die kulturelle Befangenheit der vom westlichen Kontext geprägten evangelikalen Theologie aufgedeckt und Raum erzwungen für die Beschäftigung mit der sogenannten kontextuellen Theologie.*

Bis in die 1960er-Jahre ging man allgemein davon aus, dass die Theologie kulturell unbefangene Ergebnisse liefert. Die westliche Theologie war eine Theologie mit dem Anspruch, universale Gültigkeit zu besitzen, die ähnlich einem Medikament in allen Kontexten die beabsichtigte Wirkung erzielt und folglich nur noch angewendet werden muss. Die politischen und gesellschaftlichen Umwälzungen des späten 20. Jahrhunderts erschütterten diese optimistische Einschätzung der eigenen Möglichkeiten nachhaltig. Die beiden Weltkriege und das Ende der Kolonialepoche durchbrachen die westliche Dominanz in politischer und kultureller Hinsicht. Auf einmal war der Westen nicht mehr der unbestrittene Mittelpunkt der Welt.

Diese neue Situation schuf ein Bewusstsein der eigenen Begrenztheit, von dem auch die Theologie nicht unberührt blieb. Man erkannte, dass die Bedeutung des Evangeliums *für* einen bestimmten Kontext am besten *innerhalb* dieses Kontexts erkannt wird, dass lokale Gegebenheiten im theologischen Prozess also eine entscheidende Rolle spielen. Konkret: Was das Evangelium für Slumbewohner in Kalkutta bedeutet, erkennen die Slumbewohner von Kalkutta, oder jemand, der mit ihnen solidarisch lebt, im Licht der Heiligen Schrift selbst am besten. Für jemand in Frankfurt oder Amsterdam, der einen vollen Kühlschrank und eine gesicherte Altersvorsorge hat, ist das weitaus schwieriger, wenn nicht unmöglich. Kultur und Theologie bedingen sich also gegenseitig, sodass kulturelle Faktoren im theologischen Prozess berücksichtigt werden müssen. Die ökumenische Bewegung begann als Frucht dieser Einsicht lokales Schaffen – sogenannte kontextuelle Theologien – zu fördern. Das führte dazu, dass unterschiedlichste, sich zum Teil widersprechende lokale Theologien entstanden, sodass für den Beobachter der Eindruck entstand, kontextuelle Theologie sei identisch mit liberaler Theologie.[507]

Die Evangelikalen aus dem Süden beobachteten diesen Prozess aufmerksam und begannen die entsprechende Diskussion ins evangelikale Lager zu tragen. Dabei beschritten sie bewusst neue Wege. Während die von der Ökumene geförderten lokalen Theologien in ihrer theologischen Grundhaltung liberal waren, entwickelten die radikalen Evangelikalen ihre Theologie von der Peripherie im Rahmen eines evangelikalen Schriftverständnisses. Wir haben in Teil 3 gesehen, dass sie in immer neuen Anläufen die westliche Prägung der evangelikalen Theologie in Frage stellten und Antworten provozierten. Sie erzwangen Raum für die kritische Reflexion des eigenen theologischen Schaffens und deckten die kulturelle Befangenheit des traditionellen Evangelikalismus auf. Auf diese Weise kam ein Prozess in Gang, der zur Erkenntnis führte, dass der Westen nur einer von vielen Kontexten ist und dass dieser mit seiner postmodernen Herausforderung nach neuen Antworten verlangte. Damit war die Voraussetzung geschaffen, kontextuelle Theologien evangelikalen Zuschnitts zu entwerfen, ohne in die Falle des Liberalismus zu tappen. Man konnte die Bedeutung des Evangeliums jetzt neu denken, sei es für verarmte Bauern in Indien oder für postmoderne Großstädter in London oder Hamburg, und so nach der Relevanz des Evangeliums in sich ständig verändernden Kontexten fragen.

Diese erkenntnistheoretischen Umbrüche sind nicht nur für das, was man das „Missionsfeld" zu nennen pflegte, entscheidend, sondern auch für den Gemeindebau im westlichen Kontext. Im missionalen Gemeindebau wird konsequent nach der Gestaltwerdung des Evangeliums gefragt, sei es im ländlichen Bayern oder im multikulturellen Genf. Jede dieser Regionen stellt nach missionaler Überzeugung einen eigenen Kontext mit je eigenen Bedürfnissen und je unterschiedlichen Zugängen zu den Menschen dar. Entsprechend unterschiedlich sind die Wege, die beschritten werden, um das Evangelium in der Gesellschaft zu inkarnieren. Dass es dabei nicht um den Inhalt des vom Neuen Testa-

507 Dass diese Gleichung auf den radikalen Evangelikalismus nicht zutrifft, habe ich in meiner Dissertation über Geschichte und Theologie des radikalen Evangelikalismus nachgewiesen (Hardmeier 2008, 112–126). Vgl. zur Bedeutung lokaler Theologien Schreiter 1992.

ment vorgegebenen Evangeliums geht, sondern um die Gestalt der Verkündigung und die Form des gemeinsamen Lebens, wird von Kritikern der missionalen Theologie oft übersehen.

Alles das zeugt von einer missionalen Durchsäuerung evangelikalen Denkens. Das Beachten des Kontexts, das Lernen von anderen Sichtweisen, das sich Anschließen an Gottes Mission, das sich Hinwenden zu den Bedürftigen – alles das sind missionale Kernanliegen, und sie bestimmten die evangelikale Bewegung immer mehr.

5.2 Das ganze Evangelium

Der Wandel evangelikaler Theologie lässt sich inhaltlich am besten mit dem Begriff der Ganzheitlichkeit umreißen. Der Begriff hat Eingang in das evangelikale Vokabular gefunden, und obwohl er nicht unumstritten ist, ist er geeignet, die missionstheologische Diskussion einen Schritt vorwärts zu bringen. *Der in unserer Untersuchung beobachtete Wandel des evangelikalen Sendungsverständnisses ist ein Wandel zur Ganzheitlichkeit. Die Evangelikalen haben sich aufgemacht, der ganzen Welt das ganze Evangelium zu bringen.*

Wenn die jüngere Missionsgeschichte etwas lehrt, dann ist es die Einsicht, dass Schlagworte der inhaltlichen Klärung bedürfen. An der Diskussion um die Missio Dei ist deutlich geworden, wie unklare Begriffe zu nicht beabsichtigten Entwicklungen führen können. Was der viel bemühte Begriff der Ganzheitlichkeit konkret ausdrückt und welche Chancen und Gefahren sich mit ihm verbinden, lässt sich an der Christologie und der Missiologie aufzeigen.

Der ganze Jesus

Die evangelikale Missionstheologie ist traditionellerweise auf das Kreuz und die Auferstehung bezogen. Was der Auftrag der Kirche in der Welt ist, wird vom Erlösungswerk Jesu auf Golgata und vom Missionsbefehl in Mt 28 und Parallelen abgeleitet. In der missionalen Theologie wird der Bogen weiter gespannt und vom *Gesamtwerk Jesu* werden missiologische Folgerungen abgeleitet. In diesem Ansatz sind nicht nur Tod und

Auferstehung maßgebend für die Sendung der Kirche, sondern auch die Art und Weise wie Jesus geliebt und gedient hat. Jesus ist für missionale Theologen der Erlöser und damit Grund und Inhalt der Sendung. Gleichzeitig ist Jesus mit seinem Leben das Modell dafür, wie diese Sendung gelebt wird. Dieser Trend ist in jüngster Zeit auch unter Evangelikalen auszumachen, die sich nicht als missional bezeichnen. Vor allem für die jüngere Generation von Leitern ist *Mission in Christ's Way* zunehmend eine Selbstverständlichkeit. Das zeugt von einem tief greifenden Wandel, der nachhaltige Auswirkungen auf Theorie und Praxis der Mission haben dürfte. *Die evangelikale Christologie befindet sich im Wandel von einer auf dem Kreuz und der Auferstehung begründeten Sicht von Mission zu einem auf dem Gesamtwerk Jesu beruhenden Sendungsverständnis.*

Der Wandel zur Ganzheitlichkeit korrigiert eine Einseitigkeit in der evangelikalen Christologie. Er ermöglicht es den Evangelikalen, sich ganz auf die Herausforderungen der Gegenwart einzulassen und dabei stets auf die Mitte des Evangeliums bezogen zu bleiben. Für die Zukunft wird es wichtig sein, nicht in neue Einseitigkeiten zu verfallen. Gegenüber allen Kontextualisierungsversuchen und dem Streben nach Gesellschaftsrelevanz ist zu betonten, dass das Kreuz die zentrale Mitte des Evangeliums ist. Dass der Blick auf das Leben Jesu den Blick auf das Kreuz verdunkeln kann, hat die Missionsgeschichte deutlich gemacht. Die ökumenische Bewegung ist in den 1960er-Jahren diesen Weg gegangen und hat erst in jüngster Zeit Anstrengungen unternommen, ihr Missionsverständnis wieder stärker in der Mitte des Evangeliums zu verankern. Ähnlich stark haben in den 1970er- und 80er-Jahren die radikalen Evangelikalen Jesus als den Befreier für Arme und Ausgebeutete portiert. Sie haben diesen Punkt so sehr herausgestrichen, dass der Verdacht aufkam (der sich nicht bestätigte), sie würden in Jesus ein bloßes Vorbild sozialen Wandels erblicken. Doch damit wäre die Mitte des Evangeliums zugunsten eines an Inhalten uninteressierten Aktivismus aufgegeben. Das aber wäre das Ende biblisch verstandener Mission. Mission ist mehr als praktische Hilfeleistung und mehr als die Ausbreitung christlicher Prinzipien. Mission ist Bindung an Christus durch Glaube und Gehorsam (Mk 1,14f; 1Kor 1,23). Keine noch so hervorragende soziale Aktion kann diese Mitte ersetzen.

Ganzheitliche Mission

Es ist unbestritten, dass der Trend in der weltweiten evangelikalen Bewegung in Richtung ganzheitlicher Mission geht.[508] Bezogen auf die Missionstheologie steht der Begriff der Ganzheitlichkeit für ein Sendungsverständnis, in welchem Wort und Tat zu einem gleichberechtigten Ganzen finden. *Unsere Untersuchung der entscheidenden Missionskongresse hat gezeigt, dass sich die evangelikale Mission im Wandel zu einem ganzheitlichen Geschehen befindet, in welchem Wort und Tat zwei gleichberechtigte Ausdruckweisen der einen Mission der Kirche sind.*

Der Wandel zur Ganzheitlichkeit ist zu einem großen Teil den radikalen Evangelikalen geschuldet. Sie haben unermüdlich darauf gedrängt, die soziale Aktion als Teil der umfassenden Mission der Kirche zu benennen. Dieses Drängen ergab sich aus dem Umstand, dass die soziale Aktion in der evangelikalen Missionstheorie der Pflicht der Nächstenliebe zugeordnet und nicht als Teil des Missionsauftrags betrachtet wurde. Dennoch haben viele evangelikale Missionare ganzheitlich gewirkt, indem sie sich unter großen Opfern für Benachteiligte eingesetzt, Schulen errichtet, Kranke gepflegt, Brunnen gegraben und bessere Strukturen geschaffen haben. Missionspraxis und Missionstheorie entsprachen sich damit an einem wesentlichen Punkt nicht. Heute hat sich die evangelikale Mission auch in ihrer theoretischen Grundlegung zur Ganzheitlichkeit gewandelt. So wird in der Kapstadt Verpflichtung in Artikel 10 das Eintreten für Gerechtigkeit und Frieden als „Dimension der Mission" bezeichnet und nicht mehr der Pflicht der Nächstenliebe subsumiert. Damit ist die christliche Mission in einer entscheidenden evangelikalen Missionserklärung erstmals als Wort und Tat umfassendes und damit ganzheitliches Geschehen definiert. Diese tektonische Verschiebung dürfte das ganzheitliche Sendungsverständnis nachhaltig im evangelikalen Mindset verankern.

So wichtig es ist, dass Wort und Tat zu einem gleichberechtigten Ganzen finden, so wichtig ist es, das gesprochene Wort nicht seiner zentralen Bedeutung zu berauben. Die Kritik an der Wortlastigkeit der Evangelikalen ist über weite Strecken zutreffend, darf aber nicht dazu

508 Vgl. Herbst 2012, 31.

führen, dass Wortlastigkeit mit Wortskepsis ersetzt wird.[509] Ganzheitlichkeit kann nicht dadurch erreicht werden, dass man die Verkündigung zugunsten christlichen Handelns beschneidet. Vorbildliches Handeln ist noch keine Verkündigung, denn der Glaube entsteht durch die Predigt (Röm 10,17). Die Verkündigung des Evangeliums vom Reich Gottes und seinem gekreuzigten König Jesus bleibt die wichtigste Aufgabe der Kirche.

Dass ein ganzheitliches Sendungsverständnis nicht nur auf dem „Missionsfeld" trägt, sondern auch im Gemeindebau in Europa, wird in Johannes Reimers gesellschaftsrelevantem Gemeindebau deutlich. Reimer verbindet ein ganzheitliches Sendungsverständnis mit einem konservativen Schriftverständnis und ist damit sowohl missional als auch genuin evangelikal. Er versteht die Kirche als zum Dienst an der Welt ausgerüstete Gemeinschaft. Ihr Auftrag ist umfassend: Sie soll das Evangelium verkündigen und zum Glauben rufen. Zentrales Element ist der missionale Gottesdienst in welchem das gesprochene Wort einen wichtigen Stellenwert hat.[510] Gleichzeitig dient die Kirche den Menschen, indem sie das Wohl der Stadt sucht und praktische Hilfe anbietet. Beides ist Teil ihres Sendungsauftrags.[511] Reimers gesellschaftsrelevanter Gemeindebau ist ein Beispiel dafür, dass man Sendung ganzheitlich denken kann, ohne die Bedeutung der Evangelisation zu schmälern. Dieser Ansatz ist zukunftsweisend für den Gemeindebau in Europa. In nordamerikanischen Netzwerken ist die Frage nach der Natur der Kirche stärker als in Europa von einer Modelldiskussion geprägt. Kirche soll inkarnatorisch sein und zu den Menschen gehen anstatt attraktional zu sein und Menschen anzuziehen. Hier besteht die Tendenz, ein Modell mit einem anderen zu ersetzen. Damit wird die Sendung in die Welt zum einzigen Konstitutivum von Kirche. Das ist weder biblisch haltbar noch praktisch Erfolg versprechend. Im Extremfall führt es dazu, dass die Christen sich nur noch unter die Menschen mischen und die Kirche als Institution sich auflöst. Sowohl im Alten als auch im

509 Ott 2014, 25.

510 Vgl. dazu Reimer 2010. *Gott in der Welt feiern. Auf dem Weg zum missionalen Gottesdienst.*

511 Die theologische Grundlage für dieses ganzheitliche Sendungsverständnis legt Reimer in seinem Buch *Die Welt umarmen. Theologie des gesellschaftsrelevanten Gemeindebaus* (2009) dar.

Neuen Testament ist die Versammlung zum Gottesdienst das zentrale Element im gemeinsamen Leben des Volkes Gottes und Teil seiner Mission. Reimers Ansatz berücksichtigt dies und vermeidet so neue Einseitigkeiten.

5.3 Die Welt im Fokus

Ein wesentliches Element des Wandels, den wir beobachtet haben, besteht darin, dass die Welt in den missionarischen Fokus der Evangelikalen gerückt ist. Früher schien mit dem Bibelwort „habt nicht lieb die Welt, noch was in der Welt ist" (1Joh 2,15) alles über das Verhältnis des Christen zur Welt gesagt. Heute dringt die Erkenntnis durch, dass die Welt im Fokus der Heilsabsichten Gottes steht (Joh 3,16). Früher galt es, die letzten Seelen aus dem sinkenden Schiff zu retten. Heute möchte eine zunehmende Zahl evangelikaler Christen und Gemeinden die Welt verändern. Von dezidierter Weltverneinung zu aktiver Weltgestaltung – wie ist dieser Wandel theologisch zu deuten und was bedeutet er für die Zukunft?

Positiver Realismus

Wenn eine Bewegung wie die Evangelikalen, die sich mitunter über ihre Weltverneinung definierte, sich wandelt und ein positives Verhältnis zur Welt entwickelt, steckt mehr als bloßer Aktivismus dahinter. Fragt man nach den theologischen Gründen für diesen Wandel, stößt man auf ein modifiziertes Reich-Gottes-Verständnis. Früher erblickten evangelikale Christen im Reich Gottes ein zukünftiges Geschehen, das durch einen Bruch der Geschichte herbeigeführt wird, wenn Jesus wiederkommt. Diese eschatologische Perspektive war dort besonders dominant, wo der christliche Fundamentalismus und der endzeitliche Dispensationalismus den Takt angaben.

Es ist der theologischen Grundlagenarbeit von bekannter Größen wie Oscar Cullmann[512] und George Eldon Ladd[513] zu verdanken, dass sich in der evangelikalen Theologie die Erkenntnis durchsetzte, dass das Reich Gottes sowohl eine gegenwärtige Realität als auch eine zukünftige Hoffnung ist. Mit Jesus ist das von den Propheten angekündigte Reich angebrochen und wirkt unter den Menschen (Mk 1,14f). So wie Jesus seine Jünger sandte, um die Ankunft des Reiches Gottes durch Verkündigung anzusagen und durch machtvolle Taten zu erweisen (Lk 9,1ff), hat die Kirche durch Verkündigung und Dienst Anteil am sich ausbreitenden Reich. Ihre Mission ist Anschluss an das heilbringende Wirken Gottes in der Gegenwart, welcher jetzt das Gericht aussetzt und den Menschen Gnade anbietet. Dieses heilbringende Wirken steht unter dem, was als „eschatologischer Vorbehalt" bezeichnet wird. Durch die Kirche breitet sich Gottes Reich aus, Gott aber behält sich vor, seine Herrschaft in ihrer vollendeten Gestalt durch sein Eingreifen in die Geschichte selbst herbeizuführen. Gottes Herrschaft entzieht sich damit menschlicher Anstrengungen und ist letztlich eine eschatologische Realität. *Auf dieser Grundlage haben viele Evangelikale begonnen, ihre prinzipielle Weltverneinung hinter sich zu lassen und ein positives Verhältnis zur Welt zu entwickeln, ohne die Hoffnung auf den wiederkommenden Herrn und sein Reich preiszugeben.*[514]

Diese Entwicklung, die als positiver Realismus bezeichnet werden kann, in welchem die Welt weder nur gut und beliebig veränderbar noch nur böse und unreformierbar ist, stellt einen echten Fortschritt dar. Sie bietet der evangelikalen Bewegung die Chance, sich ganz auf die Herausforderung einer globalisierten, postmodernen Welt einzulassen und Christus glaubwürdig, mit Wort und Tat, zu bezeugen. Zugleich ist klar, dass diese Entwicklung nicht zur Verdrängung der Eschatologie zugunsten der Veränderung der Welt führen darf. Dass diese Gefahr besteht, hat die Geschichte im Nachklang von Willingen deutlich vor Augen geführt. Dort, wo die Mission nur noch im gegenwärtigen Reich

512 Siehe Cullmann 1957, 1962 und 1965.

513 Siehe Ladd 1964 und 1974.

514 Vgl. den Aufsatz *Preisgabe des Evangeliums? Eschatologie als Prüfstein missionaler Theologie* (Hardmeier 2014).

verortet wird und Mission im Blick auf das Ende aus dem theologischen Horizont ausscheidet, wird die Mission zum innerweltlichen Programm. Sie hat dann mit der Zeit nichts mehr, auf das sie hoffen kann, außer auf das, was in ihrer eigenen Kraft liegt.

Was bedeutet diese Entwicklung für die Zukunft der evangelikalen Mission? Die Evangelikalen haben die Mission stets in der Eschatologie verankert und die sozial orientierten Kräfte sind diesen Weg mitgegangen. Allerdings ist nicht zu übersehen, dass der prägende Einfluss der Eschatologie auf die evangelikale Missionstheorie Vergangenheit ist. Wurde die Weltevangelisation in der Lausanner Verpflichtung noch ganz unter eschatologischen Vorzeichen verstanden,[515] ist in der Kapstadt Verpflichtung die Ethik dominant und der Blick auf das Ende blass. Volker Gäckle stellt fest, dass die Eschatologie in der Kapstadt Verpflichtung „zu einer dogmatischen Richtigkeit geschrumpft" ist, aber „keinen bestimmenden Einfluss mehr auf die Missionstheologie" hat.[516] Das wird in zukünftigen Missionsdokumenten zu korrigieren sein.

Ein neues Selbstverständnis

Es wäre verfehlt, den Wandel der evangelikalen Theologie nur an äußeren Erscheinungen oder an theologischen Akzentverschiebungen fest zu machen, so als hätte man einige Paragrafen überarbeitet. Der Wandel greift tiefer, er ist Ausdruck eines neuen evangelikalen Selbstverständnisses. *In der weltweiten evangelikalen Bewegung reift ein neues Selbstverständnis heran, in welchem man sich nicht nur über Glaubensinhalte definiert, sondern auch über den praktischen Lebensvollzug.*

Der weite Raum, den die Weltverantwortung in der Kapstadt Verpflichtung einnimmt, ist ein Indiz für dieses neue Selbstverständnis. Im ersten Teil, dem Bekenntnis des Glaubens, wird mit Artikel 7 eine Mitverantwortung bei der Lösung der Probleme der Welt übernommen. Es ist davon die Rede, Sorge für die Schöpfung zu tragen, sich der Armen und Leidenden anzunehmen und Ungerechtigkeit anzuprangern. Der

515 Siehe Lausanner Verpflichtung Artikel 15 „Wiederkunft Christi".

516 Gäckle 2012, 219–221.

zweite Teil, der Aufruf zum Handeln mit dem Losungwort „für die Welt, der wir dienen", unterstreicht diese Willensbekundung. Ausführlich wird dargelegt, was dieses „für die Welt" in den Bereichen des privaten und öffentlichen Lebens bedeutet. Die Zustimmung zu Glaubenssätzen wird nicht mehr als ausreichend empfunden, um auszudrücken, wer man ist. Auch prinzipielle Aussagen über christliches Engagement sind zu unkonkret, weil es die Evangelikalen immer mehr zur Tat drängt. Man gibt sich stattdessen eine soziale Agenda mit konkreten und überprüfbaren Verhaltensweisen und Zielen. Noch vor wenigen Jahrzehnten definierten sich evangelikale Christen hauptsächlich über Glaubensinhalte und darüber, was sie von der Welt unterschied. Heute ist das verantwortliche Handeln in der Welt ein ebenso wichtiger Aspekt evangelikaler Selbstdefinierung.

Die neue Identität der Evangelikalen bietet die Chance, durch Wort und Tat ein glaubwürdiges Zeugnis zu errichten, das gehört, gesehen und verstanden wird. Hier leistet die missionale Theologie einen wichtigen Beitrag zu einem gesellschaftsrelevanten Verständnis von Kirche. Sie ruft der Kirche nachhaltig in Erinnerung, dass sie nicht nur die Aufgabe hat, das Evangelium zu verkündigen. Denn wer verkündigt, das verkündigte Wort aber nicht lebt, der wird nicht gehört. Die Kirche muss das Evangelium auch leben. Kirche hat, um eine von Lesslie Newbigin gemachte Unterscheidung aufzugreifen, nicht nur eine missionarische *Intention* (indem sie über ihre Mauern hinaus missionarisch aktiv ist), sondern auch eine missionarische *Dimension* (indem sie ihr gemeinsames Leben nach dem Evangelium gestaltet).[517] Beides gehört zu ihrem Auftrag und muss sich entsprechen. Nur so wird die verkündigte Botschaft auch verstanden (Joh 17,20f). Die Kirche lebt ihre Sendung also auch in ihrem Sein, nicht nur in ihrem Handeln in der Welt. Auf diese Weise ist die Kirche nicht nur Verkündigerin, sondern auch Zeichen des Heils.[518] Die Liebe untereinander, die Einheit in der Vielfalt, die Gemeinschaft der Versöhnung – alles das sind Zeichen des Heils, die ein glaubwürdiges Zeugnis errichten. Mit Blick auf Stellen

517 Bosch 2012, 437.

518 Vgl. Yoder 2011.

wie Joh 13,34f; 17,20f und Eph 2,14–16 wird man sagen dürfen, dass die Kirche nur auf diese Weise heilsam für die Welt sein kann.

Die neue Identität birgt aber auch Gefahren. Michael Herbst fragt, ob die Evangelikalen daran sind, „die alten Fehler" der ökumenischen Bewegung nachzuholen, „nur etwas langsamer und zögerlicher, also den Verzicht auf die Gerichtsdimension des Evangeliums, die Ethisierung, den Optimismus hinsichtlich diesseitiger Reformierbarkeit des Einzelnen und der Welt als ganzer".[519] Die Nähe missionaler zu ökumenischen Positionen ist im Licht der Geschichte für manche Evangelikale tatsächlich ein Hindernis, sich auf missionales Denken einzulassen. Sie fürchten, die missionalen Vordenker würden wohlmeinend in dasselbe Verderben laufen, wie die ökumenische Bewegung in den 1960er-Jahren, als die Mission eine humanistische Umdeutung erfuhr. So verständlich diese Befürchtungen sind und so wichtig es ist, ihnen Beachtung zu schenken, muss doch die unterschiedliche Ausgangslage bedacht werden. Als sich die ökumenische Bewegung in den 1960er-Jahren aufmachte, eine aus ihrer Sicht für die Nöte der Welt relevante Missionspraxis zu entwickeln, stand sie auf dem schlüpfrigen Boden der liberalen Theologie. Sie konnte gar nicht anders als zu Fall kommen, denn ihr Fundament war weggebrochen. Die missionale Theologie evangelikalen Zuschnitts, deren Geburtsstunde wir im deutschsprachigen Europa erleben, hat hier ungleich bessere Voraussetzungen. Sowohl Befürworter als auch Skeptiker sind sich einig, dass die missionale Theologie auf dem Boden eines konservativen Schriftverständnisses gedeiht.[520] Wenn sie diesen Boden behauptet und den von ihr eingebrachten Einsichten durch gründliche theologische Arbeit Schärfe verleiht, ist sie für die evangelikale Theologie unverzichtbar.

5.4 Zurück zu den Wurzeln

Mit dem gegenwärtigen Wandel findet die evangelikale Bewegung gewissermaßen zurück zu ihren Wurzeln. Im frühen Evangelikalismus

519 Herbst 2012, 37f.

520 Tübinger Aufruf, Absatz 2.

des 18. und 19. Jahrhunderts gingen große evangelistische Bemühungen Hand in Hand mit einer intensiven sozialen Betätigung. Beispiele dafür gibt es viele. Die 1846 gegründete Weltweite Evangelische Allianz hatte von Anfang an auch eine soziale Agenda. Sie engagierte sich politisch, etwa im Einsatz für Glaubens- und Gewissensfreiheit.[521] Der Pietismus ist bekannt für seine Liebe zum Wort Gottes, für seine missionarische Kraft und für seine Sozialdiakonie. Nicht zuletzt wirkte er durch die Gründung von Schulen und Ausbildungsstätten von Lehrern transformatorisch in die Gesellschaft hinein.[522] In der angelsächsischen Welt setzte der Evangelikalismus enorme missionarische und soziale Kräfte frei. Die entscheidenden Aktionen für die Abschaffung der Sklaverei im Britischen Weltreich gingen von engagierten Evangelikalen aus. In Jahrzehnte dauernden Bemühungen schafften es William Wilberforce und seine streitbaren Genossen, durch eine beispielhafte politische Kampagne die Sklaverei zu einem Thema in der britischen Öffentlichkeit zu machen und sie entgegen aller Prognosen zu Fall zu bringen.[523] Evangelikal zu sein bedeutete, ein konservatives Schriftverständnis zu haben, um die persönliche Heiligung besorgt zu sein, missionarischen Eifer zu beweisen und für eine bessere Welt einzutreten.

Die große Wende

In den ersten Jahrzehnten des 20. Jahrhunderts zerbrach in der sogenannten „großen Wende" das Miteinander von Wort und Tat.[524] Die Gründe dafür waren vielfältig. Ein entscheidender Faktor war, dass sich die Evangelikalen genötigt sahen, sich gegen den aufstrebenden Liberalismus zur Wehr zu setzen. Resultat war der christliche Fundamentalismus in den Vereinigten Staaten, der in alle Welt ausstrahlte. Anfänglich eine Bewegung von echter Gelehrsamkeit mit positiven Anliegen, wandelte sich der Fundamentalismus von den 1920er-Jahren an zu einer

521 Randall, Hilborn 2001, 45–70; Hilborn 2004, 9–35; Hille 2006, 17.

522 Vgl. Bockmühl 1985, 35–51.

523 Eine faszinierende und gründliche Darstellung dieser Geschichte bietet Hochschild 2007.

524 Näheres zur großen Wende im Überblick bei Tidball 1999, 270–272; Stott 1987a, 15–20; Berneburg 1997, 34–37.

reaktionären Angelegenheit mit verengtem theologischen Horizont und dezidierter Weltverneinung.[525] Alle Kräfte wurden für die Selbsterhaltung mobilisiert und in die Verteidigung des Evangeliums investiert. Außerdem waren viele Evangelikale reicher geworden und nahmen als Folge davon eine gesellschaftlich konservative Haltung ein. Die Interessen reicher Geldgeber für die großen Evangelisationskampagnen, welche für diese Zeit so typisch waren, wurden dadurch gewahrt, dass man sich auf geistliche Themen beschränkte und nicht in die Politik einmischte.[526] Das Aufkommen der Heiligungsbewegung in der zweiten Hälfte des 19. Jahrhunderts hatte diesen Trends vorgearbeitet. Die persönliche, innere Heiligkeit wurde in den Mittelpunkt des gottgefälligen Lebens gerückt. Es gab zwar vereinzelte Stimmen, welche an die soziale Verantwortung erinnerten,[527] aber sie waren in der Minderheit und es haftete ihnen der Verdacht an, eine liberale Gesinnung zu hegen.

Als Folge der großen Wende setzte eine sozialethische Lähmung ein. Der Gedanke der Weltgestaltung durch das Evangelium entschwand aus dem Horizont weiter Teile der evangelikalen Bewegung. Man hatte keine Antworten auf die drängenden sozialen, gesellschaftlichen und politischen Fragen der Zeit und suchte solche auch nicht. Die Welt schien unreformierbar und das Ende nahe. Ernsthafte Versuche, diese Lähmung zu überwinden, sind erst um die Mitte des 20. Jahrhunderts auszumachen. Schon vor dem Zweiten Weltkrieg waren Stimmen unter den Fundamentalisten laut geworden, die zwar deren Glaubensgrundsätze bejahten, aber Kritik an ihren Methoden übten. Nach dem Krieg wurden diese Stimmen sowohl lauter als auch einflussreicher und leiteten damit eine Entwicklung ein, welche die *Neuen Evangelikalen* hervorbrachte. Diejenigen, die sich mit den Grundsätzen der Fundamentalisten identifizierten, nicht jedoch mit deren theologischen Enge, gebrauchten für sich jetzt den bekannten Begriff *Evangelicals* bzw. *New Evangelicals*. Literarisch traten die Neuen Evangelikalen in den 1940er-Jahren mit bekannten Persönlichkeiten wie Harold Ockenga, Edward

525 Laubach 1972, 22.

526 Tidball 1999, 271.

527 Vgl. den Artikel von Charles Eerdmans *The Church and Socialism* in den berühmten konservativen Bänden *The Fundamentals*.

Carnell und Carl F. Henry in Erscheinung.[528] Sie befassten sich kritisch mit einzelnen Aspekten des Fundamentalismus und argumentierten mit wissenschaftlicher Sorgfalt und persönlicher Aufgeschlossenheit. Evangelistisch traten die Neuen Evangelikalen in den 1950er-Jahren mit Billy Graham in Erscheinung, der die jüngere evangelikale Missionsgeschichte mit seinem Weitblick und seiner persönlichen Integrität entscheidend prägte.

Die zentrale Mitte

Auf Kongressebene befasste sich die neue evangelikale Bewegung erstmals in Wheaton 1966 mit der sozialen Verantwortung. Mit dem Kongress in Lausanne 1974 gelang es, an das sozialethische Erbe des frühen Evangelikalismus anzuknüpfen. Wir haben in Teil 3 verfolgt, wie sich die weltweite evangelikale Bewegung seither auf die Wiedergewinnung ihrer ursprünglichen Ganzheit zubewegt. Dass es sich dabei nicht um eine bloße Repetition früherer Positionen handelt, liegt in der Natur der Sache. So war die Sozialdiakonie des angelsächsischen Evangelikalismus weithin ein Handeln aufgrund von Mitleid. Man drang nicht bis zu den gesellschaftlichen Ursachen des Leids durch. Heute wollen viele Evangelikale weiter gehen und die Strukturen verändern, die Leid verursachen. Damit ist die Frage nach dem Verhältnis von sozialer Veränderung und Heil aufgeworfen.[529] Im frühen Evangelikalismus war Heil eine persönliche Erfahrung, kein soziales Geschehen, und das Reich Gottes weniger eine gegenwärtige Realität als ein zukünftiges Ereignis, auf das man im Glauben hoffte. Diese Unterschiede gilt es in der Diskussion um die

528 Carl F. Henry (1913–2003) gilt „als der eigentliche Pionier für ein neues Nachdenken über die soziale Verantwortung in der evangelikalen Theologie" (Berneburg 1997, 45; vgl. Sider 1974, 13). Sein Buch *The Uneasy Conscience of Modern Fundamentalism* (1947) wirkte wie ein Fanfarenstoß (Tidball 1999, 274). In seinem Buch „trat er dafür ein, die Konsequenzen des Evangeliums für den Einzelnen wie für die Gesellschaft zu klären. Er argumentierte, das Evangelium sei eine die Welt verwandelnde Botschaft, die der Fundamentalismus in eine der Welt entgegenstehende Botschaft verkehrt habe, indem er die Rettung des Einzelnen von der sozialen Verantwortung abkoppelte" (Tidball 1999, 274). Henrys Wirkung zeigt sich daran, dass in den 1960er-Jahren eine Reihe evangelikaler Aufsätze zu sozialethischen Themen entstanden und sein Anliegen an den evangelikalen Missionskongressen aufgenommen wurde.

529 Vgl. für das Verhältnis von sozialer Veränderung und Heil Hardmeier 2012, 89–134.261–300.

missionale Theologie zu berücksichtigen und entsprechende Vor- und Nachteile sorgfältig abzuwägen.

Was können Evangelikale von ihren Wurzeln lernen? Jede Bewegung braucht eine zentrale Mitte, an der sie sich ausrichtet. Was den frühen Evangelikalismus in seiner Vielfalt zusammenhielt war nicht das Heiligungsverständnis, der eschatologische Standpunkt oder die Sicht von der gesellschaftlichen Verantwortung. Alle diese Dinge waren wichtig, wenn es darum ging, sich als erweckliche Christen zu betrachten. Es war der Blick auf das Kreuz als zentrales Heilsgeschehen, das die Bewegung verband. Es war über jeden Zweifel klar, dass Christus kam, um für die Sünden der Welt zu sühnen, und dass das durch ihn bewirkte Heil verkündigt und durch Buße und Glauben angeeignet werden musste. Dieses zentrale Stück christlichen Glaubens wird auch die missionale Theologie zusammenhalten, wenn sie daran festhält, und sicherstellen, dass sie stets weiß, wo ihre Mitte ist. Wenn man sich aufmacht, gesellschaftlich relevant zu sein, wird die Versuchung auftauchen, die Rede vom Kreuz abzuschwächen. Man wird feststellen, dass in der postmodernen Welt das Evangelium in der Sprache von Schuld und Sühne schwer zu vermitteln ist. Doch das war es in der pluralistischen Welt der Griechen und Römer auch; so sehr, dass Paulus sagen konnte, dass das Kreuz für die Juden ein Ärgernis und für die Griechen eine Torheit ist (1Kor 1,23). Dennoch hat sich die Urkirche geweigert, anstößige Elemente aus ihrer Verkündigung zu entfernen. Sie hat Jesus als den Gekreuzigten verkündigt, der für unsere Sünden gestorben ist (1Kor 15,3f). Jeder, der das religiöse Gefüge der antiken Welt auch nur ein wenig kannte, hätte vorausgesagt, dass die urchristlichen Missionare mit dieser Botschaft scheitern würden. Wir wissen, dass sie nicht scheiterten. Vielmehr veränderten sie die Welt. Damit ist uns der Weg gewiesen, den wir zu gehen haben.

5.5 Paradigmenwechsel

Abschließend lässt sich sagen: Der Begriff „missional" ist mehr als ein Modewort. Er scheint sich als Überbegriff für ein ganzheitliches Sendungsverständnis zu etablieren und für Ökumeniker und Evangelikale gleichermaßen brauchbar zu sein. Lesslie Newbigin und David Bosch dürfen als Väter der missionalen Theologie betrachtet werden. Mit ihrer gründlichen theologischen Arbeit und der erstaunlichen Freiheit, mit der sie sich zwischen dem ökumenischen und dem evangelikalen Lager bewegt haben, sind sie dazu prädestiniert, beiden Seiten als Referenz zu dienen. Newbigin und Bosch haben einen missionstheologischen Paradigmenwechsel eingeleitet, der ausreichend fundiert ist, um nachhaltig zu sein. Auf evangelikaler Seite waren es John Stott und René Padilla, die mit ihrer Weitsicht als erste zu diesem Wandel beigetragen haben. Viele sind ihnen seither gefolgt und haben ihre Grundlagenarbeit weitergeführt. Begriffe wie Missio Dei, inkarnatorische Mission, Transformation und gesellschaftsrelevanter Gemeindebau sind Ausdruck dieses Wandels und brauchbare Kategorien, mit denen weitergearbeitet werden kann. Mit Blick auf die evangelikale Mission kann gesagt werden: Sie hat sich für die Herausforderungen der Gegenwart geöffnet und zur Ganzheitlichkeit gewandelt. Hinter diesen Punkt wird sie nicht mehr zurückgehen. Wenn diese Einschätzung zutrifft, befinden wir uns tatsächlich mitten in einem Paradigmenwechsel.

Literaturverzeichnis

Anderson, Gerald H. 2012: In: Memoriam David J. Bosch, 1929–1992. Vorwort zur Jubiläumsausgabe. In: Bosch, David 2012 – *Mission im Wandel. Paradigmenwechsel in der Missionstheologie*. Gießen: Brunnen, xxi-xxii.

Bediako, Kwame 1995: *Christianity in Africa. The Renewal of a Non-Western Religion*. Maryknoll: Orbis.

Berneburg, Erhard 1997: *Das Verhältnis von Verkündigung und sozialer Aktion in der evangelikalen Missionstheorie*. Dissertation. Wuppertal: Brockhaus.

Beyerhaus, Peter 1973: *Bangkok 73 – Anfang oder Ende der Weltmission? Ein gruppendynamisches Experiment*. Bad Liebenzell: Verlag der Liebenzeller Mission.

Beyerhaus, Peter 1975: Lausanne zwischen Berlin und Genf. In: Künneth, Walter; Beyerhaus, Peter (Hg.): *Reich Gottes oder Weltgemeinschaft*. Bad Liebenzell: Verlag der Liebenzeller Mission, 294–313.

Beyerhaus, Peter 1984: Vorwort. In: Johnston, Patrick: *Umkämpfte Weltmission*. Stuttgart: Hänssler, 11–14.

Beyerhaus, Peter 1987: *Krise und Neuaufbruch der Weltmission. Vorträge, Aufsätze und Dokumente*. Bad Liebenzell: Verlag der Liebenzeller Mission.

Beyerhaus, Peter 1988: *Bekehrung – eine ‚Gehirnwäsche' besonderer Art?* idea-Dokumentation Nr. 5/1988, 9.

Beyerhaus, Peter 1996: *Er sandte sein Wort. Theologie der christlichen Mission*. Die Bibel in der Mission. Band 1. Wuppertal; Brockhaus; Bad Liebenzell: Verlag der Liebenzeller Mission.

Bible and Theology 1984: *The Bible and Theology in Asian Contexts. An Evangelical Perspective on Asian Theology*. Asia Theological Association (Hg.): Beiträge der Sixth Asia Theological Consultation in Seoul 1982.

Bockmühl, Klaus 1985: *Die Aktualität des Pietismus*. Gießen, Basel: Brunnen.

Bockmühl, Klaus 2000; Egelkraut, Helmuth (Hg.): *Was heißt heute Mission? Entscheidungsfragen der neueren Missionstheologie*. Gießen: Brunnen.

Bosch, David J. 1987: Toward Evangelism in Context. In: Sugden, Chris; Samuel, Vinay (Hg.): *The Church in Response to Human Need*. Grand Rapids: Regnum, Eerdmans, 180–192.

Bosch, David J. 1995: *Believing in the Future. Toward a Missiology of Western Culture*. Reihe: Christian Mission and Modern Culture. Harrisburg: Trinity Press.

Bosch, David J. 2011: *Ganzheitliche Mission. Theologische Perspektiven*. Marburg: Francke.

Bosch David J. 2012: *Mission im Wandel. Paradigmenwechsel in der Missionstheologie*. Gießen: Brunnen. (Originaltitel: Bosch, David J. 1991: *Transforming Mission. Paradigm Shifts in Theology of Mission*. Maryknoll: Orbis.)

Campbell, Evvy Hay 2004a: *Lausanne Committee for World Evangelization Newsletter. April 2004*. www.lausanne.org, 1–4.

Campbell, Evvy Hay 2004b: The Church and Health. In: Lausanne Committee for World Evangelization (Hg.): *Lausanne Occasional Paper (LOP) Nr. 33*. www.lausanne.org (keine Seitenangaben).

Carson Donald A. 2005: *Becoming Conversant with the Emerging Church. Understanding a Movement and its Implications*. Grand Rapids: Zondervan.

Costas, Orlando E. 1974a: Evangelisation in die Tiefe. Eine Beurteilung von ‚Tiefenevangelisation' in der ganzen Welt. In: Beyerhaus, Peter u.a. (Hg.): *Alle Welt soll sein Wort hören. Lausanner Kongress für Weltevangelisation*. Bd. 2. Stuttgart: Hänssler, 965–999.

Costas, Orlando E. 1974b: *The Church and its Mission. A Shattering Critique from the Third World*. Wheaton: Tyndale House.

Costas, Orlando E. 1977: Gemeinden in evangelistischer Partnerschaft. In: Padilla, René (Hg.): *Zukunftsperspektiven. Evangelikale nehmen Stellung*. Wuppertal: Brockhaus, 137–154.

Costas, Orlando E. 1979: *The Integrity of Mission. The Inner Life and Outreach of the Church*. New York: Harper & Row.

Costas, Orlando E. 1982: *Christ Outside the Gate. Mission Beyond Christendom*. Maryknoll: Orbis.

Costas, Orlando E. 1987: Eröffnungsansprache. In: Samuel, Vinay; Sugden, Chris (Hg.): *Der ganze Christus für eine geteilte Welt. Evangelikale Christologien im Kontext von Armut, Machtlosigkeit und religiösem Pluralismus*. Erlangen: Verlag der Ev.-Luth. Mission, 15–28.

Costas, Orlando E. 1989: *Liberating News. A Theology of Contextual Evangelization*. Grand Rapids: Eerdmans.

Cullmann, Oscar [5]1957: *Die Christologie des Neuen Testaments*. Tübingen: J.C.B. Mohr.

Cullmann, Oscar [3]1962: *Christus und die Zeit*. Zürich: EVZ-Verlag.

Cullmann, Oscar 1965: *Heil als Geschichte. Heilsgeschichtliche Existenz im Neuen Testament*. Tübingen: J. C. B. Mohr.

Das Evangelium den Armen 2013: *Das Evangelium den Armen. Die Pfingstbewegung im Spannungsfeld zwischen sozialer Verantwortung und klassischem Missionsverständnis*. Erzhausen: Forum Theologie und Gemeinde des Bundes Freikirchlicher Pfingstgemeinden.

Das Manifest von Manila 1989: *Die Schlusserklärung des Zweiten Internationalen Missionskongresses des Lausanner Komitees für Weltevangelisation vom 11. bis 20. Juli 1989 in Manila*. idea-dokumentation Nr. 18/1989.

Egelkraut, Helmuth 2000: Epilog. Die weitere missionsgeschichtliche Fragestellung im 20. Jahrhundert. In: Egelkraut, Helmuth (Hg.): *Entscheidungsfragen der neueren Missionstheologie*. Gießen: Brunnen.

Egelkraut, Helmuth [3]2005: Missionstheologie in historischer Perspektive im 20. Jahrhundert. In: Egelkraut, Helmuth; Peters, George W.: *Biblischer Auftrag – Missionarisches Handeln. Eine biblische Theologie der Mission*. Bad Liebenzell: Verlag der Liebenzeller Mission.

Egelkraut, Helmuth [5]2012: *Das Alte Testament. Entstehung – Geschichte – Botschaft*. Gießen: Brunnen.

Engelsviken, Tormod 2003: „Missio Dei" - Verständnis und Missverständnis eines theologischen Begriffs in den Europäischen Kirchen und der Europäischen Missionstheologie. In: Evangelisches Missionswerk in Deutschland (Hg.): *Weltmission heute Nr. 52/2003. MISSIO DEI HEUTE. Zur Aktualität eines missionstheologischen Schlüsselbegriffs*. Hamburg: Evangelisches Missionswerk in Deutschland, 35–57.

Escobar, Samuel 1974a: Evangelisation und die Suche des Menschen nach Freiheit, Gerechtigkeit und Erfüllung. In: Beyerhaus, Peter u.a. (Hg.): *Alle Welt soll sein Wort hören. Lausanner Kongress für Weltevangelisation*. Bd. 1. Stuttgart: Hänssler, 385–426.

Escobar, Samuel 1974b: Reflections. In: Sider, Ronald J. (Hg.): *The Chicago Declaration*. Carol Stream: Creation House, 119–122.

Escobar, Samuel 2000: Evangelical Missiology. Peering into the Future at the Turn of the Century. In: William D. Taylor (Hg.): *Global Missiology for the 21st Century. The Iguassu Dialogue*. Grand Rapids: Baker, 101–122.

Evangelikales Zeugnis 1988: Das Evangelikale Zeugnis in Südafrika (EWISA). Eine Kritik evangelikaler Theologie und Praxis aus den eigenen Reihen. In: Zwick, Rolf (Hg.): *Evangelium und Befreiungskampf*. Neukirchen-Vluyn: Aussaat- und Schriftenmissionsverlag, 122–150.

Evangelische Allianz Südafrika 1987: Die Evangelische Allianz in Südafrika nimmt Stellung zum Evangelikalen Zeugnis: Zustimmung und Kritik. In: Zwick, Rolf (Hg.): *Evangelium und Befreiungskampf*. Neukirchen-Vluyn: Aussaat- und Schriftenmissionsverlag, 150–158.

Faix, Tobias; Künkler, Tobias; Bachmann, Arne 2012: *Emerging Church verstehen. Eine Einladung zum Dialog*. Marburg: Francke.

Fee, Gordon D.; Stuart, Douglas 1990: *Effektives Bibelstudium*. Asslar: International Correspondence Institut.

Fernando, Ajith 2000a: God. The Source, the Originator, and the End of Mission. In Taylor, William D. (Hg.): *Global Missiology for the 21st Century. The Iguassu Dialogue*. Grand Rapids: Baker, 191–206.

Fernando, Ajith 2000b: Jesus. The Message and Model of Mission. In Taylor, William D. (Hg.): *Global Missiology for the 21st Century. The Iguassu Dialogue*. Grand Rapids: Baker, 207–222.

Ford, Leighton 1990: Verkündigt Christus, bis er kommt. Eröffnungsrede am 11. Juli 1989. In Marquardt, Horst; Parzany, Ulrich (Hg.): *Evangelisation mit Leidenschaft. Berichte und Impulse vom II. Lausanner Kongress für Weltevangelisation in Manila*. Neukirchen-Vluyn: Aussaat, 302–310.

Gäckle, Volker 2012. Missionstheologische Fragen und Horizonte des 20. Jahrhunderts. In: Winterhoff Birgit; Herbst, Michael; Harder, Ulf (Hg.): *Von Lausanne nach Kapstadt. Der dritte Kongress für Weltevangelisation*. Neukirchen-Vluyn: Neukirchener Verlagsgesellschaft, 11–15.

Gill, Athol 1977: Die soziale Verantwortung des Christen. In: Padilla, René (Hg.): *Zukunftsperspektiven. Evangelikale nehmen Stellung*. Wuppertal: Brockhaus, 85–100.

Gitari, David M. 1987: Vorwort der Originalausgabe. In: Samuel, Vinay; Sudgen, Chris (Hg.): *Der ganze Christus für eine geteilte Welt. Evangelikale Christologien im Kontext von Armut, Machtlosigkeit und religiösem Pluralismus*. Erlangen: Verlag der Ev.-Luth. Mission, 10.

Graham, Billy 1974: Warum Lausanne? In: Beyerhaus, Peter u.a. (Hg.): *Alle Welt soll sein Wort hören. Lausanner Kongress für Weltevangelisation.* Band 1. Stuttgart: Hänssler, 35–58.

Graham, Billy 1998: *So wie ich bin. Die Autobiographie.* Gießen: Brunnen.

Guder, Darell L. 1998: *Missional Church. A Vision for the Sending of the Church in North America.* Grand Rapids: Eerdmans.

Günther, Wolfgang 2003: Geschichte und Bedeutung der Weltmissionskonferenzen im 20. Jahrhundert. In: Evangelisches Missionswerk in Deutschland (Hg.): *Weltmission heute Nr. 52/2003. MISSIO DEI HEUTE. Zur Aktualität eines missionstheologischen Schlüsselbegriffs.* Hamburg: Evangelisches Missionswerk in Deutschland, 91–114.

Hardmeier, Roland 2008: *Das ganze Evangelium für eine heilsbedürftige Welt. Zur Missionstheologie der radikalen Evangelikalen.* Dissertation. Universität von Südafrika.

Hardmeier, Roland 2009: *Kirche ist Mission. Auf dem Weg zu einem ganzheitlichen Missionsverständnis.* Edition IGW. Schwarzenfeld: Neufeld.

Hardmeier, Roland 2012: *Geliebte Welt. Auf dem Weg zu einem neuen missionarischen Paradigma.* Edition IGW. Schwarzenfeld: Neufeld.

Hardmeier, Roland 2014: Preisgabe des Evangeliums? Eschatologie als Prüfstein missionaler Theologie. In: Afflerbach, Horst; Ebeling, Rainer; Meier, Elke (Hg.): *Reich Gottes – Veränderung – Zukunft. Theologie des Reiches Gottes im Horizont der Eschatologie.* GBFE Jahrbuch 2014. Berlin: epubli & GBFE, 147–172.

Hartenstein, Karl 1951: *Deutsche Evangelische Weltmission.* Jahrbuch 1951.

Hartenstein, Karl 1952: Theologische Besinnung. In: Freytag, Walter (Hg.): *Mission zwischen Gestern und Morgen. Vom Gestaltwandel der Weltmission der Christenheit im Licht der Konferenz des Internationalen Missionsrats in Willingen.* Stuttgart: Evangelischer Missionsverlag, 51–72.

Herbst, Michael 2012: Von Lausanne nach Kapstadt. Der 3. Kongress für Weltevangelisation in Kapstadt 2010 im Kontext der „Lausanner" Geschichte und Theologie. In: Winterhoff, Birgit; Herbst, Michael; Harder, Ulf (Hg.): *Von Lausanne nach Kapstadt. Der dritte Kongress für Weltevangelisation.* Neukirchen-Vluyn: Neukirchener Verlagsgesellschaft, 16–42.

Hilborn, David 2004: ‚Einige gemeinsame Aktionen'. Die Bildung und Entwicklung einer sozialen Agenda innerhalb der Evangelischen Allianz. In: Voigt, Karl Heinz; Schirrmacher, Thomas (Hg.): *Menschenrechte für Minderheiten in Deutschland und Europa. Vom Einsatz für Religionsfreiheit durch die Evangelische Allianz und die Freikirchen im 19. Jahrhundert*. idea-Dokumentation 3/2004, 9–35.

Hille, Rolf 2006: *Keine Einheit um den Preis der Wahrheit*. Interview in: ideaSpektrum 35/2006, 16–18.

Hochschild, Adam 2007: *Sprengt die Ketten. Der entscheidende Kampf um die Abschaffung der Sklaverei*. Stuttgart: Klett-Cotta.

Hongkong-Ruf 1988: *Der Hongkong-Ruf zur Bekehrung. Erster Bericht der Konsultation zum Thema „Bekehrung"*. idea-Dokumentation 5/1988, 1–8.

Houston, Tom 1990: Gute Nachricht für die Armen. In: Marquardt, Horst; Parzany, Ulrich (Hg.): *Evangelisation mit Leidenschaft. Berichte und Impulse vom II. Lausanner Kongress für Weltevangelisation in Manila*. Neukirchen-Vluyn: Aussaat, 107–117.

Iguassu Erklärungen 1999. *Iguassu Erklärungen 1999*. Homepage der World Evangelical Alliance, 11. Juli 2001. Englischer Text: The Iguassu Affirmation. In: Taylor, William D. (Hg.): *Gobal Missiology for the 21st Century. The Iguassu Dialogue*. Grand Rapids: Baker, 2000.

Jecker, Hanspeter 2001 (Hg.): *Jesus nachfolgen in einer pluralistischen Welt. Impulse aus der Arbeit John Howard Yoders*. Weisenheim: Agape.

Johnston, Arthur P. 1984: *Umkämpfte Weltmission*. Stuttgart: Hänssler.

Jung, Friedhelm 1992: *Die deutsche evangelikale Bewegung – Grundlinien ihrer Geschichte und Theologie*. Europäische Hochschulschriften, Reihe XXIII. Theologie, Bd. 461, Frankfurt am Main: Peter Lang.

Kairos 1985. *The Kairos Document South Africa*. www.bethel.edu vom 2.12.2006, 1–27.

Kapstadt Verpflichtung 2010. *Erklärung des Dritten Internationalen Kongresses für Weltevangelisation vom 16. bis 25. Oktober 2010 in Kapstadt*. www.lausanne.org

Kapteina, Detlef 2001: *Afrikanische Evangelikale Theologie. Plädoyer für das ganze Evangelium im Kontext Afrikas*. Nürnberg: Verlag für Theologie und Religionswissenschaft.

Kimball, Dan 2003: *The Emerging Church. Vintage Christianity for New Generations*. Grand Rapids: Zondervan. (Deutsch: *Emerging Church – die postmoderne Kirche. Spiritualität und Gemeinde für neue Generationen*. Asslar: Gerth Medien.)

Konferenzergebnisse 1982. Konferenzergebnisse der Ersten Konferenz evangelikaler Missionstheologen aus der Zwei-Drittel-Welt, Bangkok 1982. In:

Samuel, Vinay; Sudgen, Chris (Hg.): *Der ganze Christus für eine geteilte Welt.* Erlangen: Verlag der Ev.-Luth. Mission, 1987.

Küng, Hans 1999: *Das Christentum. Die religiöse Situation unserer Zeit.* München, Zürich: Piper.

Kuzmic, Peter 1986a: The Church and the Kingdom of God. In: Nicholls, Bruce J. (Hg.): *The Church. God's Agent for Change.* Exeter: Paternoster, 49–81.

Kuzmic, Peter 1986b: History and Eschatology. Evangelical Views. In: Nicholls, Bruce J. (Hg.): *In Word and Deed. Evangelism and Social Responsibility.* Carlisle: Paternoster, 135–164.

Kuzmic, Peter 1990: Die Wahrheit des Evangeliums weitersagen. In: Marquardt, Horst; Parzany, Ulrich (Hg.): *Evangelisation mit Leidenschaft. Berichte und Impulse vom II. Lausanner Kongress für Weltevangelisation in Manila.* Neukirchen-Vluyn: Aussaat, 70–78.

Ladd, George Eldon 1964: *Jesus and the Kingdom.* New York: Harper & Row.

Ladd, George Eldon 1974: *A Theology of the New Testament.* Grand Rapids: Eerdmans.

Laubach, Fritz 1972: *Aufbruch der Evangelikalen.* Wuppertal: Brockhaus.

Lausanner Verpflichtung 1974: *Erklärung des Ersten Internationalen Kongresses für Weltevangelisation vom 16. bis 25. Juli 1974 in Lausanne.* www.lausanne.org

Legrand, Lucien 1988: *Unity and Plurality. Mission in the Bible.* Maryknoll: Orbis.

Lima Letter 1979: The Lima Letter. Brief an die Gemeinden vom Second Latin American Congress on Evangelization (CLADE II) in Lima. In: Padilla, René, Sudgen Chris (Hg.): *Texts on Evangelical Social Ethics 1974–1983.* Nottingham: Grove Books 1985, 15–17.

Livingston, Kevin J. 2013: Bosch, David Jacobus 1929 to 1992. Dutch Reformed Church South Africa. In: *Dictionary of African Christian Biography.* www.dacb.org/stories/southafrica vom 19.4.2013, 1-10. Ursprünglich publiziert in International Bulletin of Missionary Research, Jan. 1999, Nr. 23/1, 26–32.

Longmead, Ross 2004: *The Word Made Flesh. Towards an Incarnational Missiology.* Dissertation. Lanham: University Press of America.

Mandela, Nelson 1997: *Der lange Weg zur Freiheit. Autobiographie.* Frankfurt: Fischer.

McLaren, Brian D. 2006: *The Secret Message of Jesus. Uncovering the Truth that Could Change Everything.* Nashville: W Publishing Group.

Missionales Manifest 2011. Autorisierte deutsche Übersetzung. In: IGW (Hg.): *Einführung in die missionale Theologie.* PDF. www.igw.edu April 2012, 7–9.

Missionale Theologie 2012. *Einführung in die missionale Theologie.* Zusammenstellung wichtiger Texte, Version April 2012. IGW Zürich (Hg.). PDF. www.idw.edu

Mit Jesus leben 2011. *Impulsheft für ein aktives Leben mit Jesus.* Peyer-Müller, Fritz; Girgis, Michael (Hg.). Zürich: Institut für Gemeindebau und Weltmission (IGW).

Molebatsi, Caesar 1988: Christen in Südafrika müssen ärgerliche Leute sein. In: Zwick, Rolf (Hg.): *Evangelium und Befreiungskampf.* Neukirchen-Vluyn: Aussaat- und Schriftenmissionsverlag, 79–88.

Molebatsi, Caesar 1990: Schalom für die Unterdrückten. In: Marquardt, Horst; Parzany, Ulrich (Hg.): *Evangelisation mit Leidenschaft. Berichte und Impulse vom II. Lausanner Kongress für Weltevangelisation in Manila.* Neukirchen-Vluyn: Aussaat, 144–149.

Molebatsi, Caesar; Ngwenya, George 1994: Evangelicals in Politics in South Africa. In: *Transformation* 11/4 (1999), 15–18.

Moltmann, Jürgen 2002: *Der gekreuzigte Gott. Das Kreuz Christi als Grund und Kritik christlicher Theologie.* Gütersloh: Kaiser.

Newbigin, Lesslie 1953: *The Household of God. Lectures on the Nature of the Church.* London: SCM Press.

Newbigin, Lesslie 1958: *One Body, One Gospel, One World. The Christian Mission Today.* London: International Missionary Council.

Newbigin, Lesslie 1985: *Salz der Erde. Fragen an die Kirche heute.* Neukirchen-Vluyn: Aussaat.

Newbigin, Lesslie 1989: *Den Griechen eine Torheit. Das Evangelium und unsere westliche Kultur.* Neukirchen-Vluyn: Aussaat.

Newbigin, Lesslie 1993 [1985]: *Unfinished Agenda.* Autobiografie. Edinburgh: Saint Andrews Press. Ursprünglich: London: SPCK.

Newbigin, Lesslie 1995 [1978]: *The Open Secret. An Introduction to the Theology of Mission.* Überarbeitete Auflage. Grand Rapids: Eerdmans.

Ott, Bernhard 1999: Missionstheologie in evangelikaler theologischer Ausbildung. In: Löwen, Heinrich; Kasdorf, Hans (Hg.): *Gemeinsam im Auftrag des Herrn.* Bonn: Puls, 123–139.

Ott, Bernhard 2005: *Evangelical Missiology in Western Europe – An Anabaptist Perspective.* Mission Focus: Annual Review 2005. Vol. 13. www.ambs.edu/publishing/documents/Mission_Focus_Vol_13.pdf, 141–154.

Ott, Bernhard 2014: *Das Heil in der missionalen Theologie.* Unveröffentlichtes Arbeitsdokument für die Arbeitsgemeinschaft für eine biblisch erneuerte Theologie (AfbeT – Schweiz).

Pacla Aims 1979: Ziele der Pan-African Christian Leadership Assembly (PACLA) in Nairobi 1979. In: Cassidy, Michael; Verlinden, Luc (Hg.): *Facing the New Challenges. The Message of PACLA.* Kisumu: Evangel Publishing House, 656.

Padilla, René 1974: Evangelisation und die Welt. In: Beyerhaus, Peter u.a. (Hg.): *Alle Welt soll sein Wort hören. Lausanner Kongress für Weltevangelisation.* Bd. 1. Stuttgart: Hänssler, 147–194.

Padilla, René 1977b: Geistliche Auseinandersetzung. In: Padilla, René (Hg.): *Zukunftsperspektiven. Evangelikale nehmen Stellung.* Wuppertal: Brockhaus, 195–210.

Padilla, René 1978a: Unity, Diversity and Truth. In: Cassidy, Michael; Verlinden, Luc (Hg.): *Facing the New Challenges. The Message of PACLA.* Kisumu: Evangel Publishing House, 196–207.

Padilla, René 1978b: The Class Struggle. In: Cassidy, Michael; Verlinden, Luc (Hg.): *Facing the New Challenges. The Message of PACLA.* Kisumu: Evangel Publishing House, 374–377.

Padilla, René 1978c: Marxism and Christianity. In: Cassidy, Michael; Verlinden, Luc (Hg.): *Facing the New Challenges. The Message of PACLA.* Kisumu: Evangel Publishing House, 358–366.

Padilla, René 1978d: Liberation Theology. In: Cassidy, Michael; Verlinden, Luc (Hg.): *Facing the New Challenges. The Message of PACLA.* Kisumu: Evangel Publishing House, 425–431.

Padilla, René 1982: New Testament Perspective on Simple Lifestyle. In: Sider, Ronald J. (Hg.): *Lifestyle in the Eighties. An Evangelical Commitment to Simple Lifestyle.* Exeter: Paternoster, 54–66.

Padilla, René. 1985a: *How Evangelicals Endorsed Social Responsibility.* Nottingham: Grove Books.

Padilla, René. 1985b: *Mission Between the Times.* Grand Rapids: Eerdmans.

Padilla, René; Sudgen, Chris 1985: *Texts on Evangelical Social Ethics 1974–1983.* Nottingham: Grove Books.

Padilla, Réne 2012: Die Zukunft der Lausanner Bewegung. In: Winterhoff Birgit; Herbst, Michael; Harder, Ulf (Hg.): *Von Lausanne nach Kapstadt. Der dritte Kongress für Weltevangelisation.* Neukirchen-Vluyn: Neukirchener Verlagsgesellschaft, 191–196.

Pesch, Rudolf 1986a: *Die Apostelgeschichte (Apg 1–12). Evangelisch-Katholischer Kommentar.* Norbert Brox, Joachim Gnilka, Ulrich Luz und Jürgen Roloff (Hg.). ²1995. Solothurn, Düsseldorf: Benziger; Neukirchen-Vluyn: Neukirchener.

Pesch, Rudolf 1986b: *Die Apostelgeschichte (Apg 13–28). Evangelisch-Katholischer Kommentar.* Norbert Brox, Joachim Gnilka, Ulrich Luz und Jürgen Roloff (Hg.). ²2003. Solothurn, Düsseldorf: Benziger; Neukirchen-Vluyn: Neukirchener.

Peters, George F. ²1985 [1977]: *Missionarisches Handeln und biblischer Auftrag. Eine biblisch-evangelische Missionstheologie.* Bad Liebenzell: Verlag der Liebenzeller Mission.

Polzer, Wolfgang 2001: *Steuert das Schiff der Evangelikalen einen neuen Kurs?* In: idea Spektrum 20/2001, 16–17.

Randall, Ian; Hilborn, David 2001: *One Body in Christ. The History and Significance of the Evangelical Alliance.* Carlisle: Paternoster.

Rauschenbuch, Walter 1997 [1917]: *A Theology for the Social Gospel. Einführung von Donald W. Shriver, Jr. 1997.* Louisville: John Knox; New York: Macmillan.

Reifler, Hans Ulrich 2009: H*andbuch der Missiologie. Missionarisches Handeln aus biblischer, historischer und sozialwissenschaftlicher Perspektive.* edition afem. mission academics 19. Nürnberg: Verlag für Theologie und Religionswissenschaft.

Reimer, Johannes 2009: *Die Welt umarmen. Theologie des gesellschaftsrelevanten Gemeindebaus.* Marburg: Francke.

Reimer, Johannes 2010: *Gott in der Welt feiern. Auf dem Weg zum missionalen Gottesdienst.* Edition IGW. Schwarzenfeld: Neufeld.

Reimer, Johannes 2012: Der Missionale Aufbruch. Paradigmenwechsel im Gemeindedenken. In: Faix, Tobias; Künkler, Tobias (Hg.): *Die verändernde Kraft des Evangeliums. Beiträge zu den Marburger Transformationsstudien.* Marburg: Francke, 303–328.

Reppenhagen, Martin 1999: Mission aus Bindung an Christus. Lesslie Newbigins missionstheologischer Ansatz. In: Pechmann, Ralph; Reppenhagen, Martin (Hg): *Mission im Widerspruch. Religionsgeschichtliche Fragen heute und Mission morgen.* Neukirchen-Vluyn: Neukirchener Verlagsgesellschaft.

Reppenhagen, Martin 2011: *Auf dem Weg zu einer missionalen Kirche. Die Diskussion um eine „Missional Church" in den USA.* Dissertation. Neukirchen-Vluyn: Neukirchener Verlagsgesellschaft.

Reppenhagen, Martin; Guder, Darell L. 2012: Der andauernde Wandel von Mission. Das lebendige Erbe von David J. Bosch (1991–2011). Ergänzendes

Kapitel zur Jubiläumsausgabe. In: Bosch, David 2012, *Mission im Wandel. Paradigmenwechsel in der Missionstheologie*, 615–642.

Richebächer, Wilhelm 2003: „Missio Dei" – Grundlage oder Irrweg der Missionstheologie? In: Evangelisches Missionswerk in Deutschland (Hg.): *Weltmission heute Nr. 52/2003. MISSIO DEI HEUTE. Zur Aktualität eines missionstheologischen Schlüsselbegriffs*. Hamburg: Evangelisches Missionswerk in Deutschland, 184–207.

Samuel, Vinay; Sugden, Chris 1980: Mission in the 1980's in Asia. In: *Occasional Bulletin of Missionary Research*. Vol. 4. Nr. 2, April 1980, 50–51.

Samuel, Vinay; Sugden, Chris 1982: A Just and Responsible Lifestyle – an Old Testament Perspective. In: Sider, Ronald J. (Hg.): *Lifestyle in the Eighties. An Evangelical Commitment to Simple Lifestyle*. Exeter: Paternoster, 42–53.

Samuel, Vinay; Sugden, Chris 1984: Current Trends in Theology. A Third World Guide. In: Ro, Bong Rin; Eshenauer, Ruth (Hg.): *The Bible and Theology in Asian Contexts. An Evangelical Perspective on Asian Theology*. Taichung: Asia Theological Association, 139–166.

Samuel, Vinay; Sugden, Chris 1986: Evangelism and Social Responsibility. A Biblical Study on Priorities. In: Nicholls, Bruce J. (Hg.): *In Word and Deed. Evangelism and Social Responsibility*. Carlisle: Paternoster, 189–214.

Samuel, Vinay; Sugden, Chris 1987a: Agenda for Missions in the Eighties und Nineties. A Discussion Starter. In: Sookhdeo, Patrick (Hg.): *New Frontiers in Mission*. Grand Rapids: Baker; Exeter: Paternoster, 61–70.

Samuel, Vinay; Sugden, Chris 1987b: Evangelism and Development. In: Sookhdeo, Patrick (Hg.): *New Frontiers in Mission*. Grand Rapids: Baker; Exeter: Paternoster, 115–124.

Samuel, Vinay; Sugden, Chris 1987c. Einleitung. In: Samuel, Vinay; Sugden, Chris (Hg.): *Der ganze Christus für eine geteilte Welt. Evangelikale Christologien im Kontext von Armut, Machtlosigkeit und religiösem Pluralismus*. Erlangen: Verlag der Ev.-Luth. Mission, 11–14.

Samuel, Vinay; Sugden, Chris 1987d: Dialog mit anderen Religionen – eine evangelikale Sicht. In: Samuel, Vinay; Sugden, Chris (Hg.): *Der ganze Christus für eine geteilte Welt. Evangelikale Christologien im Kontext von Armut, Machtlosigkeit und religiösem Pluralismus*. Erlangen: Verlag der Ev.-Luth. Mission, 134–160.

Samuel, Vinay; Sugden, Chris 1987e: God's Intention for the World. In Samuel, Vinay; Sugden, Chris (Hg.): *The Church in Response to Human Need*. Grand Rapids: Eerdmans, 128–160.

Samuel, Vinay; Sugden, Chris 1987f: *Der ganze Christus für eine geteilte Welt.* Erlangen: Verlag der Ev.-Luth. Mission.

Samuel, Vinay 1990: Abschlussbericht der Arbeitsgruppe ‚soziale Verantwortung'. In: Marquardt, Horst; Parzany, Ulrich (Hg.): *Evangelisation mit Leidenschaft. Berichte und Impulse vom II. Lausanner Kongress für Weltevangelisation in Manila.* Neukirchen-Vluyn: Aussaat, 151–153.

Samuel, Vinay; Sugden, Chris 1999: Introduction. In: Samuel, Vinay; Sugden, Chris (Hg.): *Mission as Transformation. A Theology for the Whole Gospel.* Oxford: Regnum, ix–xviii.

Sautter, Gerhard 1985: *Heilsgeschichte und Mission. Zum Verständnis der Heilsgeschichte in der Missionstheologie.* Gießen, Basel: Brunnen.

Sautter, Hermann 1992: Gerechtigkeit, Staat und Wirtschaft. Bemerkungen zu den Teilen C und D der Oxford-Erklärung. In: Sautter, Hermann; Volf, Miroslav (Hg.): *Gerechtigkeit, Geist und Schöpfung. Die Oxford-Erklärung zur Frage von Glaube und Wirtschaft.* Wuppertal & Zürich: Brockhaus.

Saayman Willem 1996: A South African Perspective on Transforming Mission. In: Saayman, Willem; Kritzinger, Klippies (Hg.): *Mission in Bold Humility. David Bosch's Work Considered.* Maryknoll: Orbis, 40–52.

Saayman, Willem; Kritzinger, Klippies 1996: David Bosch, the South African. In: Saayman, Willem; Kritzinger, Klippies (Hg.): *Mission in Bold Humility. David Bosch's Work Considered.* Maryknoll: Orbis, 1–7.

Schaeffer, Francis A. 1984: *Die große Anpassung. Der Zeitgeist und die Evangelikalen.* Bielefeld: Christliche Literaturverbreitung.

Schirmer, Jonathan 2010: *MISSIO DEI – Eine missionstheologische Reflexion unter der Berücksichtigung der Diskussion in den letzten 60 Jahren mit eigener Stellungnahme.* Studienarbeit am Theologischen Seminar BERÖA. PDF. GRIN, Verlag für akademische Texte.

Schirrmacher, Thomas 2011: *Missio Dei. Mission aus dem Wesen Gottes.* Nürnberg: Verlag für Theologie und Religionswissenschaft.

Schnabel, Eckhard J. 2002: *Urchristliche Mission.* Wuppertal: Brockhaus.

Schweyer, Stefan 2009a: *Kirche als Mission. Einsichten und Ausblicke zum Konzept der „missional church" (Teil 1).* Theologische Beilage zur STH-Postille Nr. 3/2009.

Schweyer, Stefan 2009b: *Kirche als Mission. Einsichten und Ausblicke zum Konzept der „missional church" (Teil 2).* Theologische Beilage zur STH-Postille Nr. 4/2009.

Shenk, Wilbert R. 1995a: *Write the Vision. The Church Renewed.* Reihe: Christian Mission and Modern Culture. Valley Forge: Trinity Press.

Shenk, Wilbert R. 1995b: Foreword. In: Bosch, David J.: *Believing in the Future. Toward a Missiology of Western Culture.* Reihe: Christian Mission and Modern Culture. Harrisburg: Trinity Press, ix–x.

Sider, Ronald J. 1974: A Historic Moment for Biblical Social Concern. In: Sider, Ronald J. (Hg.): *The Chicago Declaration.* Carol Stream: Creation House, 11–42.

Sider, Ronald 1995: *Denn sie tun nicht, was sie wissen. Die schwierige Kunst, kein halber Christ zu sein.* Moers: Brendow.

Sider, Ronald J. 1997a: *Why Evangelicals Need a Political Philosophy.* In: Transformation 14:3 (Juli/September 1997), 1.

Sider, Ronald J. 1997b: *Towards an Evangelical Political Philosophy and Agenda for Christians in the United States.* In: Transformation 14:3 (Juli/September 1997), 1–10.

Sider, Ronald J. [4]1997c [1977]: *Rich Christians in an Age of Hunger. Moving from Affluence to Generosity.* Dallas: Word.

Sider, Ronald J. 1997d: As Good as Gold. The Power of Money Used for Good. In: Young, Norvel M.; Hollingsworth, Mary (Hg.): *Living Lights, Shining Stars. Ten Secrets to Becoming the Light of the World.* West Monroe: Howard Publishing.

Sider, Ronald J. 1997e: *Die Jesus-Strategie. Bisher haben wir das Evangelium nur gepredigt, jetzt wird es Zeit, es auch zu leben!* Moers: Brendow.

Sider, Ronald J. 2001: Evangelicalism and the Mennonite Tradition. In: Kraus, Norman (Hg.): *Evangelicalism and Anabaptism.* Eugene: Wipf & Stock, 149–168.

Sider, Ronald J. 2003: *The Rich Christian.* Interview in Christianity Today, April 1997. www.christianitytoday.com 13. April 2003.

Statement of Concerns 1980. A Statement of Concerns on the Future of the Lausanne Committee for World Evangelization. Sondererklärung der radikalen Evangelikalen am Weltevangelisations-Kongress in Pattaya 1980. In: Padilla, René (Hg.): *Texts on Evangelical Social Ethics 1974–1983.* Nottingham: Grove Books 1985, 22–25.

Steuernagel, Valdir 1988: *The Theology of Mission in its Relation to Social Responsibility Within the Lausanne Movement.* Dissertation. Ann Arbor: UMI Dissertation Services.

Steuernagel, Valdir 1990a: Die brennenden Fragen der Welt. In: Marquardt, Horst; Parzany, Ulrich (Hg.): *Evangelisation mit Leidenschaft. Berichte und Impulse vom II. Lausanner Kongress für Weltevangelisation in Manila*. Neukirchen-Vluyn: Aussaat, 149–151.

Steuernagel, Valdir 1990b: *Social Concern and Evangelization. Our Journey since Lausanne I*, Transformation 7:1 (Januar/März 1990), 12.

Stott, John R.W. 1987a: *Christsein in den Brennpunkten unserer Zeit. Bd. 1. ... in einer nicht-christlichen Gesellschaft*. Marburg: Francke.

Stott, John R.W. 1987b: *Christsein in den Brennpunkten unserer Zeit. Bd. 2. ... im globalen Bereich*. Marburg: Francke.

Stott, John R.W. 1987c: *Christsein in den Brennpunkten unserer Zeit. Bd. 3. ... im sozialen Bereich*. Marburg: Francke.

Stott, John R.W. 1987d: *Christsein in den Brennpunkten unserer Zeit. Bd. 4. ... im sexuellen Bereich*. Marburg: Francke.

Stott, John R.W. 1996: *Making Christ Known. Historic Mission Documents From the Lausanne Movement, 1974–1989*. Grand Rapids: Eerdmans; Carlisle: Paternoster.

Sugden, Chris 1983: *Radikale Nachfolge. Impulse zu einem zeichenhaften Leben*. Witten: Bundes-Verlag.

Sugden, Chris 1990: *Theological Developments since Lausanne I*. In: Transformation 7:1 (Januar/März 1990), 9–12.

Sugden, Chris 1996: Placing Critical Issues in Relief. A Response to David Bosch. In: Saayman, Willem; Kritzinger, Klippies (Hg.): *Mission in Bold Humility. David Bosch's Work Considered*. Maryknoll: Orbis, 139–150.

Sugden, Chris 1997: *Seeking the Asian Face of Jesus. The Practice and Theology of Christian Social Witness in Indonesia and India 1974–1996*. Dissertation. Oxford: Regnum.

Sugden, Chris 2011: *A History of the Oxford Centre for Mission Studies: A Personal Memoir*. In: Transformation 28:4 (Okt. 2011), 265–278.

Taylor, William D. 2000: From Iguassu to the Reflective Practitioners of the Global Family of Christ. In: Taylor, William D. (Hg.): *Global Missiology for the 21st Century. The Iguassu Dialogue*. Grand Rapids: Baker.

Thailand Statement 1980. *Erklärung des Weltevangelisations-Kongresses von Pattaya 1980*. www.lausanne.org vom 6.7.2007.

Tidball, Derek J. 1999: *Reizwort Evangelikal. Entwicklung einer Frömmigkeitsbewegung*. Stuttgart: Christliches Verlagshaus.

Transformation 1983. Transformation. The Church in Response to Human Need. The Wheaton Statement 1983. In: Samuel, Vinay; Sugden, Chris (Hg.): *The*

Church in Response to Human Need. Grand Rapids: Regnum & Eerdmans 1987, 254–265.

Tübinger Aufruf. *Weltevangelisierung oder Weltveränderung? Tübinger Aufruf zur Erneuerung eines biblisch-heilsgeschichtlichen Missionsverständnisses.* Rolf Scheffbuch-Symposion, Gomaringen bei Tübingen 2013.

Verkündigung und soziale Verantwortung 1982. *Verkündigung und soziale Verantwortung. Schlussdokument der Konferenz über Verkündigung und soziale Verantwortung,* Grand Rapids 1982. Klaus Bockmühl (Hg.). Gießen: Brunnen 1983.

Verstraelen, Frans J. 1996: Africa in Bosch's Missiology. Survey and Appraisal. In: Saayman, Willem; Kritzinger, Klippies (Hg.): *Mission in Bold Humility. David Bosch's Work Considered.* Maryknoll: Orbis, 8–39.

Vicedom, Georg F. 1975: Missio Dei. In: Stephen Neill; Moritzen, Niels-Peter; Schrupp, Ernst (Hg.): *Lexikon der Weltmission.* Wuppertal: R. Brockhaus; Erlangen: Verlag der Evang.-Luth. Mission, 352.

Vision 2004a. *A New Vision, A New Heart, A Renewed Call. Lausanne Occasional Papers from the 2004 Forum for World Evangelization hosted by the Lausanne Committee for World Evangelization Pattaya, Thailand.* Vol. 1. Claydon, David (Hg.). Pasadena: William Carey Library, 2005.

Vision 2004b. *A New Vision, A New Heart, A Renewed Call. Lausanne Occasional Papers from the 2004 Forum for World Evangelization hosted by the Lausanne Committee for World Evangelization Pattaya, Thailand.* Vol. 2. Claydon, David (Hg.). Pasadena: William Carey Library, 2005.

Vision 2004c. *A New Vision, A New Heart, A Renewed Call. Lausanne Occasional Papers from the 2004 Forum for World Evangelization hosted by the Lausanne Committee for World Evangelization Pattaya, Thailand.* Vol. 3. Claydon, David (Hg.). Pasadena: William Carey Library, 2005.

Volf, Miroslav 1992: Arbeit, Geist und Schöpfung. Bemerkungen zu den Teilen A und B der Oxford-Erklärung. In: Sautter, Hermann; Volf, Miroslav (Hg.): *Gerechtigkeit, Geist und Schöpfung. Die Oxford-Erklärung zur Frage von Glaube und Wirtschaft.* Wuppertal & Zürich: Brockhaus.

Vorländer, Wolfgang 1989: *Zwei Lausanne-Bewegungen unter einem Dach? Aufgefangene Stimmen und eingefangene Beobachtungen während der Lausanne-II-Konferenz in Manila.* In: idea-Dokumentation Nr. 22/1989, 28–30.

Wald, Ruben 2014: *Transformatorische und klassische Missionstheologie im Widerstreit. Biblisch-theologische Untersuchung und Lösungsversuch eines aktuellen Konflikts.* Master-Arbeit Freie Theologische Hochschule Gießen.

Wallis, Jim 1974: Reflections. In: Sider, Ronald J. (Hg.): *The Chicago Declaration.* Carol Stream: Creation House, 140–142.

Wallis, Jim 1987a: Witness for Peace. A Venture of Faith and Prayer. In: Wallis, Jim (Hg.): *The Rise of Christian Conscience. The Emergence of a Dramatic Renewal Movement in the Church Today.* San Francisco: Harper & Row, 42–46.

Wallis, Jim 1987b: Peace Pentecost. Moved by the Spirit. In: Wallis, Jim (Hg.): *The Rise of Christian Conscience. The Emergence of a Dramatic Renewal Movement in the Church Today.* San Francisco: Harper & Row, 113–120.

Wallis, Jim 1987c: Counting the Cost. A Sermon on Discipleship. In: Wallis, Jim (Hg.): *The Rise of Christian Conscience. The Emergence of a Dramatic Renewal Movement in the Church Today.* San Francisco: Harper & Row, 147–153.

Wallis, Jim 1987d: Idols Closer to Home. Christian Substitutes for Grace. In: Wallis, Jim (Hg.): *The Rise of Christian Conscience. The Emergence of a Dramatic Renewal Movement in the Church Today.* San Francisco: Harper & Row, 188–196.

Wallis, Jim 1987e: Living Hope. Remembering the Resurrection. In: Wallis, Jim (Hg.): *The Rise of Christian Conscience. The Emergence of a Dramatic Renewal Movement in the Church Today.* San Francisco: Harper & Row, 285–287.

Webber, Robert E. 2002: *The Younger Evangelicals. Facing the Challenges of the New World.* Grand Rapids: Baker.

Welsch, Wolfgang 1999: Moderne und Postmoderne. In: Pechmann, Ralph; Reppenhagen, Martin (Hg): *Mission im Widerspruch. Religionsgeschichtliche Fragen heute und Mission morgen.* Neukirchen-Vluyn: Neukirchener Verlagsgesellschaft, 39–45.

Werner, Dietrich 1993: *Mission für das Leben – Mission im Kontext. Ökumenische Perspektiven missionarischer Präsenz in der Diskussion des ÖRK 1961–1991.* Rothenburg: Ernst Lange Institut für Ökumenische Studien.

Weston, Paul 2006: *Lesslie Newbigin. Missionary Theologian.* A Reader. London: SPCK.

Weth, Rudolf 1990: Gute Nachricht für die Armen. Einführung I. In: Marquardt, Horst; Parzany, Ulrich (Hg.): *Evangelisation mit Leidenschaft. Berichte und Impulse vom II. Lausanner Kongress für Weltevangelisation in Manila.* Neukirchen-Vluyn: Aussaat, 100–107.

What is missional? 2014: www.missionalchurchnetwork.com vom 17.7.2014.

Wheaton Consultation Report 1983: Wheaton Consultation Report 1983, Track II. In: Sookhdeo, Patrick (Hg.): *New Frontiers in Mission. Papers from the Consultation on the Church in Response to Human Need held in Wheaton 1983, Track II.* Grand Rapids: Baker; Exeter: Paternoster 1987, 176–190.

Wheaton Declaration 1966: *Wheaton Declaration of the Congress on the Church's Worldwide Mission*. www.wheaton.edu vom 3. Juli 2007.

Wick, Peter 2002: *Die urchristlichen Gottesdienste. Entstehung und Entwicklung im Rahmen der frühjüdischen Tempel-, Synagogen- und Hausfrömmigkeit*. Stuttgart: Kohlhammer.

Wir lieben Kirche 2013: *Wir lieben Kirche. Ihr Wesen und ihr Auftrag*. Fritz Peyer-Müller (Hg.). Zürich: Institut für Gemeindebau und Weltmission.

Wright, Christopher J.H. 2006: *The Mission of God. Unlocking the Bible's Grand Narrative*. Downers Grove: Inter Varsity Press.

Wrogemann, Henning 2012: *Interkulturelle Theologie und Hermeneutik. Grundfragen, aktuelle Beispiele, theoretische Perspektiven*. Lehrbuch Interkulturelle Theologie/Missionswissenschaft, Band 1. Gütersloh: Gütersloher Verlagshaus.

Wrogemann, Henning 2013: *Missionstheologien der Gegenwart. Globale Entwicklungen, kontextuelle Profile und ökumenische Herausforderungen*. Lehrbuch Interkulturelle Theologie/Missionswissenschaft, Band 2. Gütersloh: Gütersloher Verlagshaus.

Yates, Timothy 2009: David Bosch. South African Context, Universal Missiology – Ecclesiology in the Emerging Missionary Paradigm. In: *International Bulletin of Missionary Research*. Nr. 33/2, April 2001, 72–78.

Yoder, John Howard 2011: *Die Politik des Leibes Christi. Als Gemeinde zeichenhaft leben*. Schwarzenfeld: Neufeld. Ursprünglich veröffentlicht unter dem Titel: *Body Politics – Five Practices of the Christian Community Before the Watching World* (Scottdale: Herald Press 2001).

Zur Sendung der Kirche 1963: *Zur Sendung der Kirche. Material der ökumenischen Bewegung. Theologische Bücherei. Neudrucke und Berichte aus dem 20. Jahrhundert. Band 18, Mission und Ökumene*. Hans Jochen Margull (Hg.). München: Kaiser.

Band 2 der Edition IGW

Roland Hardmeier

Kirche ist Mission
Auf dem Weg zu einem ganzheitlichen Missionsverständnis

ISBN 978-3-937896-77-9
E-Book: ISBN 978-3-86256-757-7
Neufeld Verlag, Cuxhaven ²2020

Vor unseren Augen vollzieht sich ein dramatischer Wandel – durch Globalisierung und Postmoderne –, der nicht nur Auswirkungen auf die Gesellschaft hat, sondern auch die Christenheit betrifft. Was bedeutet es, in dieser Welt den Auftrag zu erfüllen, den Jesus Christus der Kirche gegeben hat?

Roland Hardmeier beschreibt in diesem Buch den gegenwärtigen Wandel evangelikaler Missionstheologie hin zur Ganzheitlichkeit des Evangeliums und der Transformation der Welt. Diese radikale Anstiftung bedeutet, dass die Kirche sich neu auf ihre missionarische Aufgabe besinnt und zugleich ihre soziale Verantwortung wahrnimmt – und so zur Heilung der Welt beiträgt.

Der Autor liefert eine umfassende biblische Begründung für ein transformatorisches Missionsverständnis. Durch die Aufarbeitung der missiologischen Entwicklungen in der Zwei-Drittel-Welt, die konsequente Einbeziehung des Alten Testaments und den Blick auf Jesus als Mensch und Prophet vermittelt Roland Hardmeier eine für die Herausforderungen des 21. Jahrhunderts relevante Sicht von Kirche und Mission.

Ausgezeichnet mit dem *Peters-Preis 2009* des Arbeitskreises für evangelikale Missiologie (AfeM).

Band 4 der Edition IGW

Roland Hardmeier

Geliebte Welt
Auf dem Weg zu einem neuen missionarischen Paradigma

ISBN 978-3-86256-026-4
E-Book: ISBN 978-3-86256-759-1
Neufeld Verlag, Schwarzenfeld 2012

Die evangelikalen Kirchen befinden sich mitten in einem Paradigmenwechsel. Das koloniale Missionsparadigma mit Europa im Zentrum gehört der Vergangenheit an. Am Horizont kündigt sich ein neuen Verständnis von Kirche und Mission an: Es ist der Anbruch eines missionalen Paradigmas, in welchem die Kirche sich mit Leidenschaft in Gottes geliebte Welt senden lässt.

Roland Hardmeier beschreibt diesen Paradigmenwechsel und begründet ihn theologisch. Dabei beleuchtet er auch die biblische Sicht von Gerechtigkeit und Heil sowie die Bedeutung sozialer Verantwortung. Auf verständliche Weise stellt er sie in den Dienst einer missionalen Theologie.

Dieses Buch ist die Fortsetzung des Bandes *Kirche ist Mission*. Gemeinsam begründen beide Bücher ein missionales Verständnis von der Aufgabe der Kirche in der Welt.

IGW THEOLOGIE, DIE DICH BEWEGT.

www.igw.edu

DEIN ABENTEUER MIT GOTT

ENTDECKEN

Tauche ein ins **ABENTEUER** deiner **BERUFUNG.**

BEWEGEN

Du möchtest **THEOLOGIE STUDIEREN**, die dich bewegt? Lerne unsere **STUDIENGÄNGE** kennen.

UMSTEIGEN

Für deinen **QUEREINSTIEG** kannst du auf Bachelor- oder Masterniveau verkürzte Studiengänge und Weiterbildungen nutzen.

WEITERGEHEN

Unsere **MASTERSTUDIENGÄNGE** befähigen dich, Kirchenbau und Mission neu zu denken.

SPRICH MIT UNS

IGW BEI NEUFELD

NEUFELD VERLAG

Die Edition IGW

Inspirierend. Herausfordernd. Fundiert.

Band 1 (^{2}2019): Peter R. Müller, ***Columbans Revolution:*** *Wie irische Mönche Mitteleuropa mit dem Evangelium erreichten – und was wir von ihnen lernen können*

Band 2 (^{2}2020): Roland Hardmeier, ***Kirche ist Mission:*** *Auf dem Weg zu einem ganzheitlichen Missionsverständnis*

Band 3 (^{2}2011): Johannes Reimer, ***Gott in der Welt feiern:*** *Auf dem Weg zum missionalen Gottesdienst*

Band 4 (2012): Roland Hardmeier, ***Geliebte Welt:*** *Auf dem Weg zu einem neuen missionarischen Paradigma*

Band 5 (^{5}2023): Heinrich Christian Rust, ***Geist Gottes – Quelle des Lebens:*** *Grundlagen einer missionalen Pneumatologie*

Band 6 (2013): Johannes Reimer, ***Hereinspaziert!*** *Willkommenskultur und Evangelisation*

Band 7 (^{2}2024): Roland Hardmeier, ***Missionale Theologie:*** *Geschichtliche Meilensteine | Theologische Grundlagen | Prägende Persönlichkeiten*

Band 8 (2015): Fritz Peyer-Müller (Hg.), ***Der beste Job der Welt:*** *Theologen, Pfarrer und Pastoren über ihre Berufung*

Band 9 (2016): Fritz Peyer-Müller (Hg.), ***Vision und Wirklichkeit:*** *Kirche mit Zukunft – mitten in der Welt*

Der **NEUFELD VERLAG** ist
ein unabhängiger, inhabergeführter Verlag
mit einem ambitionierten Programm.

Bei Gott sind Sie willkommen! Und zwar so, wie Sie sind.

Uns liegt am Herzen, dass Menschen erfahren:

- Der christliche Glaube ist keine Religion, sondern lebt von Beziehung.
- Es gibt nichts Besseres, als mit Jesus zu leben.
- Es lohnt sich, die Bibel für das eigene Leben zu lesen.
- Die Gemeinschaft mit anderen Christen fordert uns heraus und hilft uns.

Menschen mit Behinderung bereichern uns!

Sie haben etwas zu sagen und zu geben, zum Beispiel:

- Sie erinnern daran, dass jeder Mensch einzigartig ist.
- Sie zeigen uns, dass der Wert eines Menschen nichts mit seiner Leistungsfähigkeit zu tun hat.
- Sie bremsen uns immer wieder aus und halten uns vor Augen, was im Leben wesentlich ist.
- Sie lassen erkennen, dass das Leben erfüllt sein kann – auch wenn es manchmal anders kommt als geplant.

*Stellen Sie sich eine Welt vor,
in der jeder willkommen ist!*

neufeld-verlag.de